NOV 2 9 2018

W9-CSZ-524

St. Helena Library
1492 Library Lane
St. Helena, CA 94574
(707) 963-5244

A Gift From
ST. HELENA PUBLIC LIBRARY
FRIENDS&FOUNDATION

Delicatessen

FERNANDO RIQUELME LIDÓN

Delicatessen

℘

ALMUZARA

© Fernando Riquelme, 2018
© Editorial Almuzara, s.l., 2018

Primera edición: enero de 2018

Reservados todos los derechos. «No está permitida la reproducción total o parcial de este libro, ni sù tratamiento informático, ni la transmisión de ninguna forma o por cualquier medio, ya sea mecánico, electrónico, por fotocopia, por registro u otros métodos, sin el permiso previo y por escrito de los titulares del *copyright*.»

Editorial Almuzara • Gastronomía

Director editorial: Antonio Cuesta
Edición a cargo de: Isabel Blasco
Diseño y maquetación: Fernando de Miguel Fueyo
www.editorialalmuzara.com
pedidos@editorialalmuzara.com — info@editorialalmuzara.com

Imprime: CPI Black Print
ISBN: 978-84-17044-73-2
Depósito Legal: CO-2575-2017
Hecho e impreso en España — *Made and printed in Spain*

A *Don* Emilio, *Sire* Martín y *Señorita* Fabiana.

ÍNDICE

PRÓLOGO

Sorprenden los conocimientos gastronómicos de Fernando Riquelme y sorprende su amenidad al exponerlos, porque cuando los comenta se aprecia un profundo conocimiento debido al cuidadoso análisis sensorial y al estudio profundo de los diferentes aspectos de los alimentos.

Fernando es diplomático y además de haber sido Director General del Instituto de Cooperación al Desarrollo y Director General de Asuntos Multilaterales en el Ministerio de Asuntos Exteriores, ha recorrido los cinco continentes. A veces como embajador (Suiza y Polonia), otras como consejero, a veces como cónsul y allí donde no ha desempeñado un cargo oficial, la curiosidad le ha llevado a visitar muchos países para conocer varios aspectos, pero con especial atención a la alimentación y a los alimentos, porque una de sus actividades más notorias ha sido impulsar las manifestaciones comerciales de nuestro país, con especial interés para las relacionadas con el sector del vino y la alimentación y, para ello, hay que ser un buen conocedor de las costumbres, la sociología y del terreno que se pisa.

Como es un experimentado gastrónomo, ha tomado nota de las exquisiteces que cada país ofrece, para exponerlas en este libro, que es una joya porque agrupa la mayoría de los alimentos de calidad, que se producen en las diversas latitudes aunque, como es lógico, juegan un papel especial los producidos en la Cuenca Mediterránea y sobre todo los españoles, lo que por otra parte es de justicia, porque no hay ningún país en el mundo en donde se concentren tanto la calidad y diversidad de alimentos que se puedan calificar como *delicatessen*.

Para que un alimento pueda considerarse *delicatessen* es necesario que ofrezca equilibrio de calidad y singularidad, pero también es necesaria una base de difusión que (ancestral, moderna o actual), haya cubierto al producto de una cierta aureola. Como esta última circunstancia es evolutiva, también lo es la consideración que tienen los productos, y concretamente los alimentos, en este cuadro de honor que está abierto a los nuevos avances que el mundo de la gastronomía ofrece.

Como dice Fernando en su despedida, que no dudo que será hasta pronto, el elenco de productos no se agota con la lista de alimentos reseñados en estas páginas, pero es cierto que están prácticamente todos los que a día de hoy son así considerados. El mundo de la gastronomía está sometido a cambios, porque el desarrollo es continuo y siempre en dirección a la búsqueda de la calidad, interpretada a veces con criterios dietéticos, otras organolépticos y otras nutricionales, pero al final todos suelen coincidir, para poder proclamar que un producto merece una consideración especial.

Muchas de las *delicatessen* actuales comenzaron teniendo un carácter local, pero esto no significa que, con los medios actuales, no puedan llegar en perfectas condiciones a cualquier punto de la geografía y así sucede con nuestros aceites de oliva o con nuestro jamón ibérico de montanera, lo que es relativamente fácil, pero también es posible para el atún de almadraba, lo que ya exige un poco más esfuerzo, que se está dispuesto a hacer, porque gestionar la gastronomía es una pasión común a todas las todas las razas, a todos los pueblos, a todas las edades y a todas las clases sociales incluso y, esto es importante, a las que pasan hambre, porque como dice Friedrich Niezsche en *Ecce Homo. Cómo se llega a ser lo que se es:* «siempre es importante reflexionar sobre la condición humana y concretamente sobre el bienestar y la felicidad, porque ambas dependen mucho más de lo que comemos que de otras sutilezas».

Las *delicatessen* interesan cada vez más y además es un mundo abierto porque se han incorporado nuevos factores definitorios, entre los que destacan el carácter exótico del producto, su origen único, su elaboración diferenciada, la limitación de la oferta, su uso y, por supuesto, el diseño y la presentación.

Disfruten de la sabiduría y de su aplicación en las distintas enseñanzas, que les ofrece este libro.

Ismael Díaz Yubero
De la Real Academia de Gastronomía

UN
CONCEPTO
RELATIVO

En el mundo de la gastronomía, el término «*delicatessen*» designa aquellos alimentos selectos y de calidad, considerados exquisitos, y con un alto valor gastronómico. Bajo este concepto se agrupan productos naturales y elaborados, frescos o en conserva, con los denominadores comunes —aunque no todos ellos siempre presentes—, de singularidad, rareza, exotismo y alta calidad, presentados frecuentemente de forma relativamente lujosa. Digamos también que muchos de ellos son productos de alto precio, en ocasiones injustificado. Su oferta se realiza en secciones especiales de supermercados y grandes superficies o en establecimientos especializados. En España podríamos hablar de delicias, manjares o exquisiteces, pero son vocablos que no definen de forma tan precisa como *delicatessen* el concepto que se quiere referir; incluso, posiblemente por las mismas razones de precisión, se recurre a otro término foráneo y las *delicatessen* también se conocen como alimentos o productos *gourmet*.

Delicatessen es un vocablo derivado del alemán *delikatessen*, plural de *delikatesse* que, a su vez, deriva del francés *délicatesse* que podríamos traducir por exquisitez. Curioso recorrido. La palabra alemana tiene además una referencia directa a la comida, ya que si la desestructuráramos de esta manera: «delikat–essen», su significado sería «comer exquisito», teniendo en cuenta que «essen» es el infinitivo del verbo «comer» en alemán. La deriva del uso de la palabra en España la ha convertido en invariable, siendo frecuente escuchar calificar un producto exquisito como «una *delicatessen*». Cosas del lenguaje que a veces nos depara curiosas sorpresas.

Una segunda acepción del término *delicatessen* es la de tienda de alimentación selecta —en otros tiempos diríamos en España «ultramarinos selectos»—. En los Estados Unidos esta acepción se ha impuesto, aunque la palabra ha sido apocopada dejándola simplemente en *deli*. Pero los establecimientos bajo esta enseña ofrecen principalmente platos preparados, perteneciendo, en definitiva, más al sector de la restauración que al del comercio de alimentación. Por otra parte, no necesariamente los *delis* americanos respetan la calidad de la oferta: hay *delis* selectos y *delis* vulgares, los más. Realmente, algunas cosas son típicamente americanas y los *delis* son una de ellas.

En Europa existen varios paradigmas de tienda de *delicatessen*: En París, en la céntrica plaza de la Madeleine, abre sus puertas desde 1854 la casa Hédiard, especialista en productos para *gourmets*, incluidas las frutas exóticas de cuya importación en Francia fue pionera. En la misma plaza se inauguró en 1886 el reputado establecimiento Fauchon, habiéndose impuesto a lo largo de los años como la primera tienda de alimentos selectos de Francia. La tienda Dallmayr de Múnich se lleva la palma en Alemania en lo que se refiere a establecimientos de lujo en alimentación; más de dos millones y medio de personas visitan anualmente sus locales, aunque también destaca la planta sexta de los almacenes KDW en Berlín. En Londres la superconocida Fortnum's (Fortnum & Mason) y el departamento de alimentación de Harrod's son referencias mundiales de la exquisitez alimentaria. En la capital austríaca, en pleno Graben, la tienda Julius Meinl, en sus diversas secciones ofrece un exquisito despliegue de productos selectos. Menos ambiciosa, y menos internacional, es la tienda Peck de Milán, una referencia para la gastronomía selecta con acento italiano. En Suiza, la sección de alimentación de los grades almacenes Globus en las principales ciudades del país tiene una clara vocación de selecta tienda *gourmet*.

Allende nuestro continente, las tiendas Meidi-ya en Tokio son la referencia de la selecta gastronomía local e internacional.

Primera tienda Hédiard en Notre Dame de Lorette, París (1854), denominada "Le Comptoir des Epices et des Colonies" (el mostrador de las especias y de las colonias).

El salón de té de Fauchon, en París, en 1910.

Y en Nueva York, la conocida tienda Dean&Deluca y la galería de alimentación de la estación Grand Central pueden considerarse como las metas de los amantes neoyorkinos de las *delicatessen*, aunque sin poder compararse a los paradigmas europeos.

En España no hay realmente ningún templo para el *gourmet*. Las pastelerías Mallorca en Madrid y las tiendas Semon en Barcelona pasan por ser establecimientos con vocación de gastronomía selecta, pero están, sin embargo, más centrados en la oferta de platos preparados. Algún otro establecimiento, como la tienda del restaurante Víctor Montes en Bilbao, tiene una clara vocación de excelencia gastronómica. Los grandes almacenes El Corte Inglés han abierto desde hace algunos años los llamados Club del Gourmet con un resultado decepcionante por la banalidad con la que se ha desarrollado el concepto, muy alejado de los cánones que deben regir una verdadera tienda de *delicatessen*. En Madrid, la remodelación de antiguos mercados (San Miguel y San Antón) los ha convertido en centros de alimentación selecta. En el resto del país, algunos establecimientos de alimentación se han especializado en la oferta de productos de calidad, locales o no, con vocación de tiendas de *delicatessen*.

Como he apuntado anteriormente, los españoles utilizamos la expresión «productos *gourmet*» como equivalente a *delicatessen*. El término *gourmet*, que es asimismo un préstamo lingüístico, en este caso del francés, se usa a veces con su acepción francesa: «persona que reconoce y sabe apreciar la buena comida», y en otras ocasiones como adjetivo para designar productos de alta calidad y valor gastronómico.

Los productos considerados *delicatessen* no constituyen un elenco cerrado ya que el término admite grandes dosis de relativismo. Hay algunos indiscutibles, como el *foie gras* o el caviar. Otros, como los vinos selectos, el café, el té o el chocolate de calidad, están incluso en el origen de algunos establecimientos famosos. Especias, condimentos, conservas, quesos y un largo etcétera integran la oferta de las tiendas para *gourmets*. Hay que señalar que en muchas ocasiones el exotismo, la procedencia extranjera y otras circunstancias conceden marchamo de *delicatessen* a productos banales en sus mercados de origen. Asimismo, el hecho de la globalización, el desarrollo de las industrias alimentarias, el avance en los sistemas de transporte y distribución y el aumento generalizado del nivel de vida en nuestras sociedades hacen que productos antes escasos, de difícil adquisición o de alto precio, estén ahora presentes en tiendas y mercados sin vocación de exclusividad. En estos casos, la calidad del producto, tanto intrínseca como en su presentación, marca la diferencia entre lo corriente y lo *gourmet*, de la misma manera que sucede con productos tradicionales y de consumo habitual como el pan y los embutidos que en elaboraciones especiales y de calidad pasan a formar parte de la familia de las *delicatessen*.

Es indudable que existen ciertos productos considerados desde siempre como exquisitos, exclusivos de mesas principescas y de ocasiones señaladas, asequibles solo a personas con alto poder adquisitivo, constituyendo en definitiva el símbolo de la gastronomía de lujo. Me refiero a *delicatessen* como el caviar, el *foie gras* y el salmón ahumado. En la actualidad, salvo el caviar, que sigue considerándose un verdadero lujo gastronómico por su alto precio, la mayoría de los productos *gourmet* clásicos se ha popularizado e incluso banalizado al poder ser adquiridos en supermercados y grandes superficies a precios no excesivamente elevados, sobre todo si no se es exigente a la hora de considerar la calidad.

Al igual que ciertos platos de cocina regional, algunas especialidades no generalizadas en mercados más allá de los límites geográficos que delimitan la región de origen, adquieren un valor gastronómico derivado de su singularidad y obtienen patente de *delicatessen* cuando se ofrecen resaltando su autenticidad, su garantía de origen o su carácter artesano. En un mundo cada vez más globalizado, donde los mercados dan fe del fenómeno de universalidad, las especialidades nacionales pueden presentarse como productos gastronómicos reservados a los *gourmets*. Italia es un claro ejemplo de exportación de sus especialidades, genuinas o no tanto, como exponentes de una gastronomía especialmente singular.

Las marcas también pueden contribuir a identificar y seleccionar productos de alta calidad en el mundo de las *delicatessen*: Chatka es la conserva rusa de cangrejo real por antonomasia; La Veuve Cliquot o Dom Pérignon identifican champañas en todo el mundo por delante de otras marcas de igual o superior calidad. Sin embargo, la selección de marcas desconocidas, amparadas por una garantía del comerciante, puede establecer una diferencia positiva para estas frente a marcas demasiado conocidas, otorgándoles un plus de exclusividad fácilmente traducible en un plus, real o espurio, de calidad. Cuando los establecimientos de *delicatessen* alcanzan notoriedad, es habitual que otorguen su propia marca a productos seleccionados o fabricados exclusivamente para ser comercializados en sus establecimientos. Estas marcas propias recuerdan a las marcas blancas de las cadenas de distribución aunque no persiguen los mismos objetivos. Con las marcas propias, los establecimientos de *delicatessen* pretenden ofrecer la máxima calidad en los productos gastronómicos sin que ello suponga una mejora de la relación calidad precio, como es el caso de las marcas blancas de los supermercados. Un paquete de arroz basmati seleccionado por Fauchon y comercializado bajo su etiqueta pretende señalar al comprador que el producto es de una especial calidad, aunque en realidad pueda no ofrecer ninguna diferencia comparándolo con cualquier confección de arroz de la misma variedad vendida en una gran superficie. Si además indica que el producto ha sido producido exclusivamente en la región india de Gujarat para Fauchon y bajo su control, la garantía de exclusividad está asegurada.

En todas las sociedades donde el cerdo constituye una de las bases principales de la dieta tradicional, como sucede en la mayoría de las sociedades europeas, los embutidos que, en principio, son preparaciones destinadas a conservar las distintas piezas de la carne del animal, en ciertos casos se convierten en manjares preciados y llegan a considerarse *delicatessen*. Cada país cuenta con sus propias especialidades charcuteras y el mero desplazamiento de estos productos hacia mercados foráneos, como rarezas o curiosidades gastronómicas, les asegura un espacio en la oferta gastronómica como *delicatessen*. Piénsese, por ejemplo, en las salchichas alemanas, tan corrientes en la cesta de la compra local, y de las que algunas de sus variedades se han popularizado por todo el mundo, como las de Fráncfort; variedades menos conocidas fuera de su ámbito de origen se ofertan como *delicatessen* en mercados de otros países. Dentro del propio país, determinados embutidos, en su categoría de máxima calidad, forman parte de la oferta habitual del mercado de productos gastronómicos. En España es inconcebible que un espacio comercial de *delicatessen* deje de ofertar embutidos tradicionales (chorizo, lomo, salchichón) elaborados con carne de cerdo ibérico.

Hay embutidos elaborados con carnes distintas a las del cerdo, aunque son escasos. Es precisamente esa característica de rareza la que puede asegurarles un lugar entre los productos para *gourmets*. Un ejemplo lo encontraríamos en productos de charcutería elaborados con carnes de animales de caza.

El jamón es sin duda alguna un producto al que se presta especial atención en el ámbito de la gastronomía de lujo. Los jamones curados por procedimientos naturales, como los españoles, los italianos, los portugueses, y otros en Francia, Bélgica, Eslovenia, etc. pueden alcanzar una calidad extraordinaria. También los elaborados del tipo York o Sajonia.

Las cecinas de calidad, de vacuno, equino, caprino y caza, se han instalado en los registros de las *delicatessen* posiblemente por su relativa rareza, aunque algunas de ellas, como la *bresaola* italiana o la carne seca de los Grisones, se han convertido en sus países de origen en productos de consumo corriente con distintos grados de calidad. Las pechugas de ave, en especial las de pato pero también las de pavo y pollo, sometidas a distintos procesos de curado y ahumado pueden ofrecerse a veces como productos *gourmet*.

En las despensas de antaño, junto a embutidos, conservas, frutas pasas, harinas, legumbres y otros alimentos, se almacenaban preparados cárnicos elaborados en las cocinas con intención de ser conservados. Entre ellos podríamos destacar pasteles de carne, *confits*, patés y terrinas que cubiertos de grasas y mantecas resistían el paso moderado del tiempo. La sabiduría culinaria acumulada, quizás durante siglos, ha conseguido recetas de exquisitas preparaciones, olvidadas en sus elaboraciones domésticas pero recuperadas por industrias artesanales que, aprovechando las actuales técnicas de conservación, las sacan al mercado de las *delicatessen*.

Las infinitas variedades de quesos artesanos e incluso algunos de fabricación industrial constituyen una cantera inagotable para los anaqueles de *delicatessen*. La sección de quesos en los establecimientos que ofertan productos gastronómicos de calidad suele ser de una rara atracción por la variedad de tipos de queso y de procedencias. El queso, como el vino o las setas, es un alimento que genera afición entre los *gourmets* de todo el mundo.

Una de las formas tradicionales de conservar el pescado ha sido su salado, también su desecado, o una combinación de ambas prácticas como es el caso del bacalao. También el ahumado se ha utilizado como técnica de conservación del pescado aunque necesitado de frío para su duración. De estas técnicas antiguas han surgido productos gastronómicos muy apreciados que aún hoy día mantienen un valor en el mercado de los productos *gourmet*: las partes nobles del bacalao, las anchoas de calidad, el salmón y la anguila ahumada, mojamas y huevas en salazón, etcétera. Ciertas conservas de mariscos y de pescado se convierten asimismo en productos para *gourmets* cuando la calidad de su contenido y de su elaboración las aleja de la producción masiva de la industria conservera, y también porque el enlatado los transforma en productos con características distintas del alimento consumido en fresco o cocinado.

La invención de las técnicas de conservación en frascos y latas ha permitido disponer en cualquier momento de productos alimenticios de diverso tipo: frutas, verduras, carnes y pescados, al natural o en elaboraciones diversas, así como confituras, salsas y otras preparaciones. De nuevo, la originalidad, el exotismo, la extemporaneidad estacional, pero sobre todo la calidad pueden convertir ciertas conservas en productos de alto valor gastronómico.

En los procesos culinarios, los condimentos son elementos esenciales para obtener los resultados perseguidos al elaborar una receta o innovar inventando nuevas formas de cocinar y presentar los alimentos. Existen condimentos básicos como la sal, el aceite o el vinagre, y condimentos más o menos corrientes como las hierbas aromáticas y las especias. Todos ellos, en su versión selecta, son susceptibles de ser considerados productos *gourmet*: el aceite de oliva virgen extra, la flor de sal, el vinagre balsámico, el pimentón con denominación de origen, el azafrán, la vainilla, las pimientas y un largo etcétera. Más concretamente, en lo que se refiere a las especias, las distintas combinaciones de ellas, clásicas y tradicionales o innovadoras, se ofrecen profusamente en los anaqueles de las *delicatessen*.

Un alimento tan básico en la dieta occidental como es el pan, elaborado con diferentes cereales, aunque mayoritariamente con trigo, y que adopta formas y texturas diferentes en cada uno de los espacios regionales de los distintos países, se convierte en un producto de gastronomía selecta cuando se ofrece bajo una modalidad de elaboración que difiere de la imperante en el ámbito local. Así, el llamado pan francés (pan blanco) en países centroeuropeos o una bolla de pan gallego en Andalucía se convierten en panes exóticos considerados cuasi *delicatessen*.

La italiana es un ejemplo de éxito en la internacionalización de una gastronomía nacional. En este fenómeno ha sido quizás determinante la tradición del consumo de pastas alimentarias en la dieta habitual de los italianos. La pasta seca, en sus distintas variedades, con garantía de origen, o la pasta fresca, simple o elaborada con rellenos variados, junto con otros productos de la península itálica, suelen figurar en las secciones dedicadas a las *delicatessen* en los establecimientos de alimentación.

En países con una cultura gastronómica desarrollada, especialmente en Europa, la repostería tradicional está ampliamente extendida, y atomizada. Es difícil encontrar localidades o regiones donde no exista un dulce tradicional o festivo, o incluso industrial, singular. Pensemos en los dulces de Navidad españoles, por ejemplo: turrón, mazapán, alfajores, mantecados... Los conventos y monasterios a lo largo de los siglos, siguiendo la máxima de *ora et labora*, han ofrecido también tradicionalmente, entre otros productos, elaboraciones de repostería basadas en los ingredientes de producción local (miel, almendras, huevos, etcétera) y en sabias recetas transmitidas de generación en generación. Ahora, muchos de estos selectos productos comparten etiqueta de *delicatessen* con las creaciones de los más afamados pasteleros.

Algunos de los establecimientos de alimentación selecta más notorios, como Dallmayr de Múnich o Julius Meinl de Viena, iniciaron su andadura comercial como especialistas en la oferta de café. Este producto, junto al té y el chocolate, debido a su extendido consumo y a la existencia de verdaderos adictos, es objeto de especial atención en las tiendas de *delicatessen*, y no solo con respecto al producto en sí, sino también con respecto a la parafernalia de aparatos, objetos y vajillas para su preparación y servicio.

El vino, no ya como integrante de la trilogía mediterránea «pan, vino y aceite», sino como producto esencial de la alta gastronomía en sus versiones de mayor calidad, tiene un especial tratamiento en el ámbito de las *delicatessen*. Las bodegas para *gourmets* atesoran las más preciadas joyas enológicas de las procedencias más diversas y afamadas.

En determinados países europeos la cultura de la cerveza está ampliamente arraigada, dando lugar a una variada producción de esta bebida que, por otra parte, en sus versiones más extendidas se consume en todo el mundo. Especialidades belgas, alemanas, británicas y de otras procedencias, son premiadas en su singularidad con la consideración de cervezas para *connaisseurs*.

Los aguardientes y otros destilados, aromatizados o envejecidos, conforman una familia numerosa que aporta diversidad a la gastronomía: *brandy*, *grappa*, güisqui, vodka y otros alcoholes se seleccionan para ofrecer las mejores calidades a los exigentes *gourmets*.

Delicatessen existen asimismo entre productos frescos del reino animal y vegetal: Los despieces de animales de carnicería ofrecen partes de singular aprecio por su ternura y sabor. Y si, a la calidad proporcionada por animales de cierta raza o procedencia, se añade el acierto profesional del carnicero en su corte y preparación, determinadas piezas pueden resultar gastronómicamente excepcionales. En la fauna avícola doméstica, incluso en la más extendida, la especie *Gallus gallus*, ciertas razas o métodos de cría establecen diferencias en cuanto a las características organolépticas de su carne que la hacen muy apreciada. Los animales de caza, por el propio valor gastronómico de alguno de ellos, por su estacionalidad y, a veces, escasez, suelen figurar en la oferta selecta de los establecimientos especializados. Entre los pescados y mariscos, con independencia de su posterior tratamiento culinario, es indudable que existe una jerarquía de aprecio gastronómico: el lenguado, el rodaballo, la merluza en España, las angulas, la langosta, las ostras, los percebes, etcétera son adecuados ejemplos de ello.

La casa Hédiard de París, como ya he señalado, fue pionera en la introducción en Francia de las frutas exóticas a mediados del siglo XIX. Las dificultades de conservación de la época hacían de las frutas resistentes a un transporte prolongado verdaderas *delicatessen* asequibles solo a unos pocos afortunados, no por la suerte sino por el dinero. Hoy la facilidad y rapidez en los transportes y la tecnología del frío ponen a disposición de los consumidores toda clase de frutas en cualquier estación del año. Las frutas mediterráneas fuera de estación, procedentes de otras latitudes, se ofrecen como *delicatessen* (cerezas en Navidad, por ejemplo), perdiendo este atributo llegada la correspondiente estación en el hemisferio norte.

Aunque la palabra «verdura» pueda remitir a registros gastronómicos poco apreciados por los *gourmets*, salvo excepciones, lo cierto es que entre los humildes productos que la tierra ofrece pueden identificarse verdaderas joyas gastronómicas como los hongos (setas y trufas) que por su valor culinario, su estacionalidad y escasez, se convierten en preciados alimentos. Por otra parte, la pérdida de «autenticidad» de algunos productos vegetales cultivados intensivamente con técnicas innovadoras, convierte a los cultivados con métodos tradicionales en selectos productos para deleite de los amantes de la buena mesa. No olvidemos los vegetales marinos, las algas, que aún se mantienen en gastronomía en niveles de consumo limitados.

Las *delicatessen* constituyen, pues, un nutrido jardín de delicias gastronómicas. Su concepto es patrimonio de la cultura occidental y del mundo desarrollado, donde la alimentación adquiere caracteres selectivos que guían el consumo más por placer que por necesidad. Profundizar en su descripción y estudio es el objetivo de las páginas que siguen.

Truffe à spores noires ou **Truffe du Périgord.**
Tuber melanosporum.

La trufa de Périgord y su método de búsqueda en una ilustración del libro
Nouvel atlas de poche des champignons comestibles et vénéneux (1911) de Paul
Dumée.

LA OFERTA
DEL REINO
VEGETAL

Comemos para alimentarnos y, en el ejercicio de cubrir nuestra necesidad de alimento, hace tiempo que los humanos descubrimos el placer. Primero, el placer elemental de satisfacer el apetito. Después, el placer selectivo proporcionado por ciertos alimentos. Finalmente, el placer derivado del apresto de los alimentos, es decir: el proporcionado por la cocina.

La madre naturaleza ofrece profusamente alimentos al género humano dentro de los reinos vegetal y animal. El desarrollo cultural de la humanidad ha llevado al hombre desde el estadio de recolector y cazador al de agricultor y ganadero, multiplicando en su provecho la oferta primaria de la Naturaleza.

Pocos son ya los productos del reino vegetal que llegan a los mercados sin que procedan de cultivos desarrollados por el hombre. Una de estas excepciones son la mayoría de las setas comestibles ya que, por el momento, el cultivo de especies micológicas solo ha podido tener éxito con unas pocas. Los **hongos o setas silvestres comestibles** son alimentos de alto aprecio gastronómico y entran de lleno en la categoría de *delicatessen*, ayudados por su estacionalidad y rareza.

A la cabeza del pelotón de los hongos más apreciados se encuentran las **trufas**, hongos de crecimiento subterráneo asociados a determinadas especies arbóreas, especialmente las encinas, aunque también a avellanos, chopos e incluso pinos. Existen unas treinta especies de trufas, pero solo unas pocas

—la trufa blanca del Piamonte (*Tuber magnatum*) y la negra del Perigord (*Tuber melanosporum*) básicamente— tienen valor gastronómico reconocido. Este radica en su intenso y complejo perfume, capaz de provocar un ansia incontenible de su consumo, siempre asociado a otro alimento (pasta, huevos, carnes, etc.), que deja un recuerdo imborrable en la memoria del *gourmet*. Estas especies de valor gastronómico son autóctonas de la Europa mediterránea, aunque el desarrollo del cultivo, la llamada truficultura, ha llevado la trufa negra a producirse en otras latitudes (Estados Unidos, Australia, Nueva Zelanda, Chile). El cultivo de la trufa no puede calificarse de cultivo agrícola ya que tiene unas características muy particulares. Efectivamente, la trufa no puede sembrarse, solo puede inducirse su producción mediante la plantación de árboles micorrizados, es decir: árboles cuyo sistema radicular está completamente infectado por la trufa negra. Luego hay que esperar que la naturaleza haga el resto durante años y, llegado el otoño, la estación en que las trufas maduran, con ayuda de cerdos o perros entrenados para ello hay que ir a buscarlas a varios centímetros bajo tierra, dependiendo la cosecha de las condiciones meteorológicas y de otras circunstancias poco conocidas.

Alba, población italiana de Piamonte, es la reconocida patria de la trufa blanca, la trufa que ha conquistado el mercado gastronómico de lujo. Su aparición en noviembre es saludada con júbilo por todos aquellos que, independientemente del exorbitante precio a pagar, se apresuran a enriquecer un *risotto*, una pasta fresca o una tortilla con el «fruto de la Providencia» cortado en virutas con la mandolina. Los devotos del culto a la trufa blanca, a la que se refieren siempre con expresiones superlativas, no dudan en pagar cantidades astronómicas por ejemplares excepcionales, es decir: de más de un kilo de peso. La trufa blanca se consume cruda, el calor del plato sobre el que se corta es suficiente para excitar y potenciar el aroma de este hongo excepcional.

La trufa negra del Périgord también es un hongo de lujo, pero no tanto como la blanca de Alba. Quizás por no ser tan escasa, estar más extendida y por el relativo éxito de la truficultura. Si la trufa blanca es la reina en la sala de un restaurante, la trufa negra es sin duda la reina en su cocina. Esta también se consume cruda, pero cocinada, formando parte de salsas, perfumando un *foie gras* o rellenando un ave, es la forma más usual de su utilización en cocina.

El resto de especies de trufa tiene un menor valor gastronómico, al igual que otros hongos subterráneos similares pero distintos a las trufas, como las terfecias, también llamadas **criadillas de tierra**.

En primavera, pero sobre todo en otoño, los prados y los bosques ofrecen a la gastronomía la bendición de las **setas**. Tampoco todas las setas silvestres tienen el mismo valor gastronómico. En realidad, solo unas pocas especies pueden considerarse verdaderas *delicatessen*. Entre los gastrónomos parece haber unanimidad en considerar la *Amanita caesarea* u oronja, la reina de las setas, de hermoso color anaranjado, carne blanca amarillenta y sabor suave muy agradable. Se consume cruda en ensalada o ligeramente salteada. Es una seta rara en los mercados donde lidera las preferencias de los gastrónomos el *Boletus*. Las cocinas de Francia se movilizan a finales del verano para recibir los *cèpes* al igual que en Italia el perfume de los *funghi porcini* invade los platos de pasta. En Polonia componen una densa sopa de efluvios de bosque con los *borowiki* que desecados seguirán durante meses alimentando el caldo reparador. Existen más de veinte especies comestibles de boletos, aunque solo unas pocas pueden considerarse como nobles gastronómicamente: el *Boletus edulis*, el *B. reticulatus*, o boleto de verano, el *B. pinicola* y el *B. aereus*. En general, los ejemplares jóvenes son los más apreciados, aunque los más adultos tienen más sabor. Los boletos más tiernos pueden consumirse crudos en ensaladas, cortados en finas láminas, pero cocinados desprenden todo su aroma y potencian su sabor. Los *gourmets* de muchos países aprecian los boletos desecados que, molidos, aportan un sabor especial a los guisos. También pueden conservarse en aceite y encurtidos.

Junto a los boletos, otras setas silvestres con destacadas cualidades de aroma y sabor son muy apreciadas en la cocina: Las colmenillas (*Morchella esculenta, Morchella rotunda, Morchella conica y Morchella elatoides*) son setas primaverales de cierta rareza por lo que suelen ser caras. Su sombrero alveolado es característico. Existen varias especies, siendo las más apreciadas las de color más oscuro. Son muy sabrosas pero deben cocinarse bien para destruir ciertas substancias tóxicas que contienen. En los comercios gastronómicos suelen encontrarse desecadas.

Las colmenillas enriquecen guisos y salsas y los rebozuelos (*Cantharellus cibarius*) tortillas y revueltos; trompetas de los muertos (*Craterellus cornucopioides*), níscalos (*Lactarius deliciosus*) y algunas otras cuentan a su favor con su escasez y estacionalidad para codearse con otras *delicatessen*.

La recolección de alimentos de origen vegetal ofrecidos por la Naturaleza se completa con **las algas**. El cultivo de estos vegetales se realiza preferentemente con especies clasificadas como microalgas que no se consumen directamente por los humanos como alimento. Las macroalgas son las que se cosechan con fines alimenticios. Debido a las condiciones de su desarrollo solo se cultivan algunas especies. Aunque algunos pueblos han consumido tradicionalmente algas, actualmente parece haber un interés gastronómico especial por ellas. Posiblemente la razón haya que buscarla en la influencia de la cocina japonesa en las tendencias actuales de fusión culinaria y en los avances en la apreciación gastronómica de ciertas características de estos vegetales. Aparte de por su nombre científico, las algas son conocidas generalmente por nombres derivados de su parecido a otros alimentos, vegetales o no (lechuga, espagueti, judía verde, etc.), o por nombres locales.

Las algas de interés gastronómico pueden clasificarse en tres categorías: algas pardas, algas verdes y algas rojas.

Entre las primeras, las pardas, de color verde oscuro tirando a marrón, se destaca la kombu (*Laminaria*) muy utilizada en la cocina japonesa como ingrediente de la sopa (*dashi*) o para acompañar el pescado crudo (*sashimi*). Tiene sabor a yodo y un ligero regusto de ahumado. Se encuentra en el Atlántico y Pacífico Norte y se cultiva en Japón. Otra especie comestible de la misma familia es la kombu real de la que se cosechan los ejemplares jóvenes que se utilizan en cocina como envoltorio (*papillote*) por su tamaño. Se encuentra en el mercado fresca, desecada o conservada en sal. La wakame (*Alaria esculenta, Alaria marginata, Undaria pinnatifida*), llamada en Francia «helecho de mar» por su parecido a esta planta, es un alga de considerable longitud y de color casi completamente negro. En crudo recuerda el gusto de las ostras. Se utiliza cruda en ensaladas y cocida para acompañar arroz o pasta. En Japón es ingrediente para las sopas. Se comercializa deshidratada —triplica su volumen al hidratarse— o fresca en salazón. Los **espaguetis de mar** (*Himanthalia elongata*) son largos filamentos aplanados que pueden consumirse crudos aunque están mejor ligeramente cocidos al vapor o salteados en la sartén. En ensaladas destaca su textura parecida a la de la judía verde. En Chile numerosos platos de la cocina local, guisos, ensaladas, sopas y pasteles, utilizan la **cochayuyo** (*Durvillaea antarctica*), un alga de considerable longitud de consistencia carnosa. Se encuentra desecada en los mercados presentada en forma de paquete.

Las algas verdes más conocidas son la **lechuga de mar** (*Ulva lactuca*), consumida cruda en ensaladas, con cierto gusto que recuerda al perejil. También es utilizada en sopas y, desecada, como aderezo en ensaladas espolvoreada en forma de copos. A parecido uso se destina en Japón la **nori verde.**

Los cada vez más apreciados *maki* (rollo) japoneses, integrantes de la familia de los *sushi*, son característicos por venir envueltos en láminas de alga nori (*Porphyra umbilicalis*, *Porphyra tenera*). Es esta, quizás, la alga roja más conocida. Se cultiva en Japón y China. Se procesa para obtener láminas parecidas al papel. En copos sirve de condimento para platos de arroz. Otras algas rojas como el **musgo de Irlanda** (*Chondrus crispus*) o variedades de **agar-agar** (*Glacilaria*) se utilizan para obtener polisacáridos que facilitan el espesado y gelificación de los alimentos. En lo que se refiere al musgo de Irlanda, su color rojo cuando está seco y su sabor marino, lo hacen muy apropiado para espolvorear en ensaladas. La agar-agar puede consumirse salteada en sartén, estando cocinada desde el momento en que cambia su color a verde. La **dulse** (*Palmaria palmata*) es un alga roja atlántica que recuerda a un gran pámpano de vid, apta para comer cruda y en ensaladas. Desecada puede freírse u hornearse o añadirse al pan para confeccionar el pan de algas, también puede comerse directamente como aperitivo. Los amantes de las algas consideran que la variedad cercana a la dulse *Dilsea carnosa*, de lóbulos más anchos que los de la dulse, es la mejor alga para consumir cruda o ligeramente escaldada por su fuerte sabor marino y su regusto especiado. Se la conoce también como el bistec del mar. Curiosamente, en Francia no está catalogada como alga comestible.

Zaffarano (azafrán). Ilustración de una edición del libro *De re medica* de Dioscórides, de Pietro Andrea Mattioli, Italia s. XVI.

AROMAS
Y SABORES

La madre naturaleza nos proporciona elementos vegetales que si bien no son estrictamente alimentos se asocian a estos en los procesos culinarios para aportar notas sápidas, perfumes y aromas que los enriquecen. Son **las hierbas aromáticas y las especias**. Su uso está universalmente extendido, aunque no de igual manera. Los *gourmets* tienen tendencia a celebrar el uso de determinadas especias, quizás de consumo corriente en otras latitudes, pero desconocidas en su entorno cultural y asociadas las más de las veces a una culinaria exótica. Pero, asimismo, el amante de la gastronomía y de la cocina gusta de recurrir a los aromas y sabores que transmiten las distintas hierbas aromáticas a su alcance, en el comercio o en el campo, y a las especias que en su particular preferencia deben utilizarse en una preparación culinaria.

Los espacios de oferta selecta de frutas y verduras suelen dedicar una especial atención a las hierbas aromáticas que, salvo alguna excepción, suelen ser las utilizadas en la cocina occidental. Junto al ubicuo (en España al menos) perejil «de todas las salsas», podemos encontrar aquellas otras hierbas que aportan principalmente su valor gastronómico en fresco: albahaca, cebollino, cilantro, eneldo, estragón, hierbabuena, laurel, mejorana, menta, orégano, perifollo, romero, salvia o tomillo. Pero el campo, el monte o el jardín pueden ampliar esta oferta. Pensemos solamente que existen cientos de variedades del popular tomillo tan socorrido en la cocina mediterránea; lo mismo sucede con mentas y yerbabuena; o con la albahaca y el orégano. Ciertas de estas hierbas aromáticas son empleadas con profusión al utilizarse en muchos y variados platos, pero otras son de oferta escasa y solo las tiendas selectas pueden ofrecerlas en fresco para dotar a las preparaciones que las requieren el genuino sabor y aroma que las caracteriza. La salsa bearnesa requiere la disponibilidad de hojas de estragón, las hojas de salvia son imprescindibles en la preparación de los *saltimbocca* romanos y el salmón marinado agradece el eneldo. Esas mismas hierbas desecadas no proporcionarán el mismo resultado que las frescas.

En Francia, es popular el llamado *bouquet garni* (ramillete variado), que los italianos denominan *odori* (aromas), y que se compone de un atado de ramitas de tomillo, hoja de laurel, perejil, verde de puerro, rama de apio y, en ocasiones, orégano, romero y otras hierbas. Se emplea en guisos variados y se retira antes de servir el plato. También en la cocina francesa es tradicional la mezcla llamada *fines herbes* (finas hierbas): apio y apio silvestre, cilantro, estragón, perejil, perifollo, tomillo, y otras similares. Se utilizan para condimentar tortillas y salsas como la clásica «veneciana». La región mediterránea francesa, la Provenza, apadrina otra combinación de hierbas aromáticas bajo el nombre de *herbes de Provence* (hierbas de Provenza), donde se juntan albahaca, ajedrea, laurel, romero y tomillo, que se emplea en preparaciones a la brasa.

Junto a las hierbas aromáticas, las especias, que son semillas, flores, frutos, hojas, cortezas o raíces de plantas, básicamente originarias de Oriente, son siempre objeto de culto por su capacidad para, solas o en sabias combinaciones, definir y caracterizar la cocina de muchos países y regiones a lo largo y ancho del mundo. En Occidente se conocen y se valoran desde antiguo una serie de especias que forman parte de la culinaria tradicional. Algunas han caído en desuso, como el cardamomo, otras irrumpen con fuerza como el wasabi y, desde luego, se mantienen aquellas cuyo sabor forma parte del patrimonio organoléptico de casi todo el mundo, como la pimienta, la vainilla o la canela. Las colecciones de especias son valoradas por los *gourmets* y, en consecuencia, ocupan un espacio preferente en las tiendas de *delicatessen*, sin llegar a la espectacularidad de las especierías de ciertos países magrebíes y orientales donde las pequeñas montañas cónicas de polvo de especias puras o mezcladas conforman un colorido conjunto visual y aromático que capta la atención de propios y extraños.

En general, los platos cocinados suelen admitir más de una especia o hierba aromática, la combinación de sabores y aromas es un elemento de gran valor en el éxito de cualquier preparación culinaria. Al igual que en el caso de combinaciones de distintas hierbas aromáticas, la **mezcla de especias**, de acuerdo con unos patrones más o menos rígidos, está presente en la tradición gastronómica de muchas regiones. Determinadas combinaciones, con sus variantes, son inequívocamente paradigmáticas de la culinaria tradicional de ciertos países. Es el ejemplo del *curry* en la cocina india, o de la *ras el hanut* en la cocina magrebí. Los ingredientes, y la proporción de su mezcla, son tan variados que resulta poco menos que imposible preparar en los hogares dichas mezclas tradicionales.

Las especias, en general, han perdido su exotismo al facilitar el comercio mundial su ubicua disponibilidad. Las combinaciones de especias, sin embargo, mantienen esa cualidad exótica ya que están íntimamente ligadas a tradiciones específicas que, fuera de su ámbito regional, constituyen solo experiencias gastronómicas puntuales.

En la cocina de influencia francesa es utilizada con cierta profusión la mezcla de especias denominada *quatre épices* (cuatro especias): en su origen se trataba de una sola especia, la pimienta de Jamaica, denominada también pimienta multiespecia, porque al molerla despliega aromas de canela, nuez moscada, clavo de olor y también, claro está, de pimienta. La mezcla real de estas especias dio lugar a la actual *quatre épices* a las que se añaden algunas más como el jengibre y la propia pimienta de Jamaica.

Con el nombre de «cinco especias» viajamos a la tradición gastronómica oriental de la mano de una sabia combinación de los cincos sabores básicos percibidos por el sentido del gusto: dulce, salado, agrio, amargo y picante, conseguida con la mezcla de pimienta de Sichuan, granos de anís, granos de hinojo, jengibre, canela y clavo de olor, con el añadido a veces de palo de regaliz, superando el número de cinco que da nombre a la combinación. Esta mezcla es indispensable para sazonar asados de pato y cerdo al estilo pequinés.

Posiblemente sea el *curry* la mezcla de especias más conocida y a la vez la más versátil. En la India la palabra *curry* se reserva para denominar guisos y salsas sazonadas con una mezcla de especias. La mezcla en sí se denomina *masala* y las especias que la componen pueden variar de una región a otra y de la preparación de uno u otro plato. La más conocida de estas mezclas locales es la denominada *garam masala*, compuesta por cúrcuma, pimienta blanca y negra, clavos de olor, canela, cominos y cardamomo, pudiendo mezclarse con otras especias como guindilla para dotar de sabor picante a la preparación. Otra *masala* muy extendida en India y Paquistán es la *chaat masala*, compuesta por mango seco en polvo, comino, sal negra, cilantro, jengibre en polvo, sal, pimienta negra, asafétida y guindillas, lo que le proporciona un sabor picante agridulce. Es una mezcla que puede añadirse a la comida y a la bebida.

El *curry* en polvo es una mezcla de especias relativamente reciente, ya que con este nombre, y con una composición más o menos estándar, pero que admite muchas variaciones, se preparaban las mezclas de especias para que los británicos pudieran disfrutar en la metrópoli de los platos y salsas descubiertos en la India colonial. Con el establecimiento de restaurantes indios en la mayoría de países occidentales, el *curry* en polvo se ha convertido en un producto de exportación, imprescindible para la réplica de la cocina india en otros lugares, o como ingrediente exótico en la cocina de fusión. Bajo la denominación de *curry* de Madras se comercializa el *curry* en polvo estándar que suele contener alholva o fenogreco, comino, cilantro, cúrcuma y guindillas y también, dependiendo de los fabricantes y de los cocineros, ajo, alcaravea, asafétida, canela, cardamomo, clavo de olor, hinojo en grano, jengibre, mostaza en grano, nuez moscada y pimienta larga. La menor o mayor proporción de guindilla establece la gradación picante del *curry*.

En Japón existe una popular mezcla de especias, frecuente en los establecimientos de *delicatessen*, llamada *shichimi tōgarashi*, compuesta por siete ingredientes: guindilla, pimienta japonesa, piel de naranja tostada, sésamo negro y blanco, cáñamones, jengibre y alga nori. Junto al *shichimi* podemos encontrar el *furikake*, extraña mezcla de polvo de pescado seco, granos de ajonjolí, copos de algas, azúcar, sal y glutamato, preparada para espolvorear el arroz.

Recorriendo la Ruta de la Seda los viajeros, al llegar al Cáucaso, se reconfortaban con un espeso guiso de carne aromatizado con una sabia y compleja combinación de hierbas aromáticas desecadas y especias: la *khmeli-suneli*. Esta mezcla consiste en una molienda de mejorana, eneldo, hierbabuena, perejil, cilantro, ajedrea, hojas y semillas de alholva, pétalos de caléndula, laurel y pimienta negra. Sigue siendo una mezcla muy utilizada en Georgia y muy exótica allende sus fronteras.

Baharat en árabe significa «especias». Bajo este término genérico se agrupan mezclas de especias que difieren de un país a otro, que suelen tener una base común, aunque no siempre. En Túnez, por ejemplo, *baharat* se refiere a la combinación de capullos de rosa secos, canela y pimienta negra. Los ingredientes típicos del *baharat* son: pimienta de Jamaica, pimienta negra, cardamomo, canela, clavos de olor, cilantro, comino, nuez moscada y guindilla. En Turquía se le añade menta. En los países del Golfo Pérsico se utiliza asimismo lima negra (lima salada y desecada) y azafrán.

Los amantes de la cocina de Oriente Medio tendrán siempre disponible el *zahtar*, una mezcla de hierbas aromáticas mediterráneas (mejorana, orégano, tomillo y bayas de zumaque) a las que se añade sal y ajonjolí, para condimentar carnes y verduras, el puré de garbanzos (*hummus*) y el yogur y, junto con aceite de oliva, aliñar el típico pan pita.

Los gastrónomos están de acuerdo en señalar que la *ras el hanut* (traducible como «lo mejor de la tienda») es la reina de las combinaciones de especias. Aunque las fórmulas de esta mezcla magrebí, utilizada en los platos más emblemáticos de la región, son el secreto de comerciantes de especias y de amas de casa. Las preparaciones de *ras el hanut* en el mercado no suelen llevar más de seis o siete especias, pero la lista de componentes de la mezcla puede llegar a cuarenta en especierías tradicionales, aunque la literatura gastronómica suele citar no más de veintisiete. La *ras el hanut* es una combinación de especias que requiere de un comercio especializado, ya que muchos de sus componentes vienen de regiones lejanas del Magreb: cardamomo de Sri Lanka, macis de Java y Sumatra, jengibre de Indochina y Japón, galanga o jengibre azul de China, jengibre blanco del Japón, granos del paraíso de Costa de Marfil, nuez moscada (fruto entero y nuez) de Java y Sumatra, pimienta negra del Asia tropical, pimienta de Jamaica, pimienta larga de la India, pimienta de Java, pimienta de los monjes del área mediterránea, polvo de cantárida (insecto) de la región mediterránea, canela de la India, canela de China, rizoma de ciperácea de Sudán, clavo de olor de Zanzíbar, cúrcuma de la India, rizoma del iris del Alto Atlas, espliego del área mediterránea, yemas de rosa de Damasco originaria de Irán pero aclimatada en Marruecos, fruto del fresno europeo, bayas de belladona marroquí, y nigella también marroquí.

Algunos de los ingredientes citados son tóxicos, como el polvo de cantárida, la belladona o el iris, por lo que su empleo en la mezcla debe ser moderado. De hecho, el uso de la cantárida, un escarabajo verde muy común en el área mediterránea, que se utiliza reduciéndolo a polvo, y que provoca priapismo, ha sido prohibido desde 1990. Otros ingredientes se utilizan por sus propiedades afrodisíacas, como el fruto del fresno, o el galanga; y otros, sin embargo, son conocidos por ser anafrodisíacos, como la pimienta de los monjes.

Los matices sápidos y aromáticos aportados por las especias pueden ser muy característicos o muy sutiles por la variedad de especies de una misma planta o por la cercanía de los sabores aportados por plantas diferentes. Los sabores anisados pueden proceder de especias distintas así como los de **la pimienta**. En este último caso, teniendo en cuenta el protagonismo de la pimienta en la historia del comercio de las especias y su ubicuidad en el especiero de cualquier culinaria actual, es interesante señalar las variedades de plantas conocidas bajo este nombre.

Los granos de pimienta que todo el mundo identifica sin dificultad son las bayas de una liana (*Piper nigrum*) de la familia de las piperáceas. Normalmente la pimienta se presenta entera una vez que las bayas han casi alcanzado la madurez, han fermentado después de la recolección y se han desecado. Si las bayas se cosechan verdes y se conservan en un medio húmedo (salmuera o vinagre) se comercializan como pimienta verde, ideal para salsas que acompañan la carne vacuna. Desprovistas de su pericarpio, de color negro, los granos de pimienta aparecen blancos y se presentan en el mercado como pimienta blanca. Cuando las bayas maduran por completo adquieren un color rojo que se preserva para ofrecerlas como pimienta roja. Molida, la pimienta negra adquiere un color grisáceo que, a veces, se identifica como pimienta gris.

Existen otras dos pimientas de la familia de las piperáceas: la pimienta larga (*Piper longum*) y la cubeba o pimienta de Java (*Piper retrofractum*). La primera, la pimienta larga, es un fruto que, desecado, se utiliza como especia al igual que su pariente la pimienta negra. Tiene un sabor parecido a esta pero más picante y con un ligero regusto a canela. Su uso es raro en la cocina occidental pero sigue usándose en Oriente y en mezclas de especias del Norte de África. La pimienta de Java es una baya parecida a la pimienta negra, aunque algo más grande, y siempre conservando un pequeño tallo a modo de rabo. Se cosecha antes de su total maduración y al desecarse tiene una apariencia rugosa. Su sabor es picante, algo amargo y persistente y exhala un agradable aroma. Se la ha asociado con las características de la pimienta de Jamaica por su ligero recuerdo a otras especias. Conocida también como cubeba, esta especia fue utilizada en Europa aunque actualmente solo se emplea en Oriente y en Marruecos. El aceite esencial que se extrae de la cubeba forma parte de ingredientes de algunos cigarrillos, de perfumes y de bebidas (ginebra Bombay Sapphire, por ejemplo).

En China y Japón, las combinaciones de especias más tradicionales («cinco especias» y *shichimi tōgarashi*) suelen incluir la pimienta de Sichuan (*Zanthoxylum piperitum*), que no está emparentada con la pimienta negra ya que la planta que la produce es de la familia de los cítricos. Tiene un sabor picante y actúa sobre las terminaciones nerviosas de la boca provocando una sensación de cosquilleo, dejando un ligero sabor a limón.

En algunas tiendas de *delicatessen*, en molinillos de pimienta transparentes, se suelen combinar varias clases de granos de pimienta, entre los que destacan unas bayas rosadas denominadas pimienta rosa. Procede de un árbol tropical (*Schinus terebinthifolius*) que es a la vez ornamental e invasivo, habiendo sido declarado como maleza en los Estados Unidos. Su consumo puede ser ligeramente tóxico.

Al hablar de las «cuatro especias» se hizo referencia a la pimienta de Jamaica (*Pimenta dioica*) que despliega sabores y aromas de canela, nuez moscada y clavo de olor, por lo que en inglés se denomina *allspice* (multiespecia). Es una especia utilizada profusamente en la culinaria centroamericana y caribeña aunque su uso está extendido a varios países europeos (Inglaterra, Francia, Dinamarca…) que la emplean en variadas preparaciones, destacando como ingrediente en el queso francés Moutier (parecido al Camembert).

En los países del África tropical se cosecha un fruto llamado pimienta de Guinea, también granos de Selim, granos del paraíso o pimienta etíope (*Aframomum melegueta*) que en la Edad Media fue exportado a Europa como pimienta. Actualmente se usa profusamente en el continente africano y sirve también para aromatizar el café en Senegal, que toma el nombre de café Touba y se ha convertido en una bebida muy popular. En Camerún se emplea para aromatizar el té.

La pimienta de Tasmania (*Tasmania lanceolata*), fruto de un arbusto originario de Australia que se utilizó como sustituto de la pimienta por su sabor picante, se utiliza actualmente como especia y como condimento, por ejemplo para aromatizar el *wasabi* o como ingrediente del *curry*.

En el área mediterránea crece un arbusto llamado el árbol de la pimienta (*Vitex agnus-castus*) cuyos frutos se dejan secar en el árbol para recolectarse en invierno y utilizarse como especia bajo el nombre de pimienta de los monjes, por haber sido utilizada en los monasterios por sus cualidades inhibidoras de la libido.

Desde que se aclimató en Europa y África el pimiento (*Capsicum annuum*), una de las variantes de su consumo es el producto resultante de la desecación, a veces el ahumado y la trituración o molienda de algunas variedades, dando lugar a pimentones o *paprika* utilizados como especias. En España donde el pimentón es usado profusamente en embutidos y recetas de cocina, destacan dos variantes: el pimentón de Murcia y el pimentón de la Vera. El primero es el resultado de la molienda de la ñora, un pimiento redondo que se secaba tradicionalmente al sol, mientras que el segundo tiene su origen en un pimiento alargado (choricero) que se seca con fuego de leña adquiriendo un matiz ahumado. Internacionalmente, el pimentón más conocido es la *paprika*, elaborado en Hungría con variedades locales de pimientos. En algunos países sudamericanos el ají molido es el resultado de una molturación de pimientos menos fina que la del pimentón, al igual que el *piment d'Espelette* (guindilla de Espelette) especialidad del País Vasco francés.

El **azafrán** es una especia singular que destaca sobre las demás, no solo por sus características organolépticas y su alto poder colorante, sino también por su elevado precio, ya que es uno de los productos más caros que existen en relación con su peso. Esta última circunstancia otorga a esta especia un lugar preeminente en el elenco de las *delicatessen*. Se da el nombre de azafrán a los estigmas de la flor de una planta cultivada, *Crocus sativa*, que se cosechan y se someten a un proceso de desecación antes de utilizarse para aromatizar y colorear numerosos platos de las cocinas de diferentes países. Se necesitan 250.000 flores para obtener un kilo de azafrán y su cosecha y manipulación exige un empleo intensivo de mano de obra. El principal país productor de azafrán es Irán. En España, el azafrán cultivado en La Mancha cuenta con una denominación de origen protegida. El uso del azafrán en la gastronomía española está bastante extendido ya que es la especia esencial para los arroces en paella y numerosos guisos tradicionales. En Francia es condimento imprescindible en la famosa sopa de pescado marsellesa, *bouillabaisse*. Y en Italia, el *risotto* a la milanesa requiere azafrán para conseguir su característico sabor y color. En Oriente, tradicionales platos de arroz se condimentan con azafrán. Salvo marcas acreditadas que garanticen su pureza no resulta conveniente adquirir azafrán en polvo ya que es fácil su adulteración. Para obtener un resultado adecuado con el uso del azafrán en hebras, estas deben tostarse ligeramente para facilitar su molido.

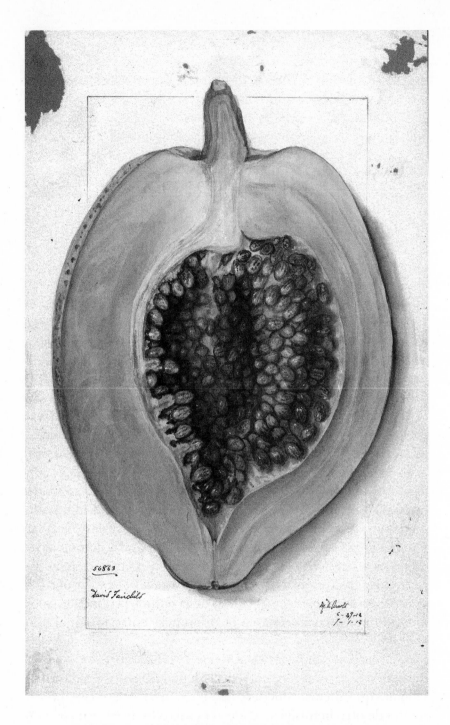

Papaya (*Carica papaya*), acuarela de Mary Daisy Arnold (1910),
de la USDA Pomological Watercolor Collection, del Departamento
de Agricultura de EE.UU.

EL REGALO
DE LA FRUTA

La agricultura, fruto de técnicas y conocimientos para replicar y explotar las plantas con el fin de obtener masivamente vegetales, frutos y semillas comestibles, ha puesto al alcance del hombre fácilmente los frutos de la tierra que en etapas previas solo podían obtenerse a través de la recolección de ejemplares silvestres. Los cultivos agrícolas han hurtado a ciertos productos del reino vegetal su valor como productos escasos y, en cierta medida, como productos estacionales. A ello ha contribuido grandemente la facilidad de los transportes que ponen en mercados de un hemisferio los productos fuera de estación procedentes del otro hemisferio, o los productos tropicales. Para ciertas frutas y, en menor medida, para algunas verduras, esta circunstancia tiene como consecuencia su encarecimiento convirtiéndose en falsas *delicatessen*, ya que se trata simplemente de caprichos gastronómicos. Hablar de *delicatessen* con respecto a las verduras solo cabe en el marco de la culinaria donde el valor añadido en la cocina marca la diferencia entre lo banal y lo *gourmet*.

Los cultivos extensivos han puesto al alcance de todo el mundo y, a precios razonables, las frutas mediterráneas tradicionales que, incluso, pueden obtenerse fuera de estación procedentes de otro hemisferio, dado el desarrollo de los transportes, principalmente aéreos. Así sucede con los cítricos, manzanas y uvas, y también con frutas de otras latitudes como los plátanos.

Sin embargo, la disposición de frutas delicadas, de escaso o difícil cultivo o de comprometida comercialización, sigue dependiendo de la temporada, lo que limita su oferta y les proporciona un plus de exclusividad.

Los **dátiles**, frutos de la palmera (*Phoenix dactilifera*), siguen siendo un fruto selecto; su temporada se extiende de octubre a enero; son extremadamente calóricos por su alto contenido en azúcar (70 %) aunque pueden consumirse semimaduros siendo entonces astringentes y menos dulces; en ese estadio son de color amarillo o anaranjado, según la variedad. Pueden madurarse artificialmente sin que se concentre el azúcar mediante técnicas de adobo. El dátil fresco semimaduro o maduro, e incluso adobado, solo se encuentra en mercados regionales ya que los dátiles que se comercializan procedentes del norte de África son dátiles pasificados para favorecer su conservación. Los dátiles, reducidos a pasta, combinan bien con frutos secos como las almendras o las nueces y se emplean en recetas de pastelería tradicional magrebí. Nada impide, sin embargo, que el dátil se incorpore a recetas imaginativas de postres caseros o de pastelería.

Aunque cada vez más tiene mayor presencia en los mercados, la **granada** (*Punica granatum*) se mantiene como fruta de oferta escasa. Es una fruta que se conserva largo tiempo debido a su piel coriácea. Los granos que atesora en su interior son muy apreciados en ensaladas y no solo de frutas. Es, por ejemplo, ingrediente en un emblemático plato mejicano: chiles en nogada, y de la misma manera puede adornar otras preparaciones, como el *baba ganoush* (puré de berenjena) libanés.

La higuera (*Ficus carica*) también es objeto de cultivo para surtir a los mercados de **higos** frescos. Los higos se cultivan en el hemisferio norte así que su disfrute solo es posible durante la temporada veraniega hasta principios del otoño. Por otro lado su oferta en fresco es limitada pues al ser una fruta frágil su transporte es delicado y la mayor parte de la producción se destina a desecación. Existen numerosas variedades y su piel puede ser verde o negra, fina o consistente. En algunas regiones se cultivan higueras bíferas, es decir: higueras que producen dos cosechas, siendo el fruto de la primera de ellas las apreciadas **brevas**. En realidad las brevas son los higos que no llegaron a madurar al final de la estación y lo hacen prematuramente al año siguiente; suelen ser más grandes y carnosas que los higos. Los higos se consumen como fruta pero pueden ser combinados con alimentos salados, como el jamón, buscando contrastes agradables, con quesos frescos y con *foie gras*.

Del cactus llamado chumbera, tuna o nopal (*Opuntia ficus-indica*) se obtiene un fruto conocido como **higo chumbo, tuna o tuno**. Originaria de México, la chumbera crece también en otros países de América y en la cuenca mediterránea donde se ha naturalizado. En los mercados populares, los higos chumbos suelen ser silvestres o de cultivo familiar, pero en algunas regiones de Italia (Sicilia) y del Norte de África existen cultivos extensivos que nutren los mercados organizados que, en general, no suelen ofrecerlos fuera de temporada. El higo chumbo debe llegar al mercado desprovisto de las molestas espinas que crecen en su piel no comestible, lo que no sucede en todos los casos. Esta puede ser de color verde, amarillo anaranjado, rojo o violeta, dependiendo de la variedad. El color de la piel se traslada a la pulpa. Esta engloba multitud de semillas de pequeño tamaño pero muy duras que dificultan su degustación. No obstante, su sabor azucarado y su aroma son delicados, contando con verdaderos adictos.

En temporada son muy apreciados los **frutos del bosque** que por su estacionalidad y relativa escasez ponen una nota de singularidad en los postres y también en algunas salsas que acompañan bien los platos de caza por coincidir en la época otoñal. Algunos han podido cultivarse intensivamente, como es el caso de las **fresas o frutillas** (*Fragaria moschata*), sobre todo las variedades surgidas de la hibridación de fresas virginianas y fresas chilenas, como la variedad fresa ananás que es el fresón que inunda los mercados en temporada. La fresa silvestre, sin embargo, es de pequeño tamaño y de sabor más intenso que el fresón, por lo que es la preferida de los *gourmets*. La fresa chilena es una fresa blanquecina que tiene su origen en la isla de Chiloé. El perfume de la fresa es inconfundible y muy agradable por lo que es apreciado en helados y mermeladas.

Los bosques europeos son generosos en **arándanos** (*Vaccinium corymbosum*), frutos de pequeño tamaño, de color negro azulado y de sabor dulce, de los que existen numerosas variedades en

Europa, América y Asia. Pueden consumirse crudos, en ensaladas de frutas, en mermeladas y en salsas para acompañar platos de caza. Actualmente los que se ofrecen en los mercados son de cultivo y en algunos países europeos la recolección de arándanos silvestres está reglamentada.

Otro sabor clásico en helados y caramelos es el de **la frambuesa** (*Rubus idaeus*), fruta cultivada intensivamente en América del Norte y en Europa, de color rojo o blanco, frágil y delicada, que se utiliza profusamente en pastelería. En temporada se consume fresca con nata y en postres ligeros.

Fruto raro en los mercados: **el madroño** (*Arbutus unedo*). Es el fruto de un arbusto de hoja perenne color verde oscuro originario de los litorales de la Europa meridional, que florece durante el otoño y que tarda alrededor de un año en madurar. Pertenece a la amplia familia de los arándanos. Entre octubre y diciembre se da la recolección de esta fruta redonda, de color rojo intenso cuando está maduro, de superficie granulosa e interior jugoso y de tinte naranja. Aunque su sabor es poco atractivo para tomarla cruda, resulta muy sabrosa cuando se cocina. Por su contenido en azúcar, pectina y ácido málico da muy buen resultado en la elaboración de gelatinas, mermeladas y confituras. Es apropiado para acompañar carnes y caza cocinado con cebolla, ajo y vino blanco. Junto con otras bayas y frutas tropicales puede formar parte de ensaladas de frutas.

Pequeños racimos de bolitas rojas o blancas de sabor ácido adornan en restaurantes platos de postres. Son **las grosellas** (*Ribes rubrum*). Se pueden comer crudas pero, en general, estas pequeñas bayas constituyen la base de mermeladas y rellenos para tartas y otras preparaciones de pastelería. Las grosellas negras, zarzaparrilla o casis, son más amargas y se consumen siempre como producto resultante de procesos de trasformación tales como confituras, licores o cremas. Precisamente, el licor o crema de casis en Francia suele combinarse con vino blanco para elaborar el llamado *kir*, selecto aperitivo que se convierte en *kir royal* cuando el licor se combina con champán.

También forma parte del grupo de frutos del bosque **la zarzamora** (*Rubus fruticosus*) que no suele tener mucha presencia en los mercados. Es una pequeña fruta dulce y agradable cuando está madura, pero muy frágil. Como casi todos los frutos del bosque puede degustarse cruda acompañada de nata o formar parte de ensaladas o de jugos con otras frutas del grupo.

Observando la selecta frutería de una tienda de *delicatessen*, destacan junto a las frutas mediterráneas de calidad, de estación o fuera de ella, las **frutas tropicales**. Son en general frutas exóticas en el mundo occidental, de ahí su aprecio aunque en ocasiones el valor gastronómico sea escaso. Algunas han perdido el exotismo a fuer de su extenso cultivo y su presencia masiva en los mercados. Es el ejemplo de la banana o plátano que es la primera fruta cultivada en el mundo. Otras, a pesar también del desarrollo y extensión de su cultivo siguen teniendo una referencia de fruta no convencional, como el mango, la piña o el kiwi.

El aguacate o palta (*Persea americana*), a pesar de su actual presencia permanente en los mercados —se produce en unos 46 países—, sigue siendo una fruta exótica muy versátil, de pulpa mantecosa es ideal para ensaladas, *dips* (guacamole, por ejemplo) y para batidos dulces con leche, que es la manera preferida en el Sudeste asiático de consumirlo. En la culinaria se asocia frecuentemente a los crustáceos (gambas y langostinos). Su éxito comercial deriva sobre todo de su capacidad para madurar aunque se haya recolectado verde. Es uno de esos frutos que se descubrieron con la llegada de los españoles a América existiendo actualmente varias variedades comerciales. Hay en el mercado dos clases reconocibles: la de piel verde y fina y la de piel negra y rugosa. Esta última es la llamada variedad Hass, nombre del agricultor californiano que la patentó, siendo la variedad que más se produce en la actualidad en todo el mundo.

En restaurantes de prestigio es frecuente ver lonchas de **carambola** (*Averrhoa carambola*) con su típica forma de estrella de cinco puntas adornando algunos platos. Aunque la carambola madura es algo dulce, no mucho, la comercializada en los mercados occidentales suele estar verde y ser algo ácida. Se puede comer, pero su presencia en el plato es más bien decorativa. Es originaria de la India y del Sudeste asiático.

Una fruta procedente de los valles andinos de Perú y Ecuador se aclimató en el Sur de España en el siglo XVIII convirtiendo a nuestro país en su primer productor mundial. Se trata de **la chirimoya o anón** (*Annona cherimola*). Su consumo se circunscribe a los países productores, aunque las chirimoyas españolas ya empiezan a estar presentes en los mercados europeos donde, por su escasez y por su azucarado sabor cuando están adecuadamente maduradas, pueden figurar entre las frutas selectas para *gourmets*. El avance en la investigación para la mejora del fruto trata de limitar el número de semillas que son de regular tamaño y muy numerosas.

Para perfumar una ensalada de frutas, **la granadilla** (*Passiflora ligularis*) y **el maracuyá** (*Passiflora edulis*) son frutas muy socorridas y que, además, dan un toque exótico al plato. Ambas son de la misma familia, aunque el maracuyá, o fruta de la pasión, es más aromático y la granadilla más dulce. La pulpa comestible de estas frutas es gelatinosa y retiene numerosas semillas. Son originarias de las zonas tropicales y subtropicales de Sudamérica, aunque su cultivo se ha extendido a ciertas regiones africanas y asiáticas. Con la pulpa de la fruta de la pasión, así bautizada por los españoles por identificar en su flor elementos de la pasión de Cristo: los clavos de la cruz, los estigmas y la corona de espinas, se elaboran jugos añadiendo el de otras frutas o simplemente agua.

En ciertos países americanos, Colombia, México o Cuba, **la guayaba** (*Psidium guajava*) es una fruta muy consumida en fresco y apreciada para la elaboración de dulces. La fruta tiene forma de manzana o pera y se come directamente sin pelar. Es de color verde o amarillento. En su interior, la pulpa blanca o anaranjada engloba numerosas semillas duras y tiene un olor característico. El dulce de guayaba guarda cierta relación de similitud con el dulce o carne de membrillo. No tiene gran presencia en los mercados occidentales, por lo que es una fruta exótica poco conocida.

Hasta hace relativamente poco tiempo, una fruta abundante en Asia, especialmente en China, **el lichi** (*Litchi sinensis*), solo se conocía en Occidente a través de las conservas procedentes de los países productores. El desarrollo de los transportes ha hecho posible que los mercados europeos y del Norte de América puedan ofrecer actualmente esta deliciosa fruta en su estado natural. El lichi es un fruto redondo, del tamaño de una ciruela claudia, con una corteza delgada y quebradiza que encierra una pulpa blanca, separable, muy jugosa y perfumada con una semilla de tamaño medio en el centro. **El rambután** (*Nephelium* *lappaceum*), también asiático, que se caracteriza por su corteza erizada de filamentos blandos, de color rojo, y **el mamoncillo** (*Melicoccus bijugatus*), americano, de color verde, son frutas similares al lichi.

La sexta fruta más cultivada en el mundo es **el mango** (*Mangifera indica*). A veces la amplitud de la oferta —se produce ya en 80 países— la convierte en una fruta banal pero, en general, sigue manteniendo un cierto carácter de exclusividad cuando se trata de frutas bien maduradas llegadas a la mesa sin mucha demora desde el momento de su recolección. Los gastrónomos, al degustar un mango de calidad, suelen hacer referencia a sus aromas florales, al sabor del melocotón, del limón, del albaricoque, del plátano, de la menta, del melón *canteloup*, etc. Su consumo en fresco como fruta es lo más habitual. Sin embargo, es ingrediente básico en culinaria regional asiática y muy apreciado en forma de *chutney* como acompañamiento de platos fríos de carne.

Quizás la fruta tropical más deseada en los mercados occidentales y que alcanza los precios más altos sea **el mangostán** (*Garcinia mangostana*). Es una fruta redonda, del tamaño de una pelota de golf, de corteza espesa muy amarga de color violáceo, que encierra en su interior varios gajos comestibles muy sabrosos. Para comerla, se da un corte en la corteza hacia la mitad del fruto, se separa la parte superior dejando los gajos al descubierto alojados en la parte inferior de la corteza de donde se pueden extraer fácilmente. Es rara por su estacionalidad y su casi exclusivo cultivo comercial en Tailandia.

Cristóbal Colón describía una de las frutas descubiertas a su llegada a América como parecida a una piña de pino, pero más grande, fácil de cortar, de aspecto sano y de buen sabor. Era **la piña tropical o ananá** (*Ananas comosus*) —perfume de perfumes, en lengua indígena guaraní—. Es la segunda fruta tropical más cultivada y está presente en todos los mercados mundiales, habiendo perdido su valor como *delicatessen* al convertirse en una fruta disponible permanentemente, en abundancia y a precio asequible. De su jugo puede elaborarse un vinagre muy perfumado que, este sí, es difícil de encontrar en el mercado.

No parece que **la papaya** (*Carica papaya*) tenga en los mercados occidentales la misma aceptación que tiene en los países tropicales donde se produce y donde se consume madura como fruta, verde como ensalada o para guisar, en jugo (verde) con azúcar y en mermeladas y dulces variados. Es de origen americano pero su cultivo se extiende por toda el área intertropical del planeta. En los hoteles de lujo de los países productores no falta en la oferta de los desayunos, bien sea en jugo o en fresco como fruta. Puede ser de gran tamaño, como un melón alargado, o de tamaño reducido, de pulpa roja o amarilla, con numerosas semillas dispuestas en el centro, como en el melón. Es una fruta muy digestiva.

Otra fruta tropical procedente de un cactus centroamericano, usada quizás más por su valor decorativo que por su sabor, es **la pitaya** (*Stenocereus thurberi*). No es muy frecuente en los mercados occidentales por lo que su rareza la sitúa en el grupo de *delicatessen* exóticas más que en cualquier otro en el que los valores gastronómicos sean los apreciados. El aspecto de esta fruta es atractivo por su piel de color violeta o amarillo que simula escamas; su pulpa comestible que encierra pequeñas semillas es blanca o rojiza, siendo la primera más dulce que la segunda. La sensación en boca es parecida a la provocada por el kiwi.

En buenos restaurantes, adornando algunos platos, encontramos una pequeña fruta amarilla, servida con sus hojas, que se dirían de papel, de sabor agradable y que recuerda a un pequeño tomate: **la uchuva o tomatillo** (*Physalis peruviana*). Es una fruta tropical americana que alegra ensaladas de frutas y, como se ha dicho, decora presentaciones culinarias.

La naranja enana, **cumquat o quinoto** (*Fortunella crassifolia*), es un pequeño cítrico redondo u oval originario de China, que puede consumirse entero, aunque algunas variedades son demasiado ácidas. Es más corriente utilizarlos en almíbar, en mermelada, en *chutney* o en salmuera. Se cultiva en varios países asiáticos y se ha aclimatado en países como Argentina, Brasil, Grecia (Corfú) y Estados Unidos. Se ha popularizado como adorno y complemento de cócteles y como ingrediente exótico en ensaladas.

La cocina de fusión ha puesto de moda algunas frutas como es el caso del **yuzu** (*Citrus ichangensis*), un cítrico japonés, del tamaño de una pelota de golf, con un particular perfume, muy fragante e intenso, mezcla de lima, pomelo y limón, y sabor que recuerda al de la mandarina. Su producción es escasa y, consecuentemente, su precio es alto. El grueso de la producción se centra en Japón, aunque también se cosecha en China y se ha aclimatado en California para satisfacer la creciente demanda de cocineros y gastrónomos en Estados Unidos. Se utiliza su piel para perfumar salsas y otras preparaciones y el jugo para aderezar, por ejemplo el pescado, de la forma en que utilizamos el limón, siendo más suave y sutil que este. No se consume como fruta.

El balance del repaso a las frutas tropicales es positivo en lo que a valores gastronómicos se refiere, precisamente por la bondad intrínseca de aquellas que se han convertido en productos de ordinaria y masiva presencia en los mercados. El resto, que son las que pueden figurar como *delicatessen*, adquieren esta categoría gracias a su escasez o exotismo, sin que estas cualidades vayan siempre parejas con niveles de exquisitez.

El olivo, ilustración de una edición del libro *De re medica* de Dioscórides, de Pietro Andrea Mattioli, Italia s. XVI.

ACEITE Y ACEITUNAS

El olivo es el frutal más cultivado en el mundo y, sin embargo, su fruto puede convertirse en un preciado y selecto alimento. La aceituna es el fruto del olivo, siendo en español sinónimo de oliva. Determinadas variedades de oliva, además de su utilización para la producción de aceite, se dedican a su consumo como fruto, después de ser sometidas a diversos tratamientos para facilitar su ingesta, haciendo tierna su pulpa y reduciendo su sabor amargo; se trata de las llamadas **aceitunas de mesa**.

Las aceitunas han constituido tradicionalmente un elemento de la dieta mediterránea, ya que es en esta región donde se cultiva extensivamente el olivo desde hace siglos. La aceituna de mesa puede ser verde, de color cambiante, negra y ennegrecida (por oxidación). La forma de preparar las aceitunas para su consumo difiere en cada comarca de las áreas olivareras. Las preparaciones pueden ser a base de aceitunas enteras, rajadas o partidas. Hay varios métodos de preparación de las aceitunas para su consumo: tratamiento con lejías alcalinas para su endulzamiento; conservación y atenuación del sabor amargo con salmuera; lavado con agua; salado directo; y secado. Menos en el caso de las aceitunas maduras saladas directamente y las tratadas únicamente con soluciones alcalinas, el resto se aderezan con diversos aliños para los que se emplean hierbas aromáticas y condimentos varios: aceite de oliva (para las desecadas), ajedrea, ajo, cáscara seca de naranja, cebolla, cilantro, comino, hinojo, limón, orégano, pimentón, pimiento, tomillo...

De ser un alimento de las dietas rurales y tradicional de las regiones de producción, la aceituna de mesa ha irrumpido en los mercados ofreciendo el aliciente de la variedad de clases y aprestos ayudada por las elaboraciones industriales. Es un componente de gran variedad de ensaladas. Algunas de estas, como la *salade niçoise* incluye imperativamente las aceitunas negras de Niza; o la ensalada murciana, que requiere la presencia de las pequeñas aceitunas negras del Cuquillo. En algunos guisos de carne se ha popularizado la adición de aceitunas deshuesadas. También en preparaciones de embutidos industriales se observa la inclusión de aceitunas, a veces, rellenas. En Italia forman parte de aprestos de pizza y de salsas para pasta y para pescados como el bacalao. En Francia las aceitunas negras son un elemento esencial de la famosa *tapenade*, puré de aceitunas, anchoas y alcaparras, ligado con aceite de oliva.

En los años treinta del siglo XX, en Alcoy (Alicante), Cándido Miró tuvo la ocurrencia de deshuesar las aceitunas y rellenarlas de anchoa. Surgió así un producto nuevo que ha cosechado un indudable éxito al convertirse en un aperitivo típicamente español ampliamente consumido. Actualmente, siguiendo el modelo de las aceitunas rellenas de anchoa, han surgido en el mercado variaciones de relleno más o menos acertadas: de pimiento, de almendra, de queso azul... Las aceitunas rellenas se comercializan casi siempre en conserva.

Precisamente, la comercialización en conserva de diferentes variedades de aceitunas de mesa hace que, en mercados no tradicionales, las aceitunas se consideren un producto selecto de consumo ocasional y, en cierta medida, con una acertada presentación, tengan tratamiento de *delicatessen*. Las aceitunas son parientes de la gama de encurtidos o variantes, vegetales (ajos, pepinillos, cebollas, guindillas, limones, coliflores, pimientos, zanahorias...) preparados en salmuera o vinagre, pero sus matices de sabor propios y derivados de los aliños en su preparación las colocan en un plano muy superior.

España es el país donde existen más variedades de aceitunas de mesa. Entre las que se ofrecen en el mercado podemos destacar las siguientes:

Aloreña: La aceituna Aloreña de Málaga, cuyas especiales características organolépticas (color, sabor, textura y olor) han hecho que sea calificada por los expertos como «la pata negra de las aceitunas de aderezo», es una aceituna poco amarga relativamente, por lo que no necesita mucho tiempo para su endulzamiento. Tras un par de días en salmuera, las aceitunas están listas para aliñarse con los ingredientes típicos: hinojo, tomillo, ajo y pimiento, que le dan su característico aroma y sabor.

Aragón: Bajo esta denominación se presentan aceitunas maduras de la variedad Empeltre preparadas con sal. También pueden encontrarse aceitunas de mesa con denominación Aragón desecadas y aliñadas con aceite de oliva y hierbas aromáticas.

Arbequina: Es la aceituna típica de los olivares catalanes. Es una aceituna pequeña que se prepara entera endulzándola mediante sucesivos pasos por agua y salmuera pero manteniendo su agradable sabor afrutado.

Campo Real: La aceituna Manzanilla Cacereña cultivada en la zona sureste de la provincia de Madrid es la única que puede ser utilizada para la elaboración de la Aceituna de Campo Real con Denominación de Calidad. Es una aceituna rajada, de un característico color verde intenso, a veces también pardo, aliñada con tomillo, hinojo, cominos, orégano, laurel y ajos.

Caspe: Aceitunas partidas verdes de la zona de Aragón. De sabor amargo y aderezadas con hierbas aromáticas.

Cornezuelo: Es el nombre dado a la variedad Cornicabra en su versión de aceituna de mesa. Se prepara endulzada con salmuera y aliñada.

Cuquillo: Variedad de aceituna típica de Murcia y Granada. Es una oliva pequeña y negra, ya que se consume madura, salada directamente y conservada posteriormente en una salmuera ligera aromatizada con hierbas.

Gazpacha: Responde a este nombre una preparación de aceitunas verdes partidas endulzadas, aliñadas con abundantes variantes (pimiento, guindilla, cebollitas, zanahoria, pepinillos) y con pimentón y vinagre.

Gordal: Variedad sevillana de aceituna de gran tamaño que se prepara entera con un tratamiento de «cocido» con álcalis y posterior conservación en salmuera. También, con mayor grado de maduración, puede endulzarse en salmuera, partida, y posteriormente aliñada, conociéndose entonces por el nombre comercial de aceitunas Obregón.

Hojiblanca: Variedad producida en las provincias de Málaga, Córdoba, Cádiz y Granada que en su consumo como aceituna de mesa se prepara con un aliño tradicional

Manzanilla: Variedad típica de Sevilla. Es, quizás, la aceituna de mesa más conocida. Tratada con álcalis para eliminar su sabor amargo, se conserva posteriormente en salmuera. Es de un bonito color verde amarillento y de forma muy proporcionada.

Verdial: Variedad de la provincia de Badajoz preparada tanto «cocida» en solución de lejía alcalina como en salmuera y posteriormente aliñada.

En otros países existen asimismo aceitunas de mesa que, en algunos casos, han adquirido fama internacional, como es el caso de las **aceitunas Kalamata** de Grecia. Son estas unas olivas de tamaño medio, alargadas, de color morado que se desbravan en salmuera, a veces rajándolas, y se conservan en una salmuera más ligera, adicionada de vinagre de vino y aceite de oliva. Combinadas en ensalada con queso *feta* proporcionan un sabor típicamente griego.

En Francia son populares las **aceitunas de Niza**, parecidas a las españolas del Cuquillo, que como se ha dicho son imprescindibles en la preparación de una *salade niçoise*. También son famosas las aceitunas de Nyons, cosechadas cuando alcanzan un grado avanzado de madurez; se preparan desbravándolas en salmuera durante varias semanas, aunque para acelerar el proceso, los frutos pueden pincharse. Fue en Francia donde se descubrió el método de «cocimiento» de las aceitunas sometiéndolas a la acción de álcalis. Ya en el siglo XVII los hermanos Picholini, de origen italiano, instalados en Francia, inventaron el método de mezclar las aceitunas con igual cantidad de cenizas y cubrirlas con agua, consiguiendo la eliminación del sabor amargo, conservándolas luego en salmuera y hierbas aromáticas. El apellido de estos italianos dio nombre a la variedad más extendida en Francia, la **Picholine**, que sigue preparándose en verde como aceituna de mesa.

En Italia son populares las aceitunas llamadas de **Gaeta** aunque la región ya no cuenta con una producción significativa. Se trata de aceitunas de la variedad Itrana, es decir producidas en Itri y alrededores, una pequeña ciudad de la región del Lacio, al norte de la mencionada Gaeta. Las clásicas aceitunas de Gaeta son de color rosado, desbravadas en solución salina. La misma variedad puede prepararse en verde, partida o, incluso, completamente maduras saladas y secadas al sol. Otra variedad de aceituna de mesa italiana es la denominada **Taggiasca**, cuyo nombre deriva del de la ciudad de Taggia, en Liguria, en cuyo entorno se cultiva. Se trata de aceitunas de gran sabor preparadas de la misma manera que las aceitunas de Niza o las españolas del Cuquillo. Gastronómicamente, quizás, las aceitunas **Ascolanas**, originarias de la región de Ascoli-Piceno en las Marcas sean las aceitunas italianas más mentadas. Se trata de una variedad de aceituna de gran tamaño que, una vez deshuesada, después de un proceso de «cocimiento» en una solución alcalina, se rellena con diversas farsas de carne o pescado, se reboza y empana y se fríe.

Argentina se ha convertido en una gran productora de aceituna de mesa centrando su producción en la variedad autóctona **Arauca**, de gran calibre, y en la variedad Manzanilla, procesando ambas de la tradicional forma sevillana, es decir: desbravadas en solución alcalina, y conservadas en salmuera.

Mediante una sencilla operación, el prensado, las aceitunas se convierten en lo que algunos gastrónomos denominan «oro líquido»: **el aceite de oliva.**

Según la legislación europea existen cuatro categorías comerciales de aceite de oliva: Aceite de oliva virgen extra, aceite de oliva virgen, aceite de oliva y aceite de orujo de oliva. La legislación de los Estados Unidos tiene su propia clasificación también dividida en cuatro categorías comerciales (*Fancy, Choice, Standard y Substandard*) que permiten grados de acidez superiores en cada categoría a los de la normativa europea. El aceite de oliva virgen extra debería considerarse como la única categoría de este tipo de aceite digna de figurar entre las *delicatessen*.

Por aceite de oliva virgen extra se entiende un aceite de máxima calidad que se obtiene directamente de aceitunas, recién cosechadas, en su grado óptimo en cuanto a su contenido en ácidos grasos, por procedimientos mecánicos exclusivamente, con un sabor (frutado, amargo y picante, sin predominio excesivo de ninguno) y olor intachables y libre de defectos, no pudiendo sobrepasar su grado de acidez los 0,8°. La puntuación organoléptica, dada por un panel de cata cualificado (la actividad de estos paneles está regulada por un reglamento de la Comisión de la Unión Europea), debe ser igual o superior a 6,5 puntos. Dentro de esta categoría existen tres subtipos: Monovarietal; *coupage*; y con denominación de origen (D. O.).

El aceite de oliva virgen extra monovarietal es el obtenido a partir de una sola variedad de aceituna. Dependiendo de la variedad y del grado de madurez del fruto, el color del aceite puede ir del dorado al verde oscuro sin que ello signifique que el aceite es de mejor o menor calidad. También las características organolépticas varían según las variedades, ofreciendo a los amantes del aceite de oliva distintas sensaciones.

En **España** la variedad más común (50 % de la producción) es la Picual (típica de Jaén), variedad que da un excepcional aceite de tonos verdes, con predominio de los sabores ligeramente amargos y afrutados. La Hojiblanca y Picuda (típicas de los aceites de Córdoba y Málaga) dan generalmente aceites de tonos dorados y de sabor suave. La Arbequina, variedad que debe su nombre a la población de Arbeca, es mayoritaria en la Provincia de Lérida, aunque también está muy presente en la provincia de Tarragona. Este tipo de olivas da lugar a aceites, de color verde al principio de la cosecha, muy aromáticos y almendrados, con notas olfativas características, sin sabores amargos ni picantes. La Empeltre de Aragón da lugar a aceites amarillos y dulces, con un aroma característico que recuerda al plátano y la manzana. La Cornicabra, variedad habitual en el oeste de Castilla-La Mancha y zonas limítrofes de Extremadura, da aceites de sabor fuerte y muy aromáticos. La Royal de la comarca de Cazorla (Jaén), de color rojo, tiene como principal característica organoléptica el frutado fresco y dulce aroma; su sabor es suave y nada agresivo al paladar; en nariz presenta un frutado intenso con matices de higo maduro; es un aceite de altísima calidad. La Serrana, variedad del Alto Palancia en el interior de la provincia de Castellón da uno de los mejores aceites extra vírgenes españoles repetidamente premiados en certámenes internacionales y nacionales, su color es dorado verdoso, con un gran cuerpo, y sabor muy afrutado. Pero las variedades no acaban aquí, y como muestra enumeremos las existentes, por ejemplo, en la Comunidad Valenciana: Manzanilla Villalonga, Blanqueta, Farga, Serrana de Espadán, Morruda, Cornicabra, Alfafara o Grosal, Changlot Real, Rojal, Canetera, Nana, Arbequina, Empeltre, Cuquillo, Sollana, Callosina, Llumeta, Millarenca, Borriolenca.

En **Italia**, segundo productor europeo y mundial de aceite de oliva, existen unas 500 variedades, siendo las más extendidas las de las regiones de mayor producción: Apulia y Calabria. En la primera destacan las variedades Ogliarola Barese, Corattina, Cellina di Nardó y la Provenzale o Peranzana. En Calabria, las principales variedades son: Carolea, Dolce di Rossano, Ottobratica, Sinopolese, Tondina y Grossa di Cassano. La variedad Frantoio (que en italiano significa almazara) de la Toscana es una variedad que se ha extendido al norte de África, Argentina y Albania. La enorme cantidad de variedades y microclimas que se dan en la península italiana se traduce en un amplio abanico de aceites con características singulares.

Grecia utiliza generalmente cuatro variedades para su producción de aceite de oliva virgen extra: Koroneiki, variedad que da aceites con un aroma suave y armónico, a veces cítrico (limón); Kothreiki y Megara. La variedad Kalamata, más conocida por su consumo como aceituna de mesa, también se utiliza en la producción de aceite.

Francia, por su parte, cuenta con las siguientes variedades: Aglandau, en las regiones de Alpes de Haute Provence, Vaucluse y Bouches du Rhone; Boutillan, en las regiones de Var y Languedoc; Grossane en Bouches du Rhone; y Picholine Languedoc, en las regiones de Gard, Bouches du Rhone, Var, Herault, Córcega, Aude y Vaucluse.

El aceite de oliva virgen extra catalogado como *coupage* es el elaborado con aceitunas de distintas variedades. Teniendo en cuenta que el varietal y la denominación de origen conceden al producto una garantía extra más allá de la simple catalogación como virgen extra, el aceite embotellado simplemente como aceite de oliva virgen extra es con toda probabilidad de la categoría *coupage* y de procedencia indeterminada, sin que ello vaya en detrimento de su calidad. El *coupage* en el aceite, como en el vino, no es un defecto sino un método para obtener un producto con determinadas características organolépticas.

El aceite de oliva virgen extra con denominación de Origen (D. O.) es el obtenido a partir de aceitunas procedentes de una determinada área geográfica, donde se elabora y embotella. En España existen actualmente 27 denominaciones de origen para los aceites de oliva virgen extra:

Alcarria. La comarca se extiende por las provincias de Guadalajara, Cuenca y Madrid. El aceite de oliva virgen extra con esta denominación de origen se elabora exclusivamente a partir de la variedad de aceituna Castellana, en muchos lugares es también conocida como Verdeja. Los aceites que se producen son untuosos y muy equilibrados. El color que predomina es el verde limón, más o menos intenso dependiendo del momento de la recolección y del grado de madurez de la aceituna. Desde el punto de vista organoléptico los aceites de esta variedad son frutados y aromáticos, rotundos en su olor a hoja, en los que se entremezclan sabores a hierba, avellana o plátano, a veces con sabor picante en boca.

Antequera. En la provincia de Málaga. La principal variedad de olivo de esta denominación de origen es la autóctona Hojiblanca, que supone más del 90 % de la producción y que presenta unos aceites equilibrados, ni excesivamente amargos ni tampoco demasiado dulces.

Baena. En la provincia de Córdoba. El aceite con origen Baena es afrutado y muy aromático. La variedad principal es la Picuda, y la acompañan otras variedades como son: Lechin, Chorúa, Pajarero, Hojiblanca y Picual. Todas imprimen a los aceites de la zona características especiales de gran finura y personalidad.

Baix Ebre-Montsiá. Las variedades de olivos autorizados para producir aceite con la denominación de origen aceite del Baix Ebre-Montsià son Morruda o Morrut, Sevillenca y Farga. Son aceites muy gustosos y aromáticos, al principio de la temporada de recolección son afrutados siendo dulces al final de la campaña.

Bajo Aragón. Comarca situada al norte de la provincia de Teruel y al sur de la de Zaragoza. Su principal variedad es la Empeltre. Su aceite tiene un atractivo color que oscila entre el amarillo dorado y el oro viejo. Su gusto es frutado al principio de la campaña, recordando su sabor y aroma la fragancia del fruto del olivo, y en el transcurso de la misma se vuelve ligeramente dulce, transparente y con un sabor suave muy agradable.

Campo de Calatrava. Es una zona de transición entre Toledo (variedad Cornicabra) y Jaén (variedad Picual). Este ensamblaje de las dos variedades es su mayor seña de identidad.

Campo de Montiel. Es una zona de la provincia de Ciudad Real productora de aceite de oliva cuyas características específicas se deben a la mezcla natural de las variedades mayoritarias Cornicabra y Picual, que le transfieren destacados sabores amargos y picantes.

Comunidad Valenciana. En el territorio de esta comunidad se cultivan variedades que no existen en otras regiones españolas. Debido a esta su riqueza varietal, en los aceites valencianos, desde el punto de vista organoléptico, destacan los aromas frutados de aceitunas verdes, y de otras frutas, como almendra, plátano, hierba verde, etc. Su intensidad es muy elevada, encontrándose los matices de amargor y picante en niveles no demasiado pronunciados, destacando el gran equilibrio existente entre el sabor y las intensidades de amargor y picante.

Estepa. En la provincia de Sevilla. Las características de los aceites protegidos por la denominación de origen Estepa, donde predomina la variedad Hojiblanca, son aceites con aromas y sabor de fruta fresca y/o madura, ligeramente amargos y/o picantes, o ligeramente dulces.

Gata-Hurdes. Zona de producción en la provincia de Cáceres. El aceite de la denominación de origen Gata-Hurdes procede de la variedad Manzanilla cacereña. Su color amarillo oro brillante, los intensos aromas afrutados de manzana y plátano, un cuerpo denso, la ausencia de amargor y un ligero picante, esporádico, diferencian este aceite del resto de los aceites existentes.

La Rioja. Los aceites de esta denominación de origen, elaborados con diferentes variedades (Redondilla o Redondal, Arbequina, Empeltre, Macho o Machona, Negral, Royal o Royuelo, Hojiblanca, Arróniz, Verdial, Picual, Cornicabra, Manzanilla y Blanqueta) se caracterizan por su sabor afrutado muy intenso a aceituna verde, recordando al plátano y las fresas. Es un aceite equilibrado y redondo tanto en el paladar como en la nariz. Carece de astringencia.

Les Garrigues. Zona de producción situada al sur de la provincia de Lérida. El aceite se obtiene de la variedad Arbequina, resultando frutado, cuya fragancia recuerda el fruto fresco y la almendra verde, con ligeros toques de manzana y connotaciones de otros frutos verdes, con sabor almendrado-amargo, ligeramente picante y dulce al final.

Lucena. En la provincia de Córdoba. La variedad predominante es la Hojiblanca. Los aceites presentan un color entre verde intenso y verde amarillento, en función de la época en la que se realice la recolección. Su sabor es medianamente afrutado, apreciándose toques almendrados, propios de la variedad Hojiblanca, con equilibrio entre amargo y picante, ambas notas muy suaves. Domina el olor a hierba recién cortada.

Mallorca. Los aceites de oliva virgen extra acogidos a la marca de calidad Denominación de Origen Aceite de Mallorca u Oli de Mallorca proceden de las variedades Mallorquina o Empeltre, Arbequina y Picual. Dependiendo del grado de maduración de las aceitunas, los aceites obtenidos podrán ser frutados o dulces. Así el aceite de principio de temporada será amarillo verdoso y con un perfil sensorial en el que predominan las notas amargas y picantes y el de final de temporada ofrecerá un color amarillo dorado, en el que habrán desaparecido prácticamente los atributos picante y amargo, predominando el dulzor y la suavidad.

Monterrubio. Zona enclavada en la comarca de la Serena cuyos olivos producen, según se asegura, uno de los mejores aceites del mundo. El aceite acogido a esta denominación de origen solo procede de olivos de las variedades Cornezuelo y Picual o Jabata. Los aceites son de color amarillo-verdoso, frutados, aromáticos, almendrados y con sabor ligeramente picante y de gran estabilidad.

Montes de Granada. La variedad Picual es la más extendida, dando a los aceites de esta denominación las características organolépticas propias de esta aceituna.

Montes de Toledo. Esta denominación de origen produce solo aceites monovarietales de aceitunas de la variedad Cornicabra que presentan una gran sensación de densidad en boca, son afrutados, con delicado sabor almendrado y un aroma muy equilibrado. Su color varía desde el amarillo dorado al verde intenso.

Montoro-Adamuz. En la sierra de Córdoba. Las variedades de olivo principales son la Picual y la autóctona Nevadillo Negro. Los aceites son de una gran complejidad aromática siendo sus atributos positivos el de frutado de aceituna intenso, verde hoja alto y otras frutas maduras.

Navarra. El aceite de Navarra es aceite de oliva virgen extra, obtenido, al menos en un 90 %, de las variedades Arróniz (autóctona), Arbequina y Empeltre, pudiéndose admitir hasta un 10 % de otras variedades. Desde el punto de vista organoléptico, es un aceite de perfil equilibrado y complejo, con una elevada intensidad del atributo frutado, que presenta un aroma con matices que van desde la oliva verde a las especias y olivas maduras. En boca resultan entre ligeros y medianamente amargos y picantes, con toques de alcachofa (Arróniz), plátano (Arbequina), o almendrados y dulces (Empeltre).

Poniente de Granada. Las excelentes condiciones mediterráneas para el cultivo del olivo unido a la gran variedad de olivos que se cultivan en esta zona de la provincia de Granada hacen que el aceite de oliva virgen extra obtenido sea de una gran calidad. Las variedades acogidas a la denominación de origen Poniente de Granada son: Hojiblanca, Picual (denominada también Marteña), Picudo, Lucio o Illoreño, Nevadillo de Alhama de Granada y Loaime. Las tres últimas son variedades autóctonas de la zona. Las cuatro primeras variedades descritas están consideradas como variedades principales.

Priego de Córdoba. Las variedades exigidas por esta denominación de origen son Picudo, Hojiblanca y Picual. Los aceites obtenidos son de alta calidad, con un frutado muy intenso y con aromas que van desde el tomate o la alcachofa típicos de la variedad Picudo, hasta la manzana, la alloza o la hierba recién cortada, características de las variedades Hojiblanca y Picual.

Sierra de Cádiz. Las variedades existentes en la zona de producción de la Sierra de Cádiz por orden de importancia son: Lechín (50 %), seguida por Manzanilla, Verdial, Hojiblanca, Picual, Alameña y Arbequina. Los aceites de esta denominación de origen tienen un olor y sabor irreprochables propios de la comarca Sierra de Cádiz, de aroma frutado medio e intenso de aceituna verde o madura, que recuerda a frutas y aromas silvestres, con sabor ligeramente amargo y picante resultando equilibrados al paladar.

Sierra de Cazorla. En la provincia de Jaén. El olivar de esta denominación de origen no es homogéneo, encontrándonos casi simultáneamente en zonas de campiña y de sierra con distinto grado de avance fenológico lo que deriva en unos aceites con propiedades organolépticas propias y características. La variedad Picual ocupa el 94 % de la superficie de olivar.

Sierra de Segura. En la provincia de Jaén. El aceite es elaborado con la variedad Picual, la predominante en la zona casi al 100 %, proporcionándole las características propias de la variedad.

Sierra Mágina. Es la tercera D. O. de la provincia de Jaén. El olivar amparado por esta denominación es mayoritariamente de la variedad Picual.

Siurana. Una de las tres denominaciones de origen para aceites producidos en la provincia de Tarragona. El aceite de la denominación de origen Siurana procede de olivos de las variedades Arbequina, Royal y Morrut. Se distinguen dos tipos de aceites vírgenes extra: El de la primera recolección que es de color verdoso con más cuerpo y un sabor ligeramente almendrado y que corresponde básicamente a la zona productora de las comarcas del Priorato y Ribera del Ebro. El otro tipo de aceite es el denominado «dulce» que es de color amarillo verdoso siendo más fluido y procedente de una recolección más tardía, su zona corresponde a las comarcas del Baix Camp, Tarragonès, Alt Camp y Baix Penedès.

Terra Alta. Comarca tarraconense en la que predomina la variedad de oliva Empeltre. Los aceites de Terra Alta son de color amarillento, con matices que van desde al amarillo pálido al amarillo dorado. Son de muy buen sabor, siendo al principio de la campaña afrutados y ligeramente dulces a la terminación de ésta. Los aromas recuerdan a la almendra y la nuez verde.

En Italia, son 47 las denominaciones de origen reconocidas para el aceite de oliva virgen extra, listadas a continuación por regiones:

Abruzzo: Aprutino Pescarese (provincia de Pescara), Colline Teatine (provincia de Chieti), Pretuziano delle Colline Teramane (provincia de Teramo).

Apulia: Collina di Brindisi (provincia de Brindisi), Dauno (provincia de Foggia), Terra di Bari (provincia de Bari), Terra d'Otranto (provincia de Brindisi, Lecce, Taranto), Terre Tarentine (provincia de Taranto).

Basilicata: Vulture.

Calabria: Alto Crotonese (provincia de Crotone), Bruzio (provincia de Cosenza), Lametia (provincia de Catanzaro).

Campania: Cilento (provincia de Salerno), Colline Saler-
nitane (provincia de Salerno), Penisola Sorrentina
(provincia de Nápoles), Colline Beneventane (provincia de Benevento), Irpinia – Colline dell'Ufita
(provincia de Avellino), Sannio Caudino Telesino
(provincia de Benevento).

Cerdeña: Sardegna (toda la región).

Emilia-Romaña: Brisighella (provincia de Forlì-Cesena
y Ravenna), Colline di Romagna (provincia de
Rimini, Forlì-Cesena).

Friuli Venezia Giulia: Tergeste (provincia de Trieste).

Lacio: Canino (provincia de Viterbo), Sabina (provincia de Roma e Rieti), Tuscia (provincia de Viterbo),
Colline Pontine (provincia de Latina), Soratte (provincia de Roma).

Liguria: Riviera Ligure (toda la región).

Lombardia: Garda (provincia de Brescia, Mantova), La-
ghi Lombardi (provincia de Brescia, Bergamo, Como
e Lecco).

Marcas: Marche (toda la región), Cartoceto (provincia
Pesaro-Urbino).

Molise: Molise (toda la región).

Sicilia: Monte Etna (provincia de Catania, Enna y Messina), Monti Iblei (provincia de Siracusa, Ragusa
y Catania), Val di Mazara (provincia de Palermo y
Agrigento), Valdemone (provincia de Messina), Valle
del Belice (provincia de Trapani), Valli Trapanesi
(provincia de Trapani), Colli Nisseni (provincia de
Caltanisetta), Colline Ennesi (provincia de Enna).

Toscana: IGP Toscano (toda la región), Chianti Classico
(provincia de Florencia e Siena), Lucca (provincia de
Lucca), Terre di Siena (provincia de Siena), Colline
di Firenze (provincia de Florencia).

Trentino Alto Adigio: Garda (provincia de Trento).

Umbria: Umbria (toda la región).

Veneto: Garda (provincia de Verona), Veneto Valpo-
licella, Veneto Euganei y Berici, Veneto del Grappa
(provincia de Verona, Padova, Vicenza y Treviso).

En Grecia las D. O. para el aceite de oliva virgen extra son:

Agios Mathaios Kerkyras
Apokoronas Hanion Kritis
Archanes Iraklio Kritis
Exeretiko partheno eleolado: «Thrapsano»
Exeretiko partheno eleolado «Trizinia»
Finiki Lakonias
Kalamata
Kolymvari Hanion Kritis
Kranidi Argolidas
Krokees Lakonias
Lygourgio Asklipiou
Petrina Lakonias
Peza Iraklio Kritis
Sitia Lasithi Kritis
Viannos Iraklio Kritis
Vorios Mylopotamos Rethymnis Kritis

Y en Francia:
Huile d'olive d'Aix-en-Provence
Huile d'olive de Corse-Oliu di Corsica
Huile d'olive de Haute-Provence
Huile d'olive de la Vallée des Baux-de-Provence
Huile d'olive de Nice
Huile d'olive de Nîmes
Huile d'olive de Nyons

Debido a sus matices de sabor y textura, el aceite de oliva virgen extra es ideal como condimento en ensaladas y como aderezo de platos fríos de carne, carnes de cocido y pescados con cocciones simples. Los italianos pusieron de moda la muestra de uno o varios aceites de oliva para ser degustados con pan a modo de aperitivo antes de iniciar una comida en el restaurante. En España es habitual añadir unas gotas de aceite de oliva a las lonchas recién cortadas de cecina. Combinado con otros condimentos, el aceite de oliva puede dar lugar a simples pero sabrosas salsas o aprestos, como el aceite y limón sobre verduras cocidas; la preparación «a la gallega», con ajo y pimentón; la famosa combinación *aglio, olio e peperoncino* de unos sencillos espaguetis; la preparación «a la bilbaína» para pescados, ajos laminados ligeramente fritos en abundante aceite de oliva; el «pilpil», aceite de oliva emulsionado con ajos con la ayuda de la gelatina de la piel del bacalao; o el apresto *à la provençale*, ajo y perejil sofritos en aceite de oliva con un añadido de zumo de limón.

Siendo una grasa, el aceite de oliva puede utilizarse de conservante, proporcionando a los alimentos preservados los matices propios del aceite utilizado. Es clásico el queso manchego en aceite y se ven en el mercado pequeños quesos de cabra envasados en aceite de oliva y hierbas aromáticas. En Italia es tradicional y muy extendida la conserva de verduras *sott'olio* (en aceite) que no requiere esterilización final de los envases. El aceite de oliva también puede aromatizarse con trufas o hierbas aromáticas para lograr combinaciones sápidas inéditas.

El aceite de oliva fue el producto elegido por el cocinero Ferrán Adriá para desarrollar su técnica de la esferificación, creando lo que el dio en llamar «caviar de aceite de oliva», esferas de dicho aceite solidificadas en su parte exterior. Otros cocineros han experimentado con el producto creando elaboraciones sorprendentes, como la gelatina de aceite de oliva.

Existen otros aceites vegetales salidos de variados frutos y semillas. En la Antigüedad, quizá el aceite que se conoció y utilizó primero es el de ajonjolí. Se sabe que lo usaban los egipcios aunque es posible que fueran ellos los pioneros en el cultivo del olivo. Los griegos y los romanos usaron profusamente aceite de oliva. La etimología árabe de la palabra nos recuerda que aceite es el jugo de la aceituna y, por tanto, originariamente solo designaba el aceite de oliva. Actualmente se utilizan en la culinaria otros aceites vegetales: de aguacate, de ajonjolí (sésamo), de almendra, de argán, de avellana, de cacahuete, de colza, de girasol, de linaza, de maíz, de nuez, de palma, de pepita de uva, de semilla de calabaza, de soja, y probablemente algún otro.

El aceite se usa como medio de cocción de los alimentos (fritura), como conservante y como condimento o aderezo. Sin embargo, pocos aceites acompañan al de oliva en su consideración de **aceites con valor gastronómico**:

El aceite de argán procede de los frutos de un árbol conocido también como acebuche espinoso, típico de Marruecos. Se encuentra en toda la franja del límite sahariano. También se encuentra en ciertas zonas de

México y unos pocos ejemplares en Andalucía. El aceite de argán se extrae de las semillas que contiene el hueso de su fruto, parecido a un dátil verdiamarillo, a veces rojo, formado por una cáscara carnosa que cubre el hueso que es duro. El aceite de argán puede elaborarse con semillas tostadas o sin tostar, siendo el primero de un color más oscuro, con más aroma y sabor (que recuerda al de las nueces), y el preferido por algunos cocineros para aderezar pescados, ensaladas, platos de carne cruda, etc. El aceite de argán, por su escasez, es quizás el más caro de los aceites utilizados en la cocina.

El aceite de nuez es un aceite alimentario de color claro y con un aroma y sabor delicados que recuerdan el fruto seco del nogal. Aporta un excelente sabor a las ensaladas y a algunas verduras y combina bien con ciertos quesos que pueden, incluso, conservarse en este aceite. Es un aceite frágil que no es apto para la fritura y para cuya conservación deben tomarse precauciones (conservarlo en el frigorífico, por ejemplo). En el mercado (el francés es el que más aprecia este aceite), hay tres calidades: aceite de nuez virgen, aceite de nuez puro y aceite de nuez refinado. De ellas solo la primera tiene realmente valor gastronómico. Se obtiene por el prensado en frío de nueces de buena calidad, algunas de ellas tostadas para obtener mayor sabor, y el posterior filtrado del aceite. El aceite de nuez puro, el habitual en los supermercados, es una mezcla de aceite de nuez refinado (procedente de nueces no aptas para el consumo) y aceite de nuez virgen, para aportar al producto algo de las características propias del este último.

El aceite de semilla de calabaza es una especialidad de Estiria (sudeste de Austria) y de las regiones adyacentes de Hungría, Eslovenia y Croacia. Se trata de una denominación de origen protegida por la Unión Europea. Este aceite se elabora tostando y prensando las pipas de una variedad local de calabaza. El aceite de semilla de calabaza es un aceite denso y dicromático: cuando se mira a través de una capa fina es de color verde oscuro y cuando se observa una muestra más espesa el color varía del pardo al rojo oscuro. Al mezclarse, por ejemplo con yogur, el color resultante es de un verde brillante. Posee un marcado aroma a frutos secos y se puede emplear para cocinar incluso postres, pero lo más habitual es consumirlo como aliño de ensaladas, tradicionalmente combinado con vinagre de sidra. En Austria es habitual añadir unas gotas de este aceite a la crema de calabaza. No es apto para freír.

El aceite de sésamo es un aceite vegetal derivado de las semillas de ajonjolí, tiene alta viscosidad y un fuerte aroma característico y su sabor recuerda a las semillas tostadas de las que procede, aunque también se comercializa el extraído del prensado en frío de semillas sin tostar, siendo este último menos sápido. Se emplea en las cocinas del sudeste de Asia como reforzador del sabor en distintos platos, generalmente añadiéndolo al final del cocinado con el objeto de saborizar sopas en el momento de servirlas, arroz frito o verduras cocinadas en el wok. Aunque su estructura es muy estable incluso calentándolo, no se utiliza como medio de fritura.

El aceite de trufa no es exactamente un aceite obtenido de las trufas, sino un aceite aromatizado con trufas. El aceite de base suele ser de oliva aunque también existe elaborado con aceites vegetales más neutros de sabor. El componente aromático que es, como sabemos, excepcional se vehicula a través de la sapidez del aceite sustituyendo al propio producto, la trufa, en aquellas preparaciones que admiten la sazón con aceite. El aceite aromatizado con trufa genuino es difícil de encontrar ya que la industria proporciona falsos aceites de trufa aromatizados con 2,4-ditiapentano, un compuesto aislado en laboratorio que es uno de los componentes de los aceites esenciales de la trufa natural.

LA EXCELENCIA
DEL VINO

La vid es un cultivo ancestral, sobre todo en la zona mediterránea. Su fruto, la uva, se consume estacionalmente, pero su importancia, económica y gastronómica, se la proporciona su jugo convertido en vino.

El vino es el jugo de la uva (*Vitis vinifera*) fermentado. Es esta una definición técnica, extremadamente esquemática, que requiere de una serie de matizaciones a la hora de hablar del vino como un producto gastronómico. Históricamente, el vino ha pasado de ser un mero producto alimenticio, que completa el aporte de calorías necesarias en la dieta del ser humano, a convertirse en un producto apreciado sobre todo por su valor gastronómico. En la cultura mediterránea, constituye uno de los tres pilares de la trilogía de los alimentos tradicionales junto al trigo y el aceite de oliva. En el mundo de la gastronomía actual, el vino ocupa un lugar destacado, siendo un producto indispensable en el conjunto de alimentos que constituyen el universo de las *delicatessen*.

La capacidad del vino para desarrollar un amplio abanico de caracteres organolépticos, su potencial de complejidad en cuanto a las sensaciones percibidas por el bebedor, el dinamismo en su evolución a través del tiempo, bien durante el periodo de crianza en barricas de madera o de su maduración en botella, hacen de este producto la bebida gastronómica por excelencia. El desarrollo de la industria vitivinícola se ha visto favorecido por el avance de la ciencia y la tecnología, puestas al servicio de la obtención de vinos que expresen de la mejor manera las cualidades aportadas por la uva y el *terroir*. Así, actualmente, en todos los países productores de vino se elaboran caldos de calidad apreciados por los *gourmets*.

Los vinos en el mercado presentan grandes diferencias de calidad. Las características propias de cada vino y su nivel de calidad vienen determinadas por una serie de factores naturales y por la intervención humana. Así, la variedad de la uva con la que se produce el vino, el tipo de suelo donde crece la vid, el clima y la meteorología durante el proceso de maduración de la uva otorgan al vino una determinada personalidad y calidad. La acción del viticultor sobre la vid y el tratamiento dado al vino por el bodeguero en su elaboración son asimismo fundamentales en la conformación del vino.

Hay tres tipos básicos de vino, atendiendo a su color: tinto, blanco y rosado, que no necesariamente proceden de uvas coincidentes con dichos colores. El jugo de las uvas es siempre blanco, sean estas de piel negra o de piel blanca. El vino tinto procede del jugo de uvas de piel negra que, en el proceso de vinificación, se mantiene en contacto con el mosto para aportar el color tinto al vino. El vino blanco puede proceder del zumo de uvas de piel blanca y de piel negra, vinificándose sin contacto del mosto con la piel de la uva. El vino rosado se obtiene dejando el mosto en contacto con la piel negra de las uvas por breve tiempo, justo el suficiente para colorearlo ligeramente.

Otra división es la que hace referencia a la presencia o ausencia de gas carbónico diluido en el vino: vinos espumosos, vinos de aguja y vinos tranquilos. Las dos primeras categorías contienen gas procedente de la fermentación natural del vino a causa de los azúcares residuales en el mismo o de una segunda fermentación provocada en la botella (caso del champaña o del cava).

Puede establecerse una tercera división atendiendo a la cantidad de azúcar residual en el vino: vinos secos, sin azúcares residuales y vinos dulces que, a su vez, pueden subdividirse en: abocados, calificativo que se aplica a los vinos blancos dulces que contienen azúcares naturales residuales entre 5 y 15 gramos por litro, y vinos de licor o licorosos. En los cavas, sin embargo, se aplica una tipología especial, denominándose Brut Nature a los cavas sin adición de licor de expedición (vino y azúcar añadidos antes del encorchado final de la botella para suplir la pérdida de líquido en el proceso de degüelle); Extra Brut cuando el contenido de azúcar es inferior a 6 gramos por litro; Brut, hasta 15 gramos de azúcar por litro; Extra Seco, entre 12 y 15 gramos de azúcar por litro; Seco, entre 15 y 35 gramos; Semi Dulce, entre 35 y 50 gramos; y Dulce, más de 50 gramos de azúcar por litro. Parecida tipología existe en Francia para el champán.

El reglamento de la Unión Europa califica los vinos, a efectos cualitativos, en dos categorías: vino de mesa y vinos de calidad producidos en regiones determinadas (VCPRD). A partir de esta normativa, los países europeos productores de vino establecen para sus vinos diferentes calificaciones según su propia tradición y el grado de control y exigencia en el proceso de producción, así como las denominaciones de origen. Huelga decir que, a los efectos de consideración del vino como producto gastronómico, solo interesa centrarse en los vinos VCPRD europeos o sus equivalentes en países productores de vino en otros continentes.

Durante muchos años, los vinos de calidad se identificaban por su marca y su procedencia. Así se hablaba, y aún se habla en la actualidad, de Riojas, Burdeos, Borgoñas, Jereces, Oportos, Chiantis... elaborados con variedades de uva autóctonas en mezclas y métodos de vinificación tradicionales que garantizan la calidad de la marca. Aunque muchas de estas prácticas se mantienen actualmente, se ha instalado la moda en ciertos mercados de identificar los vinos de calidad por el varietal con el que están elaborados, quizás por la influencia de los países productores de vino extraeuropeos. Así, se habla de Cabernet Sauvignon, Tannat, Pinot Noir, Merlot, Malbec, Semillon, Sauvignon Blanc, Chardonnay... cuando la procedencia no es la de la región de origen del varietal.

Existen centenares de variedades de uva destinadas a la producción de vino pero solo unas cuantas están consideradas como idóneas para la obtención de vinos de calidad. En general, las variedades de uva viníferas son de origen europeo; incluso, las más aclimatadas fuera de Europa son sobre todo de origen francés. Muchas de las variedades son conocidas por diversos nombres dependiendo del país o de la región donde se cultivan.

VARIEDADES DE UVA
PARA LA ELABORACIÓN DE VINOS TINTOS

Cariñena. Variedad conocida asimismo como **Mazuelo**. Muy extendida en su cultivo hasta el punto de considerarse una de las cepas más cultivadas del mundo. De ella se obtienen vinos tintos de mucho color y alto grado alcohólico.

Garnacha. Se la conoce bajo innumerables denominaciones. Se utiliza en vinos de corte con la uva Tempranillo y es la variedad de la mayoría de vinos rosados de Navarra. También se utiliza para la elaboración de vinos tintos dulces naturales (Garnatxa d'Empordà en España).

Graciano. Variedad de uva tinta originaria de La Rioja y Navarra. El vino que esta uva produce se caracteriza por su intenso color rojo, fuerte aroma y capacidad para envejecer correctamente. En vinos de corte aporta color y acidez.

Mencía. La uva de la denominación de origen Bierzo en la provincia de León. También se cultiva en Valdeorras y la Ribeira Sacra en Orense. Recientes estudios la relacionan con la variedad francesa Cabernet Franc.

Monastrell. Cepa ampliamente cultivada en el Levante español (Alicante y Murcia). Estudios recientes la señalan como idéntica a la Graciano. Actualmente se elaboran vinos varietales de gran calidad. Existe un vino viejo de esta variedad, madurado durante 20 años o más, conocido como Fondillón.

Prieto Picudo. Uva autóctona de la provincia de León con la que se elaboran vinos tintos de una cierta calidad bajo la denominación Vino Tierra de León.

Tempranillo. La uva del Rioja. Conocida como Ull de Llebre en Cataluña, como Cencibel en la Mancha,

Tinto Fino en Ribera del Duero, Tinta del País en Castilla y Tinta de Toro en Zamora. El vino elaborado con esta uva es fino y elegante aunque los resultados dependen mucho de los climas en las zonas de cultivo, siendo mejor en climas fríos. Se ha aclimatado en países americanos y en Australia.

VARIEDADES DE UVA
PARA LA ELABORACIÓN DE VINOS BLANCOS.

Airén. La variedad de uva blanca más extendida en España, omnipresente en la Mancha. Tradicionalmente destinada a la destilación por su alto contenido alcohólico, actualmente produce vinos blancos, pálidos, de aromas frutados.

Albariño. Variedad autóctona de Galicia con la que se elaboran vinos varietales amplios, secos, muy ligeros y deliciosos.

Doña Blanca. Variedad de uva blanca cultivada en Valdeorras y el Bierzo. Se utiliza en cortes con la Godello.

Godello. Variedad autóctona de Valdeorras y El Bierzo considerada por algunos la mejor uva española para vino blanco.

Macabeo. Variedad española muy extendida en Rioja, donde se la conoce también como **Viura**. Se utiliza en la elaboración de cavas.

Malvasía. Cultivada en Canarias. En general, está asociada a vinos dulces.

Moscatel. Tipo de uva que se consume como uva de mesa o como uva pasa y que se emplea también en la elaboración de vinos blancos, generalmente dulces. Dentro de la familia de la uva moscatel destacan dos variedades, la Moscatel de Alejandría y la Moscatel de grano pequeño.

Parellada. Tipo de uva blanca catalana utilizada junto a otras para la elaboración de cavas.

Palomino. Uva típica de Jerez, donde se la conoce asimismo por el nombre de **Listán**, de la que se obtienen finos, olorosos y amontillados.

Pedro Ximénez. Variedad de uva de la familia del Moscatel cultivada en el sur de España. Con esta uva se producen vinos de gran calidad, vinos generosos tanto secos como dulces.

Verdejo. La variedad típica de los vinos de Rueda.

Xarel-lo. Es una variedad tradicional propia de la comarca del Penedès y del Camp de Tarragona, empleada para la elaboración del cava junto con las variedades de uva Macabeo y Parellada.

En algunas denominaciones de origen están admitidas variedades foráneas aclimatadas en nuestro país. En el Somontano se elaboran vinos a partir de variedades de uva de origen francés como la Cabernet Sauvignon, la Pinot Noir, la Merlot, la Syrah, la Gewürztraminer, la Chardonnay... En Rueda está autorizada la variedad Sauvignon Blanc. Algunos vinos de Pago se elaboran asimismo con uva de variedades foráneas, Viognier, Petit Verdot...

FRANCIA

VARIEDADES PARA LA ELABORACIÓN DE VINOS TINTOS

Cabernet Franc. Uva cultivada en la región de Burdeos, especialmente utilizada en los vinos de Saint Emilion. Produce vinos de gran finura y aroma y aunque puede vinificarse en solitario, como los vinos de Chinon en el Loira, se emplea en cortes combinada con Cabernet Sauvignon y Merlot.

Cabernet Sauvignon. Variedad obtenida por el cruce de la Cabernet Franc y la Sauvignon Blanc que se ha encaramado a la cima de las variedades más extendidas en los países productores de vino debido a su facilidad de adaptación a suelos y climas diferentes. Es la cepa utilizada en Burdeos para vinos de corte junto con la Cabernet Franc y la Merlot.

Gamay. Es la variedad utilizada para la producción del Beaujolais.

Merlot. Es la variedad de uva tinta más extendida en el mundo. Es una uva esencial en los vinos de Burdeos donde se asocia a la Cabernet Sauvignon y a la Cabernet

Franc para elaborar vinos de alta calidad. Uno de los grandes vinos de la denominación bordelesa Pomerol, el Pétrus, procede en un 95 % de uva Merlot.

Petit Verdot. Excelente uva que proporciona fragancia (plátano y lápiz) a los vinos de corte, generalmente a los elaborados con la Cabernet Sauvignon. Procede de la zona del Médoc en la región de Burdeos.

Pinot Noir. Excelente cepa de Borgoña que produce vinos incomparables. Con la Pinot Noir vinificada en blanco o en rosado se elaboran varios champañas.

Syrah. También conocida como Shiraz. Es la uva de la región francesa del Ródano que produce excelentes vinos que maduran perfectamente.

Principales variedades utilizadas para la obtención de vinos blancos

Chardonnay. La uva blanca reina de Borgoña y cultivada ampliamente en todos los países productores de vino. Variedad presente en vinos de Champagne junto a la Pinot Noir.

Chenin Blanc. Versátil variedad del valle del Loira en Francia con la que se elaboran vinos secos, dulces y espumosos.

Gewüstraminer. Variedad de uva cultivada en Alsacia que produce vinos muy aromáticos.

Marsanne. Junto con la Roussanne es la principal variedad de la región francesa del norte del Ródano.

Muscadet. Conocida también como Melon de Bourgogne, es una variedad con la que se elaboran vinos blancos secos en la región francesa de Bretaña. Es común la crianza sobre lías.

Muscat. Equivalente a Moscatel.

Petit Manseng. Variedad de uva blanca cultivada en el Sudoeste francés con la que se producen vinos dulces y secos (Jurançon, Pacherenc de Vic-Bihl) de cierta calidad. Existe También la variedad **Gros Manseng**.

Pinot Gris. Tipo de uva blanca con buenos resultados en Alsacia.

Pinot Noir. Aunque es una variedad tinta con la que se elaboran los incomparables vinos de Borgoña, su vinificación en blanco se realiza para la elaboración de champañas. En Francia también se elabora un vino rosado muy pálido conocido como *vin gris*.

Riesling. Junto con la Chardonnay, la uva Riesling está considerada como la mejor uva blanca para la producción de vino. Los vinos elaborados con esta variedad pueden desarrollar un amplio y complejo abanico de aromas y sabores y tienen una larga vida en botella.

Roussanne. Cepa de la región francesa del Ródano base, junto con la tinta Syrah, para la elaboración de vinos de denominaciones prestigiosas como Hermitage o Châteauneuf du Pape.

Sauvignon Blanc. Uva blanca originaria de la región francesa de Burdeos.

Sémillon. Es la variedad con la que se elabora el vino de licor de Sauternes en Francia y otros blancos secos en Burdeos.

Viognier. Variedad de la región francesa del Ródano presente en el vino con denominación Condrieu.

ITALIA

VARIEDADES PARA VINOS TINTOS

Aglianico. Variedad cultivada en regiones del sur de Italia (Campania, Molise, Apulia y Basilicata). Es la uva de la que se obtiene el conocido vino Taurasi.

Barbera. Es la variedad de uva típica del Piamonte italiano de la que se elaboran vinos como los reputados Barbera d'Alba y Barbera d'Asti. Es una uva utilizada para mezclas en toda Italia. Los vinos de esta variedad se caracterizan por una alta acidez, bajo nivel de taninos y notas de cereza.

Brunello. Clon de la variedad Sangiovese cultivada en el área de Montalcino en la región de la Toscana. El vino Brunello di Montalcino es uno de los grandes vinos tintos italianos.

Montepulciano. Variedad de uva tinta italiana, ampliamente cultivada en el centro de la península y autorizada en numerosas denominaciones de origen del país. Es la variedad que da nombre al vino Montepulciano di Abruzzo aunque no entra en la elaboración del más conocido y apreciado Vino Nobile di Montepulciano que solo hace referencia a lugar de producción y no a la variedad de uva.

Nebbiolo. Variedad de uva tinta italiana con la que se elabora el conocido vino Barolo en el Piamonte. La Nebbiolo se combina tradicionalmente con la variedad Barbera para obtener vinos equilibrados en taninos y acidez.

Negroamaro. Es una variedad de uva tinta cultivada en la región italiana de la Apulia, especialmente en la península de Salento. La Negroamaro produce vinos un poco rústicos con mucho color pero que mejoran combinándola con la aromática variedad Malvasia Nera, como en el caso de los vinos con denominación Salice Salentino.

Nerello. Uva tinta italiana cultivada en Sicilia y Cerdeña posiblemente derivada de un cruce de Sangiovese con alguna otra variedad autóctona no identificada.

Nero d'Avola. Variedad tinta siciliana que produce vinos de cierta calidad.

Sagrantino. Variedad de uva de la región italiana de Umbría con la que se elaboran vinos recios con aroma a cereza.

Sangiovese. La variedad del famoso Chianti. La Sangiovese es asimismo la uva del Brunello de Montalcino y del Vino Nobile de Montepulciano, dos de los más reputados vinos italianos.

LOS VINOS BLANCOS ITALIANOS SE ELABORAN PRINCIPALMENTE A PARTIR DE LAS SIGUIENTES VARIEDADES

Falanghina. Variedad de la región italiana de Campania que produce vinos secos y aromáticos muy populares en Nápoles.

Fiano. Otra variedad de Campania. Los vinos varietales salen al mercado generalmente como Fiano di Avellino.

Garganega. Variedad asociada a la producción de vino Soave en la región italiana del Veneto.

Glera. Es el nombre dado actualmente a la uva con la que se elabora el espumoso seco italiano Prosecco.

Greco. Variedad de uva en la región italiana de Campania con la que se elabora el popular vino Greco di Tufo.

Malvasía. Familia de uvas de distinta naturaleza, negras y blancas, muy extendidas en Italia donde se utiliza, por ejemplo, en la elaboración del llamado Vin Santo.

Pinot Grigio. Tipo de uva blanca con buenos resultados en el norte de Italia.

Tocai Friulano. Uva del norte de Italia semejante al la Sauvignon con la que puede confundirse.

Verdicchio. Variedad cultivada en la región de las Marcas.

Vermentino. Uva cultivada principalmente en Cerdeña y Liguria.

Vernaccia. Uva con la que se elaboran varios vinos italianos, siendo el más conocido el de San Giminiano en la Toscana.

PORTUGAL

EXISTEN VARIEDADES AUTÓCTONAS O COMPARTIDAS CON ESPAÑA. LAS PRINCIPALES PARA ELABORACIÓN DE VINOS TINTOS DE CALIDAD SON:

Baga. Es una variedad de uva utilizada en la elaboración de vinos de la región portuguesa de Bairrada a los que proporciona color y cuerpo.

Periquita. También conocida como Castelao. Variedad portuguesa originaria del sur pero que se cultiva en todo Portugal.

Tinta Roríz o Aragonez. Equivalente a la Tempranillo en España.

Touriga Nacional. Variedad portuguesa de uva tinta base de los vinos de Oporto.

84

En lo que se refiere a vinos blancos
las variedades más destacadas son
las siguientes:

Alvarinho. Se cultiva en el Norte de Portugal elaborándose con ella vinos verdes.

Arinto. Cepa portuguesa que produce vinos con alto grado de acidez.

Bual. Variedad portuguesa de la isla de Madeira de menor calidad que la más reconocida Malmsey.

Loureiro. La mejor variedad de uva para la elaboración del *vinho verde* portugués.

Malmsey. Equivalente a la Malvasía. Cultivada en el archipiélago de Madeira.

Sercial. Uva utilizada para la elaboración de Madeira seco.

ALEMANIA

VARIEDADES PARA VINOS TINTOS

Lemberger.

Spätburgunder. Nombre alemán de la Pinot Noir.

Saint-Laurent. Es una variedad de origen francés, actualmente cultivada en el Palatinado.

PRINCIPALES VARIEDADES PARA VINO BLANCO

Gewürztraminer.

Riesling.

Sylvaner.

Scheurebe. Variedad de uva blanca creada en 1916 cruzando la variedad Riesling con una vid salvaje.

AUSTRIA

VARIEDADES DE UVA PARA VINOS TINTOS

Blaufränkisch. Es la uva de la que se obtiene un excelente vino tinto en la región del Burgerland. Es equivalente a la Lemberger alemana.

Saint-Laurent. Uva con la que se obtienen vinos con color, suaves y aromáticos.

Zweigelt. es una variedad reciente (1922) surgida del cruce de la Saint-Laurent y la Blaufränkish.

Grüner Veltliner. La variedad de vino blanco más famosa de Austria.

Scheurebe.

GRECIA

Agiorgítiko. Es la variedad de uva tinta cultivada principalmente en la región de Nemea en el Peloponeso. Es una uva que aporta al vino gran cantidad de taninos y sabores cercanos a los frutos rojos. Se compara esta variedad a la más conocida francesa Merlot. También se la conoce bajo los nombres de **Mavro** y **Saint George**.

Moschofiler. Es una variedad de uva muy utilizada en vinos rosados.

HUNGRÍA

Kadarka. también conocida como **Gamza.** Se utiliza para la elaboración de vino tinto.

Kékfrankos. Equivalente a la Blaufränkisch austriaca.

Furmint. Una de las variedades de uva utilizadas para elaborar el famoso vino (blanco) dulce Tokaj.

Hárslevelu. La otra variedad para el Tokaj.

SUIZA

Chasselas. La variedad más extendida para sus vinos blancos.

Müller-Thurgau. Variedad para vinos blancos

Johannisberg. Equivalente a la Sylvaner alemana.

Pinot Noir. Variedad francesa utilizada para vinos tintos.

Gamay. Otra variedad francesa, del Beaujolais, para vino tinto.

Merlot. Variedad bordelesa aclimatada en Suiza.

ARGENTINA

La totalidad de sus variedades de uva son de importación europea, algunas desde hace siglos. En sus regiones vitivinícolas se cultivan cepas tintas y blancas de origen francés y español.

Malbec. Cepa tinta emblemática argentina, de origen francés muy bien aclimatada en la región andina de Mendoza.

Torrontés. Variedad cultivada en la provincia de Salta y comparada con la Gewürztraminer, es originaria de España pero existente en la actualidad solo en Argentina.

CHILE

Chile tiene una actividad vitivinícola centenaria basada en el cultivo de variedades francesas.

Carménère. Variedad, desparecida en Francia de donde procede, que se revela como una cepa óptima para la elaboración de vinos tintos finos.

URUGUAY

Existen importantes superficies plantadas de las variedades tintas **Cabernet Sauvignon** y **Merlot**, y de las blancas **Chardonnay** y **Sauvignon Blanc**.

Tannat. Cepa francesa, procedente del sudoeste francés en donde se produce para elaborar los tintos de Madiran, Tursan, Béarn e Irouléguy, perfectamente aclimatada en Uruguay donde produce tintos de excelente calidad.

Aunque son muchos los Estados de los Estados Unidos que cultivan la vid para producir vino, es California, con diferencia, el Estado con mayor capacidad para la producción de vinos de calidad. Las vides autóctonas americanas no son aptas para producir vino de calidad aceptable por lo que las cepas cultivadas para la elaboración de vino en California son de origen francés.

Zinfandel. Cepa típicamente californiana, aunque está probado que se trata de un clon de la variedad italiana Primitivo que, a su vez, deriva de la variedad croata Crljenak Kaštelanski. Aunque los vinos de Zinfandel son vulgares (rosados dulces), alguna bodega ha conseguido elaborar tintos de gran calidad y alto precio.

Sudáfrica

Es el noveno productor mundial de vino con una oferta de calidad notable. Las variedades para vino tinto cultivadas son La **Cinsault**, de origen francés, la **Cabernet Sauvignon**, la **Pinotage** (cruce de Cinsault y Pinot Noir), la **Shiraz** (Syrah), la **Merlot**, la **Cabernet Franc** y la **Pinot Noir**. En la elaboración de vinos blancos se utilizan la **Chenin Blanc** (denominada localmente **Steen**), la **Moscatel de Alejandría** (**Hanepoot**), la **Colombard**, también de origen francés, la **Sauvignon** la **Cape Riesling** y la **Chardonnay**.

Australia

Australia cultiva tradicionalmente variedades francesas como **Shiraz**, **Cabernet Sauvignon**, **Grenache** y **Pinot Noir**, aunque ha introducido cepas de otras procedencias como la **Sangiovese** italiana o la española **Tempranillo**. En vinos blancos se utilizan **Chardonnay**, **Riesling** y **Sémillon**.

Se cultivan para vinos tintos **Pinot Noir, Merlot** y **Syrah** y para blancos **Sauvignon Blanc, Chardonnay** y **Pinot Gris**.

Las características del vino de calidad no dependen solamente del varietal de uva con el que se ha elaborado. El vino resultante de un varietal es distinto dependiendo de la región donde se ha cultivado la viña, de los cuidados de ésta y de las técnicas de elaboración en bodega, incluida la crianza o envejecimiento del vino.

Los franceses se refieren al concepto de *terroir* para subrayar no solo la procedencia sino las características esenciales de determinados productos. *Terroir* es una palabra difícil de traducir a otros idiomas, pero su definición nos lleva a la comprensión del concepto que esta palabra encierra: Un *terroir* es un espacio geográfico delimitado, definido a partir de un grupo humano que perfila, a lo largo de su historia, un conjunto de elementos culturales distintivos, de conocimientos y de prácticas fundados en la interacción entre el medio natural y los factores humanos. Las formas de hacer las cosas revelan un alto grado de originalidad y confieren tipicidad, permitiendo reconocer los productos y servicios originarios de ese espacio geográfico y de sus gentes. Los *terroirs* son espacios vivos e innovadores que no deben identificarse solo con la tradición.

El concepto de *terroir* aplicado al vino engloba por tanto las variedades de uva cultivadas pero, además, comprende las características de los suelos del área geográfica delimitada, su climatología, las técnicas de sus viticultores y los procedimientos en bodega.

La traducción normativa del concepto de *terroir* es la desarrollada por diversos países para garantizar la procedencia del vino, la utilización de ciertas variedades y el respeto de determinadas prácticas en los VCPRD (vinos de calidad procedentes de regiones determinadas).

En España, los vinos VCPRD se estructuran en varios grupos:

Vinos de Pago: Es la categoría superior que puede alcanzar un vino y en ella se incluyen los caldos de reconocido prestigio y características climáticas y edafológicas distintivas de un «paraje» o «sitio rural» determinado. Estos vinos deben cumplir con los requisitos aplicados a las Denominaciones de Origen Calificadas además de tener que ser embotellados en la bodega del pago o en el término municipal en que éste se encuentre.

Vinos con Denominación de Origen Calificada (D.O. Ca): Esta categoría está reservada a aquel vino, procedente de un área de producción determinada, que haya alcanzado altas cotas de calidad durante un dilatado periodo de tiempo. La primera denominación en conseguirlo ha sido la Rioja, en abril de 1991. Entre los requisitos que deben cumplir está el de comercializar todos los vinos amparados embotellados en bodegas de la zona de producción.

Vinos con Denominación de Origen (D.O.): Los vinos con D.O. son vinos de prestigio que proceden de un área de producción delimitada y son elaborados en función de unos parámetros de calidad y tipicidad, estando reglamentada cada D.O. por un Consejo Regulador que se encarga de velar por aspectos tan importantes como las variedades de uvas autorizadas, los rendimientos por hectárea, las formas de elaboración o los tiempos de crianza.

Vinos de Calidad con Indicación Geográfica: Son vinos elaborados en una región determinada, con uvas procedentes de la misma y cuya calidad, reputación o características se deben al «medio geográfico, al factor humano o a ambos, en lo que se refiere a la producción de la uva, a la elaboración del vino o a su envejecimiento».

La denominación de origen suele ser la clave para orientarse sobre las características de un vino. No obstante, la garantía de calidad es mínima, ya que ni la variedad de uva ni la procedencia garantizan por sí solas la calidad de los vinos. Además, nada impide que se elaboren vinos de excelente calidad sin amparo de una D.O. En España existen 69 denominaciones de origen, incluyendo los vinos de pago, de variada importancia por su producción y características. Sería prolijo detenerse a analizar las cualidades de cada una de ellas. En términos de excelencia, la región vitivinícola de La Rioja y la de la Ribera del Duero son los *terroirs* españoles con una producción de vinos tintos de calidad reconocida internacionalmente. Desde hace ya varias décadas, los vinos de la bodega Vega Sicilia, de la Ribera del Duero, figuran como líderes de la producción española de vinos tintos de calidad, habiéndose convertido en vinos casi míticos. En los últimos años, otro vino de la Ribera del Duero, Pingus, se ha colocado de forma destacada a la cabeza de los vinos españoles de alta gama. La crítica especializada, encabezada por la revista americana *Wine Advocate* de Robert Parker, viene descubriendo vinos de gran calidad de otras denominaciones de origen españolas que recuperan variedades autóctonas a las que aplican las últimas técnicas enológicas: vinos de uva mencía en El Bierzo, de monastrell en Jumilla y Alicante, de tinta de Toro en esa región, de verdejo en Rueda; o se elaboran con variedades francesas, como en el Priorato y otras regiones. Los amantes del vino siguen apreciando blancos de crianza de Rioja, como el acreditado Viña Tondonia, y celebrando la conquista de altas cotas de calidad de albariños gallegos y godellos de El Bierzo y Valdeorras.

Entre los vinos blancos, España elabora una gama propia de vinos de extraordinaria calidad sin parangón en otras regiones y países vitivinícolas: **los vinos de Jerez**. Su singularidad radica en el proceso de crianza, que difiere del llevado a cabo generalmente para otros vinos tranquilos, conocido como el método de soleras y criaderas del que nos ocuparemos más tarde.

Los vinos de Jerez, elaborados generalmente con la uva Palomino (Moscatel y Pedro Ximénez para los vinos dulces), se clasifican en distintos tipos dependiendo del tratamiento al que han sido sometidos en el proceso de crianza:

El jerez más extendido es el llamado Manzanilla. Es un vino seco, pálido, de un mínimo de 15° de alcohol (obtenidos mediante fortificación por añadido de alcohol vínico), criado obligatoriamente en el entorno de Sanlúcar de Barrameda donde adquiere el punto de salinidad que lo caracteriza. Es el vino típico, junto con el Fino, de las ferias andaluzas. De moda actualmente mezclado con gaseosa para obtener el *rebu-*

jito. La crianza alargada de la Manzanilla da lugar a la llamada Manzanilla pasada.

El vino Fino es similar a la Manzanilla, aunque más alcohólico (unos 17º). Es quizás el vino que el mercado español más identifica con el jerez.

El Amontillado es un Fino de larga crianza con cierta oxidación, de color ambarino y con más paladar y de grado alcohólico entre 16º y 22º.

El Oloroso procede de una crianza oxidativa distinta a la practicada con los jereces anteriores que puede calificarse de biológica (contacto con levaduras de velo). Es un vino seco, color caoba, denso y alcohólico (entre 17º y 22º).

El Palo Cortado se define por el Consejo Regulador de la Denominación de Origen Jerez-Xèrès-Sherry como un vino que aúna la delicadeza y finura en nariz de un amontillado con la estructura y la redondez de un oloroso. Se trata de una descripción esencialmente organoléptica. Es un vino que tradicionalmente «aparece» espontáneamente dejándose de comportar en su crianza como debería haberlo hecho de acuerdo con las prácticas habituales de la bodega para obtener las distintas clases de jereces. Sus características lo hacen muy apreciable y las bodegas de Jerez se esfuerzan en encontrar técnicas modernas para elaborarlo sin depender del azar.

Los vinos dulces de Jerez se elaboran con uvas pasificadas de las variedades Moscatel y Pedro Ximénez. Son vinos poco fermentados y por tanto muy dulces y densos, de color caoba oscuro y aromas característicos. Los británicos, cuya demanda siempre ha influido en la producción de vino de Jerez, aprecian los vinos dulces elaborados a partir de una mezcla de los jereces dulces con los jereces secos que da lugar a denominaciones tales como Cream: obtenido a partir del oloroso, es un vino dulce, de mucho cuerpo, entre 15º y 22º de alcohol, de color caoba y aroma intenso; Medium: la mezcla da un vino ligeramente dulce con graduación similar al Cream, con menos cuerpo y aroma; y Pale Cream: dulce de color amarillo pajizo o dorado, aroma punzante y delicado, con un grado alcohólico similar al de los otros dos.

Otro vino singular español es el **Fondillón de Alicante**. Se trata de un vino elaborado exclusivamente con uva monastrell pasificada, envejecido durante al menos 20 o 25 años. Es abocado o ligeramente dulce con aromas de pasa y madera. De color violáceo o ambarino. La graduación alcohólica es alta, variando entre 16° y 18°, sin sometimiento a procesos de fortificación (adición de alcohol). Por sus características organolépticas está especialmente recomendado como vino de postre o para acompañar quesos o *foie gras*.

Los grandes vinos franceses son los preferidos por los amantes de las *delicatessen*. Es cierto que Francia elabora vinos excepcionales salidos de sus uvas autóctonas, algunas de las cuales (Cabernet Sauvignon, Merlot, Pinot noir, Chardonnay...) se han aclimatado en otros países buscando la excelencia que sin duda tienen los vinos franceses de tradicional calidad.

La región de **Burdeos (Bordeaux)** ha sido históricamente líder en la producción de vinos de alta calidad. Dentro de su área de viñedo se identifican subregiones y comarcas que cuentan con denominaciones de origen específicas: Médoc, Graves, Saint Emilion, Sauternes y otras menos importantes.

La región de Médoc corresponde a una franja de entre cinco y diez kilómetros de ancha por setenta de larga a lo largo del estuario del Gironda (confluencia de los ríos Garona y Dordoña en el Sudoeste de Francia). En ella se distinguen varias denominaciones de origen que producen la mayoría de los grandes vinos de la región bordelesa: Pauillac, Margaux, Saint-Julien y Saint-Estephe. Ya en el siglo XIX, con ocasión de la Exposición Universal de París de 1885, se establecieron categorías (*crus classés*) para los mejores vinos de Burdeos, los del Médoc, que se han mantenido hasta nuestros días. Son los vinos elaborados con uvas cultivadas en determinadas parcelas o viñedos en las bodegas de los propietarios, siguiendo la filosofía que se ha aplicado recientemente en España para calificar los vinos de pago. En su día se establecieron cinco categorías con un total de 60 *châteaux* (propiedades vitícolas con bodega), siendo los primeros clasificados (*1ers crus classés*) el Château-Lafite-Rothschild de Pauillac, el Château-Margaux de Margaux, el Château-Latour de Pauillac y, desde 1973, el Château-Mouton-Rothschild de Pauillac. Este último, en su añada de 1945, se consagró en una subasta en 2006 como el vino más caro del mundo (más de 22.000 euros la botella) hasta entonces.

La región de Graves situada al sur de Médoc en la margen izquierda del Garona contribuye al cuadro de honor de los vinos tintos franceses con otro vino de primera categoría el Château-Haut-Brion.

La localidad de Saint-Émilion en la región bordelesa de Libourne da nombre a otra denominación de origen en la que destacan cuatro vinos de gran calidad: el Château-Ausone, el Château-Pavie, el Château-Angélus y el Château-Cheval-Blanc. En 2010, una botella imperial (de 6 litros) de Château-Cheval-Blanc de 1947, fue subastada por la casa Christie's en casi 224.000 euros.

Pomerol es otra localidad de la región de Libourne con denominación de origen propia y con dos vinos de excepción que alcanzan precios astronómicos: el Château-Pétrus y Le Pin.

Al sur del área vitivinícola bordelesa, se encuentra la localidad de Sauternes, famosa por sus vinos blancos licorosos elaborados a partir de la variedad de uva Sémillon, cosechada tardíamente cuando la uva ha sido pasificada por la acción del hongo *Botrytis cyrenea*. Destaca sobre todos ellos el famoso y, a decir de los entendidos, incomparable Château d'Yquem.

Todos los grandes vinos de Burdeos son vinos de guarda y, por tanto, muy rebuscados por los coleccionistas. También todos ellos, salvo algunas excepciones notorias, son vinos de *assemblage*, es decir: mezcla de vinos de distintas variedades realizada por los maestros bodegueros de cada *château*. Merlot, Cabernet Sauvignon y Cabernet Franc son las variedades más cultivadas para vinos tintos y Sémillon, Sauvignon Blanc y Muscadelle para los blancos. En una gran proporción los vinos son vendidos en rama una vez realizada la fermentación, entregándose a los compradores después de varios meses de crianza en madera y algún año de maduración en botella.

La **Borgoña (Bourgogne)** es la otra región francesa que aporta grandes vinos considerados entre los mejores del mundo. Contrariamente a los burdeos, los vinos tintos borgoñones están elaborados única y exclusivamente con una sola variedad de uva: la Pinot noir. Y sus vinos blancos de calidad con la uva Chardonnay. Los mejores blancos pueden superar en precio a los mejores tintos. La producción, comparada con Burdeos, es escasa, para desesperación de los amantes del borgoña a lo largo y ancho del mundo. Los vinos de Borgoña no son vinos de guarda como los de Burdeos, los blancos deben consumirse a partir de los dos años hasta los seis, y los tintos entre cuatro y ocho años, lo que no quita que vinos excepcionales duren hasta cincuenta años. La variedad Pinot noir no da tanto color como la Cabernet Sauvignon o la Merlot, por lo que los vinos de Borgoña son más claros que los burdeos; tienen una graduación alcohólica media o alta y son de color rubí, granate o cereza. La geografía vitícola de Borgoña es un mosaico de *climats* (pequeños territorios con nombre propio) divididos en parcelas de distintos propietarios. Hay una denominación de origen genérica para los vinos de Borgoña y denominaciones subregionales: Chablis (vinos blancos exclusivamente), Côte-d'Or (subdividida en Côte de Nuits y Côte de Beaune), Chalonnais, Mâconnais y Beaujolais. En Chablis y en la Côte-d'Or es donde se elaboran los mejores vinos: En Chablis, son excelentes los vinos de los *climats* Vaudésir, Preuses, les Clos, Grenouilles, Bougros, Valmur y Blanchots. Los mejores vinos blancos de la Côte-d'Or se producen con uvas de los siguientes *climats*: Musigny, Corton, Charlemagne, Corton-Charlemagne, Montrachet, Chevalier-Montrachet, Bâtard-Montrachet. Y los mejores tintos de estos otros: Chambertin, Chambertin-Clos-de-Bèze, Clos-de-la-Roche, Clos-de-Tart, Clos-Saint-Denis, Bonnes-Mares, Musigny, Clos-de-Vougeot, La Romanée, La Romanée-Conti, Romanée-Saint-Vivant, Richebourg, La Tâche, Les Échezeaux, Les Grands-Échezeaux y Corton.

Es posible que algunas casas de *delicatessen* dediquen en su departamento de vinos un espacio temporal para un vino que, aunque geográficamente pertenece al área de la Borgoña, resulta ser muy diferente de los grandes caldos de la región: se trata del Beaujolais que en su versión de Beaujolais Nouveau (con solo seis semanas de vida) sale al mercado el tercer jueves de noviembre acompañado de una fuerte campaña de publicidad. Se trata de un vino del año, clarete, afrutado aunque seco, fácil de beber y de gran éxito en los Estados Unidos al coincidir su salida al mercado con las festividades del *Thanksgiving*. No es, sin embargo, una *delicatessen*. Su único valor es el aportado por la publicidad.

La tercera gran región vitivinícola francesa es **La Champagne**. Menos extensa que las otras dos mencionadas pero especializada en el vino espumoso, el champán, que le ha dado fama y cuyo método de elaboración ha sido copiado en otros países. Si hay un vino asociado indiscutiblemente al mundo de las *delicatessen*, ese es, sin duda alguna, el champán. Es el vino de las celebraciones, el de los brindis singulares, el de los ágapes de lujo, el de los aperitivos elegantes y el que acompaña a los postres más finos. La propietaria de la casa Bollinger, una de las bodegas más conocidas de la región, preguntada cuándo solía beber champán, respondió que bebía champán cuando estaba alegre, aunque también cuando se encontraba triste; a veces cuando estaba sola, porque cuando estaba acompañada lo consideraba obligatorio; bebía una copa cuando no tenía apetito y en la mesa acompañaba sus comidas con champán; en las demás ocasiones ni lo tocaba, salvo cuando tenía sed. Dos son principalmente las variedades de uva utilizadas para el champán: la Pinot noir, vinificada en blanco, y la Chardonnay que da lugar a la denominación *blanc de blancs*. Algunas bodegas elaboran champán rosado, cuyo método de elaboración difiere del utilizado para la elaboración de rosados tranquilos, ya que el color se consigue mediante el añadido de vino tinto y no mediante el contacto del mosto con los hollejos de la uva como es tradicional y obligatorio para los vinos rosados. El contenido gaseoso del champán se obtiene mediante una segunda fermentación en botella donde madura durante más o menos tiempo antes de salir al mercado. Los champanes más exclusivos son los de añada y las llamadas *cuvées de prestige* (cosechas de prestigio) con precios acordes a su exclusividad. Las calidades del champán respecto a su contenido en azúcares son las mismas que se han descrito más arriba para los cavas. La mayor bodega de Champagne es la casa Moët & Chandon que cuenta entre sus elaboraciones el conocido Dom Pérignon, sinónimo de champán de prestigio. Otras casas destacadas son la Veuve-Cliquot, Mumm, Wranken, Laurent-Perrier, Pommery, Lanson, Krug, Taittinger, Bollinger y Piper-Heidsieck, entre otras menos conocidas.

Los vinos de calidad en Francia, incluyendo los grandes vinos, no son solo los producidos en las tres regiones citadas. El Hermitage del **valle del Ródano** es un vino tinto excepcional elaborado con uva de la variedad Syrah, que necesita varios años antes de expresar todo su potencial y que puede guardarse durante decenios. En la misma región, el Châteauneuf-du-Pape, un vino tinto raramente monovarietal que se elabora mediante *assemblage* de uvas Garnacha (Grenache), esta en mayor proporción, Monastrell (Mourvèdre) Y Syrah para obtener un equilibrio perfecto entre acidez, alcohol y taninos, es asimismo un vino de guarda. En **Alsacia** la producción de vino blanco seco elaborado con las variedades de uva Riesling, Gewurztraminer, Sylvaner y Tokay puede alcanzar altas cotas de calidad, así como los vinos blancos del valle del Loira elaborados con uvas Chenin Blanc, Muscadet y Sauvigon Blanc.

Uno de los países que más vino produce en el mundo es **Italia** y algunos de ellos son de calidad más que notable. En algún momento, el vino italiano se ha asociado al Chianti ordinario presentado en botellas forradas de rafia y al vino dulce de Marsala (Sicilia), acompañantes de la culinaria italiana de exportación. El Chianti, producido en la región de la Toscana elaborado con la uva Sangiovese, cuenta con exponentes de gran calidad. A destacar el Chianti Classico Riserva. En la misma región, un vino de reputación relativamente reciente (s. xx), el Brunello di Montalcino, está considerado como uno de los mejores vinos tintos del mundo. Exclusivamente elaborado con uva Sangiovese, el Brunello necesita años para armonizarse y puede guardarse durante décadas. Un tercer caldo de gran calidad y reputación de la Toscana, elaborado con la Sangiovese, es el Vino Nobile di Montepulciano. También en Toscana, pero elaborado con variedades de uva francesas (Cabernet Sauvignon, Merlot), se produce uno de los considerados mejores vinos del mundo, un vino de pago que cuenta con su propia denominación de origen, el Sassicaia.

En la región del Piamonte la variedad de uva Nebbiolo da origen a otros dos grandes vinos italianos: el Barolo y el Barbaresco. Los dos son vinos tintos robustos, muy secos, con altos niveles de taninos, acidez y alcohol, que necesitan una larga crianza y evolucionan en botella lentamente alcanzando armonías sorprendentes.

Otro gran vino de guarda italiano, el Taurasi, elaborado con la variedad de uva Aglianico, procede de la región de Campania.

Resulta útil saber que los grandes vinos italianos cuentan con una denominación de origen controlada y garantizada

(DOCG) que establece las condiciones exigidas para su elaboración: variedad permitida de la uva, origen, volumen de producción de la viña, etc., y controla su cumplimiento.

Portugal también cuenta con excelentes vinos tintos y blancos, pero su aportación enológica al mundo de las *delicatessen* la constituye el vino de Oporto y el vino de Madeira. Dos vinos de la familia de los vinos fortificados, es decir: con adición de alcohol después de la fermentación.

El vino de Oporto —aunque mejor hablar de los vinos de Oporto— es siempre dulce y generalmente tinto pero existe en diferentes estilos dependiendo de la calidad del vino base, que puede proceder de un gran número de variedades autóctonas de la región portuguesa del Duero, de la duración de la maduración en barricas, o de la elaboración exclusiva con la cosecha de uva de una añada. En Portugal, e internacionalmente, el vino se conoce con el nombre de «porto».

El porto Ruby es el oporto más corriente. Se trata de un vino con poca maduración en grandes depósitos de madera, cemento o acero inoxidable, antes de ser embotellado sin que evolucione posteriormente. Los Rubys son vinos de color rojo vivo y afrutados. Si lleva la mención Reserva, es un vino envejecido durante al menos siete años antes de su embotellamiento. Tampoco evoluciona a partir de ese momento. Cuando lleva la mención LBV (*Late Bottled Vintage*) se trata de un vino de añada, sin ser esta excepcional, envejecido de cuatro a seis años y con una ligera evolución en botella poco significativa. La mención *Vintage*, es la más alta calificación que puede darse a un vino de Oporto. Se trata de vinos de una cosecha calificada de excelente que se mantienen dos años en los depósitos antes de embotellarse, deben madurar en la botella un mínimo de cuatro a cinco años y pueden guardarse durante decenios experimentando con el paso del tiempo transformaciones enormemente valiosas en cuanto a su complejidad organoléptica.

El porto Tawny, reconocible por su color apagado con respecto al Ruby, es un oporto que, después de su reposo durante dos años en los grandes depósitos, es envejecido en barricas de madera durante años, donde va perdiendo intensidad de color y adquiriendo los matices que le proporciona la oxidación, la evaporación y el largo contacto con la madera. Puede llevar la indicación de Reserva, o la de años de vejez (10, 20, 30 y 40 años), o la mención Colheita que significa que es un vino Tawny de añada excepcional.

Existe un porto blanco que se bebe en aperitivo pero que no goza de gran prestigio.

El año 1994 figura como el mejor año en la historia del vino de Oporto. Vinos Vintage o Colheita de dicho año son, pues, excepcionales.

El vino de Madeira, producido en la isla atlántica del mismo nombre, es un vino singular que se elabora con uvas blancas autóctonas en cuatro estilos: seco (con uva Sercial), semiseco (con uva Verdelho), semidulce (con uva Bual) y dulce (con uva Malvasía). El vino es sometido a un largo proceso de calentamiento (*estufagem*), natural o inducido, y de oxidación, y se envejece en madera, durante más o menos tiempo, permitiendo al vino obtener unas especiales características organolépticas. En las botellas de madeira pueden aparecer las siguientes menciones: Reserva: se trata de un vino con el mínimo de envejecimiento permitido por la normativa que regula la denominación Madeira. Reserva Especial: vino con más de 10 años de envejecimiento. Extra Reserva: vino con un mínimo de 15 años de maduración. Colheita: vino de una sola añada con menos de 20 años de envejecimiento. Vintage o Frasqueira: madeira envejecido durante más de 20 años. El madeira ha sido desde siempre un vino apreciado en la cocina clásica para la elaboración de salsas y otras preparaciones. Es, sin duda, un vino de aperitivo y postre para *gourmets*.

Los alemanes son productores de vinos blancos abocados o dulces de las mismas variedades de uva que se cultivan en Alsacia: Riesling, Gewürztraminer y Sylvaner. En las tiendas de *delicatessen* y en las buenas enotecas siempre hay un espacio para los mejores vinos alemanes. **El vino alemán** es apreciado por su frutosidad y su azúcar. En sus botellas, el vino alemán de calidad destaca la variedad de uva y su calidad (*prädikat*) originaria basada en el grado de madurez de la vendimia sin que ello signifique que el vino sea más o menos dulce. Estas son, de menor a mayor, las denominaciones en las etiquetas de los vinos de calidad: Kabinett, Spätlese (vendimia tardía), Auslese (vendimia selecta), Beerenauslese (vendimia selecta grano a grano),

Trockenbeerenauslese (vendimia selecta de granos pasificados), Eiswein (vino de hielo). En las calidades Beerenauslese y Trockenbeerenauslese, la uva suele estar atacada por el hongo *Botritis cyrenea* que provoca su pasificación y la concentración de los jugos de la uva; son las calidades más caras. El Eiswein se elabora con la uva congelada en la propia vid.

En otros países de la vieja Europa como en otros continentes se producen vinos de gran calidad que alcanzan niveles excepcionales circunstancialmente. No obstante, el origen mediterráneo del vino sigue siendo un elemento esencial en la consideración de los vinos europeos como los mejores vinos del mundo, en especial los destacados más arriba.

En la obtención de cada tipo básico de vino, el proceso de vinificación difiere en aspectos que van más allá de la simple manipulación para obtener un determinado color. La fermentación alcohólica, es decir: el proceso de transformación de los azúcares del mosto en alcohol es común a todos los tipos de vino, pero una segunda fermentación, la maloláctica, que reduce la acidez del vino, se reserva generalmente para lo vinos tintos, aunque hay excepciones. En la obtención del vino espumoso, que siempre es blanco o rosado aunque proceda de uvas negras, como el champán, una segunda fermentación se provoca en el propio envase una vez embotellado el vino. También hay diferencias en cuanto al recipiente donde se produce la fermentación alcohólica, que puede ser desde tinajas de barro, a depósitos de acero inoxidable o barricas de madera. Asimismo hay controles, o ausencia de ellos, en las temperaturas de la fermentación. Posteriormente, la crianza o maduración del vino conlleva procesos diversos.

Los vinos de calidad, una vez elaborados en su versión básica, se someten a procesos de maduración en barricas de madera durante más o menos tiempo para pasar posteriormente a su embotellado donde seguirán transformándose. El envejecimiento del vino en madera tiene como objetivo permitir una lenta oxidación del vino que ayuda al desarrollo de su complejidad. Por otra parte, la madera, en especial el roble, cede al vino ciertas substancias, especialmente taninos (diferentes de los de la propia uva), y aromas entre los que destaca el de vainilla. Una vez embotellado, el vino sigue madurando, transformándose su color para hacerse menos intenso, desarrollando la máxima complejidad olfativa y equilibrándose en cuanto a su paladar, hasta iniciar su decadencia. La maduración de un vino depende mucho de su capacidad para envejecer de acuerdo con la calidad de la cosecha, las características del varietal y la manipulación en bodega. Los conocidos vinos de guarda no expresan su potencial organoléptico hasta después de varios años de maduración. Esta se produce más lentamente en botellas de mayor tamaño. A este respecto, los aficionados conocen bien los nombres de las botellas de capacidad excepcional superior a las estándar de 75 cl:

Magnum: 1,5 l; Jeroboam: 3 l; Rehoboram: 4,5 l; Matusalén, también llamada Imperial: 6 l; Salmanazar: 9 l; Baltasar: 12 l; Nabucodonosor: 15 l; y Melchor o Salomón: 18 l. Algunos productores de champán van más lejos y embotellan en Soberanos: 26,25 l; Primat: 27 l; y Melquisedec: 30 l. En el podio de la Fórmula 1 las botellas de champán que rociaban a los ganadores suelen ser jeroboams de 3 litros. Las utilizadas para el bautismo de buques suelen ser las más grandes.

Antiguo anuncio de Cinzano de 1920, con ilustración de Leonetto Cappiello.

LA HORA
DEL VERMÚ

En los años posteriores a la Segunda Guerra Mundial, Italia contribuyó a crear la imagen de la *dolce vita* asociada a productos como el vermú italiano, ya adoptado anteriormente en los Estados Unidos a través de famosos y cinematográficos cócteles como el Dry Martini (vermú blanco y ginebra) y el Manhattan (vermú rojo y *bourbon*). El **vermú** es una bebida aperitiva a base de vino blanco fortificado, es decir: con adición de alcohol etílico, y aromatizado con plantas y especias. También puede elaborarse con mistela (mosto no fermentado y fortificado) aromatizada asimismo con hierbas y especias. Es una bebida compartida desde el siglo XIX por países de la ribera mediterránea, Italia, Francia y España que popularizaron este aperitivo. En España «la hora del vermú» ha sido sinónimo de «la hora del aperitivo».

El vermú puede ser rojo o blanco y, este último, dulce o seco. El vermú rojo debe su coloración a la adición de colorante caramelo al vino blanco de base, o también, aunque menos habitual, a su elaboración con mistelas de uva tinta. En Italia se elaboran comúnmente las dos clases de vermú, mientras que en España el vermú tradicional es el rojo, y en Francia el blanco.

El proceso de elaboración del vermú consiste en la maceración en vino blanco de una serie de plantas y especias en número y proporción variable según los fabricantes. El ajenjo, cuyo vocablo en alemán *wermut* está en el origen del nombre de la bebida, es posiblemente una de las plantas que no puede faltar en la elaboración de vermús, y es uno de los elementos que con su amargor confieren a este un carácter tónico y estimulante del apetito, junto con la quina. La angélica es otra planta amarga, aromática y digestiva utilizada en la elaboración del vermú. Pero la lista de plantas y especias, mediterráneas, americanas y orientales, es muy extensa. Tras la maceración, los buenos vermús suelen madurarse en barricas de madera al menos un año.

Dos marcas italianas, Martini & Rossi y Cinzano, universalizaron el vermú como bebida elegante indispensable en la preparación de cócteles. La segunda mitad del siglo XX ha visto decaer la popularidad del vermú pero, precisamente por eso, marcas icónicas de una época, resultan raras y constituyen el objetivo de los amantes de lo exclusivo. En Italia, el vermú Carpano Punt e Mes es un clásico y el preferido por los entendidos. Es más amargo que el vermú rojo tradicional y debe su nombre a su equilibrio entre un punto (*punt*) dulce y medio (*mes*) amargo. Se consume puro muy frío, rebajado con soda, con hielo y una rodaja de naranja, o como base de numerosos cócteles.

En Francia subsisten vermús que conocieron momentos de gloria entre el mundo elegante de entreguerras. En 1932 la casa Dolin, considerada como la inventora del vermú blanco, consiguió la denominación exclusiva de origen para el vermú de Chambéry, la capital de la Saboya, y sus elaboraciones aún son altamente apreciadas. El Noilly-Prat fue el pionero de los vermús blancos secos. Se dice que la reina Isabel II de Inglaterra es una gran aficionada al Dubonnet, otro vermú francés en el que destaca la alta proporción de quinina, ya que su fórmula fue inventada para proporcionar a los legionarios franceses un remedio contra el paludismo. Lillet, originario de Burdeos con cuyos vinos elabora su vermú, es otra marca tradicional francesa que recientemente ha variado sus fórmulas para obtener un vermú menos dulce y menos amargo. Otro vermú francés derivado de la fabricación de bebidas quinadas es el Saint-Raphaël, elaborado con mistelas blancas y tintas. Finalmente, entre los vermús clásicos franceses supervivientes habría que citar el Byrrh, de extraño nombre, que, no obstante, gozó de gran predicamento en Francia en la primera mitad del siglo XX.

En España, ha existido desde el siglo xix una gran tradición de vinos quinados a los que se atribuían propiedades medicinales, tónicas y estimulantes del apetito, principalmente elaborados en Jerez con sus vinos dulces pasificados, pero la elaboración de vermú en España se inició en la provincia de Tarragona con el establecimiento en 1884 de la empresa Yzaguirre en El Morell, población cercana a Reus, localidad que promociona su estilo de vermú. Poco tiempo después, el bodeguero Antonio Guerra, fundador de Vinos Guerra en 1879 en Cacabelos (León), inicia la elaboración de un vermú, elaborado con vino de las variedades Mencía y Godello, autóctonas del Bierzo, junto con más de 40 extractos de hierbas, raíces, flores, especias y frutas. La fórmula original del vermú Guerra ha sido recuperada y este ha vuelto a ser comercializado. Actualmente son varias las bodegas y destilerías en Jerez (Saenz, Williams & Humbert), Montilla (Alvear), Rioja (Martínez Lacuesta), y Valencia (Vidal) que tienen vermús en el mercado, donde esta bebida gana nuevos adeptos.

EL BÁLSAMO
DE MÓDENA

En las últimas décadas del siglo XX la comunidad gastronómica internacional descubrió el **vinagre balsámico**. Los cocineros empezaron a hacer un uso intensivo de este producto en la confección de vinagretas y otras salsas y aprestos en sus restaurantes y, muy pronto, el vinagre balsámico se instaló en los estantes de los supermercados y se convirtió en un falso producto *gourmet*. Falso porque el vinagre balsámico popularizado actualmente es un producto de elaboración industrial que dista mucho del tradicional vinagre balsámico de Módena, que desde el siglo XVIII se sirve en las mesas más refinadas de Italia, primero, y del resto del mundo después. Sin duda alguna, el vinagre balsámico tradicional de Módena es una *delicatessen*, por su calidad y su rareza y solo comparte esta cualidad con algún que otro vinagre salido de la acidificación acética de vinos singulares como el jerez o el oporto. Otros vinagres, sin embargo, también tienen cierto valor gastronómico.

Como su propio nombre sugiere, el vinagre (vino agrio) nació como producto consumible por la fermentación del alcohol contenido en el vino por la acción de una bacteria, la *Mycoderma aceti*, que al acidificar el vino lo agriaba haciéndolo no apto para el consumo. Sin embargo, pronto se descubrió que el vinagre constituía en sí mismo un apreciado condimento y un producto versátil en la preparación y conservación de alimentos y que su envejecimiento en barricas de madera le confería propiedades organolépticas apreciables.

Los italianos, al igual que germánicos y eslavos, usan palabras de raíz latina (*acetum*) sin relación con el vino para designar el vinagre y, precisamente, el vinagre balsámico nacido en Italia no procede del vino sino del mosto concentrado de la uva que se acidifica muy lentamente a lo largo de muchos años. Este vinagre se elabora con el jugo de uvas blancas de la variedad Trebbiano, concentrado mediante cocción. Después de la fermentación alcohólica y de la acidificación se madura y envejece durante al menos 12 años en barricas ordenadas en baterías. Las baterías están compuestas de un número impar (no se sabe por qué) de barriles (entre cinco y nueve) de tamaño menguante y fabricados con maderas diferentes (roble, morera, castaño, cerezo, enebro, acacia y fresno) que, de forma similar al método jerezano de criaderas y soleras, van anualmente trasvasando en cadena el vinagre desde la primera barrica a la última que es la que proporciona el producto final. Aunque en el primer barril de la batería se introducen 35 o 40 litros de vinagre fresco, la producción anual de cada batería es de solo 1 o 2 litros de vinagre balsámico (10 % o 15 % del contenido del último barril). Finalmente, el vinagre se embotella obligatoriamente en pequeños frascos característicos (abombados) de 100 ml. El vinagre así elaborado accede a la categoría *aceto balsámico tradizionale* de Módena con denominación de origen. Si ha sido envejecido durante más de 25 años, adquiere la condición de *Extra Vecchio* (extra viejo). Cuando un vinagre balsámico no tiene esta denominación y, por tanto la mención de «tradicional», es un vinagre que, aunque se elabore con mosto concentrado, se procesa industrialmente con adición de vinagre de vino y sin respetar los tiempos de maduración y envejecimiento propios del auténtico vinagre tradicional.

El vinagre balsámico tradicional es de color oscuro profundo, brillante, denso, ligeramente untuoso. Su aroma es característico, complejo, penetrante, de una evidente acidez agradable y armónica. Su sabor es agridulce con matices sápidos adquiridos en su paso por diferentes maderas. Puede saborearse solo, añadirse a lascas de parmesano, usar como condimento de un guiso, utilizarlo para una vinagreta o, incluso, para acompañar unas fresas o una copa de helado.

El vinagre de vino es el más extendido en la cocina occidental. En general, es un producto de elaboración industrial que no puede considerarse como un producto exquisito, aunque contribuye a elaborar alguna exquisitez en la cocina (marinados y escabeches). Sin embargo, elaborado con vinos singulares y envejecido convenientemente, existen vinagres vínicos de excelente calidad gastronómica como el **vinagre de Jerez**, amparado por una denominación de origen. El vinagre de Jerez se envejece por el mismo sistema de criaderas y soleras propio de los vinos de esta denominación. El vinagre ordinario se envejece un mínimo de seis meses y el «Reserva» un mínimo de dos años, aunque los bodegueros suelen envejecer vinagre durante mucho más tiempo (hasta 20 años o más). El vinagre de Jerez es de color caoba, punzante pero armónico, tiene una gran potencia aromática y goza de gran predicamento entre los más afamados cocineros.

El vinagre de vino ordinario suele aromatizarse con hierbas tales como el romero, el estragón, el orégano y otras similares.

La cerveza es asimismo una fuente para la obtención de vinagre, especialmente en países como Alemania, Austria, Holanda y el Reino Unido. Su sabor depende obviamente del tipo de cerveza que se haya utilizado aunque, en general, recuerda al cereal malteado.

También se elabora en países europeos, aunque de forma limitada, vinagre de miel.

Cualquier fruta cuyo jugo pueda someterse a un proceso de fermentación alcohólica es susceptible de ser la base para la elaboración de vinagre, comunicando a este parte de las características organolépticas de la fruta. El **vinagre de manzana** o de sidra es ampliamente consumido y resulta básico para aliñar determinadas ensaladas a las que se quiera dar un toque adicional de frescura o en las que uno de los ingredientes sea la manzana. Otros vinagres de frutas lamentablemente son simples vinagres de vino, o vinagres blancos (de alcohol), aromatizados mediante la maceración de frutas. La obtención del vinagre a partir de jugos fermentados es lenta pero, si se respeta, se obtienen vinagres finos aromáticos. En Francia se aprecia mucho el vinagre de frambuesa, por ejemplo.

La culinaria oriental, alejada de la cultura enológica occidental, utiliza otro tipo de vinagres: el de coco, por ejemplo, en el Sudeste asiático y en Filipinas. Su aspecto es lechoso y tiene un sabor ácido muy punzante con un deje de levadura. En China y Japón se utilizan vinagres de arroz que pueden ser claros (los preferidos en Japón), rojos, teñidos con levaduras rojas de arroz, y negros, a base de arroz glutinoso negro. En China se elabora un apreciado vinagre de alta acidez, el **vinagre envejecido de Shanxi**, elaborado artesanalmente con sorgo y otros cereales y envejecido durante no menos de cinco años.

Antiguo anuncio del coñac Courvoisier de los años cuarenta.

UNA COPA
DE LICOR

En los grandes restaurantes siempre hay un carrito con la colección de aguardientes y licores que se ofrecen para culminar un ágape gastronómico y alargar epicúreamente la sobremesa. En Francia, coñacs y armañacs destacan sobre otros aguardientes como el *calvados* o la pera Williams y licores tradicionales como el Chartreuse o el Bénédictine. En Alemania se prefieren los aguardientes blancos de frutas y los licores de hierbas. En los hogares de los *gourmets* se atesoran güisquis, *brandys*, aguardientes raros y licores singulares para alimentar el placer de la gula bien entendida saboreando estas bebidas alcohólicas que son, en su máxima expresión de calidad, parte del universo gastronómico más refinado.

En gastronomía los alcoholes o bebidas espirituosas —del latín *spiritus*. En inglés *spirit* significa alcohol— son bebidas a base de alcohol destilado que salen al mercado con una graduación de 15° o superior, sobrepasando raramente los 60°. Tradicionalmente, en todas las sociedades rurales se han elaborado bebidas alcohólicas de las que algunas de ellas han sido adoptadas por la sociedad urbana y, a través de la mejora de los procesos de elaboración, se han convertido en iconos del buen gusto gastronómico. Las bebidas espirituosas suelen dividirse en aguardientes, que son destilados puros de frutas y otros vegetales, y alcoholes aromatizados, bebidas elaboradas con alcohol etílico neutro (etanol) al que se añaden aromas por redestilación, maceración u otros procedimientos; estos últimos se convierten en licores cuando se les añade azúcar. Los aguardientes pueden ser envejecidos en barricas de madera lo que les proporciona complejidad aromática y finura.

Del alcohol obtenido por destilación del vino —que se conoce con el nombre de «holandas», ya que en tiempos era producto destinado preferentemente a la exportación hacia los Países Bajos para la elaboración de ginebras y otros alcoholes aromatizados— surgen algunas bebidas espirituosas de las más conocidas, las de la familia del *brandy*, siendo la más famosa la de la región francesa de Cognac, aunque al parecer es el *brandy* de su vecina región de Armagnac la más antigua. Ambas regiones cuentan con la protección de denominación de origen para sus destilados del vino que son comercializados con diversos grados de envejecimiento en barricas de roble. En España el *brandy* de Jerez pertenece a la misma familia de aguardientes de vino envejecidos, siendo elaborado con procedimientos singulares propios. En Perú y Chile se elabora el pisco, aguardiente de vino que normalmente no suele envejecerse.

Del bagazo de la uva se extrae por destilación un aguardiente cuyo exponente más conocido es la *grappa* italiana. En Francia este tipo de aguardiente se conoce con el nombre de *marc* y en España como orujo.

De la caña de azúcar o de las melazas residuales de la extracción del azúcar se destila el aguardiente que conocemos con el nombre de ron y que se comercializa con distintos grados de envejecimiento.

De los cereales se obtienen alcoholes como el güisqui, el *bourbon* o el vodka. Este último puede asimismo ser elaborado a partir de la destilación de la patata fermentada.

Ciertas frutas, como la manzana, la pera o las cerezas se utilizan para la destilación de aguardientes con características organolépticas muy apreciadas. En Francia es tradicional y muy popular el aguardiente de sidra denominado *calvados*.

De la planta de agave se obtiene, a través de la destilación de su jugo fermentado, el mezcal y el tequila que suele ser sometido a envejecimiento en madera.

La destilación para la obtención de aguardientes se realiza actualmente por dos métodos diferentes: la destilación continua a través de columnas de vapor; y la destilación discontinua que es la tradicionalmente llevada a cabo con alambiques o alquitaras. El primer método permite obtener alcoholes de alta graduación de forma continua, ya que la tecnología de «platos» a lo largo de la columna facilita la evaporación del alcohol con menos agua e impurezas. La destilación en alambiques y alquitaras requiere repeticiones del proceso de destilación para conseguir mayor pureza y finura del alcohol obtenido. Los partidarios del método tradicional ponen de manifiesto el mejor sabor y aroma de los alcoholes así obtenidos. El material tradicionalmente utilizado para los aparatos de destilación es el cobre, que no proporciona sabor al alcohol, es buen conductor del calor y resiste a los ácidos.

El *brandy*, el ron, el güisqui y el tequila suelen madurarse o añejarse en barricas de madera. El envejecimiento permite suavizar el grado alcohólico por evaporación lenta, transmite cualidades organolépticas de la madera al aguardiente y proporciona color a la bebida alcohólica. Estos efectos de la madera en el alcohol se pueden obtener mediante procedimientos más rápidos y eficaces como el añadido de ciertas substancias: agua para rebajar el grado alcohólico, copos de madera para aumentar la maderización del líquido y colorante para acentuar su color.

La madera utilizada en las barricas para el envejecimiento de *brandys* y otros aguardientes es el roble. Este puede ser de procedencia europea o americana. La porosidad de la madera es el elemento diferenciador: el roble europeo es más permeable que el americano, pero el sabor a vainilla que transmite es más estimado. Muchos aguardientes se envejecen en barricas que han contenido vino anteriormente y que, por tanto, pueden aportar determinados sabores muy apreciados. Esto sucede con las barricas que han contenido vino de Jerez y que se usan en el envejecimiento de *brandy* y güisqui.

Los aguardientes blancos, es decir sin envejecimiento, se consumen puros por sus características organolépticas derivadas de la fruta de la que proceden, o por tradición como sucede con el vodka que resulta ser un alcohol muy neutro. Las holandas y otros alcoholes neutros se utilizan para la fabricación de aguardientes aromatizados y licores. La aromatización puede obtenerse por maceración de frutos, hierbas y otras substancias, o por destilación en presencia de un elemento aromático, como la ginebra. La adición de azúcar a los aguardientes aromatizados convierte a estos en licores.

Los franceses han sido tradicionalmente maestros en el arte de establecer referencias gastronómicas y elevar sus productos de notable calidad a las cimas de las *delicatessen*, arrastrando a veces a niveles inmerecidos productos similares de inferior calidad y denostando otros de alta calidad pero de procedencia no francesa. El *brandy* —palabra inglesa derivada de la holandesa *branjiwin*, vino quemado— ha sido relegado por Francia a la categoría de aguardiente de segunda fila, estableciendo la superioridad del coñac y del armañac como si estos aguardientes añejados no formasen parte de la familia de los *brandys*. El coñac sobre todo ha sido sabiamente explotado incorporando a su indudable calidad —los que la tienen— el valor añadido de un especial envasado y un exitoso marketing.

Cognac es una población en el centro de una región, al norte de Burdeos, delimitada como productora exclusiva del *brandy* que puede comercializarse bajo el apelativo de coñac. De siempre, los vinos producidos en esta región no alcanzan la calidad para ser consumidos como vinos de guarda por su escaso contenido alcohólico. Así que, tradicionalmente, estos vinos se han destinado a la fabricación de holandas para su posterior envejecimiento. Las variedades de uva utilizadas para la elaboración del coñac son la Colombard, la Folle blanche y sobre todo la Ugni blanc. El vino, con sus lías —residuos sólidos que se precipitan en el vino una vez acabada la fermentación—, se somete a una doble destilación en alambiques tradicionales para obtener un alcohol de entre 68° y 72°. Este aguardiente se almacena en barricas de roble procedente de los bosques del centro de Francia (Allier y Limusin) al menos durante dos años. El coñac sale al mercado con una graduación de un mínimo de 40°, que solo se alcanzaría por el simple transcurso del tiempo a los 50 años de envejecimiento. Por ello, el aguardiente se diluye en agua oportunamente. Un coñac es siempre el resultado de una mezcla de aguardientes con distintos periodos de envejecimiento. La edad de un coñac se establece en la del aguardiente más joven que entra en su composición. Así un coñac de diez años significa que se ha utilizado para su elaboración aguardiente envejecido durante ese periodo aunque contendrá sin duda aguardientes de más edad. La mezcla la decide el maestro bodeguero, según su propio criterio, con el objetivo de mantener las características organolépticas de la marca con la que sale al mercado.

Los aguardientes de Cognac están clasificados según su calidad de acuerdo con su procedencia geográfica. En razón del tipo de suelo, climatología y otros parámetros, los aguardientes responden a diferentes características. La clasificación oficial es la siguiente:

Grande Champagne. Son los aguardientes más finos.

Petite Champagne. Aguardientes de gran finura.

Borderies, Fins Bois, Bons Bois, Bois ordinaires. Aguardientes de menor calidad que los dos primeros.

Un coñac elaborado con al menos un 50 % de aguardiente *Grande Champagne* llevará la mención *Fine Champagne*.

Esta tipología nada tiene que ver con la región de Champagne o su vino espumoso. En el caso del coñac, *champagne* es el vocablo francés que significa simplemente «campo».

Las etiquetas del coñac no indican la edad del aguardiente pero utilizan un código, curiosamente basado en abreviaturas de palabras inglesas, para reflejar su grado mínimo de envejecimiento:

V.S. (*Very Special*), o 3 estrellas, indica un mínimo de 2 años del aguardiente más joven utilizado en la mezcla.

V.S.O.P. (*Very Superior Old Pale*), Réserve o V.O. (Very Old) indican un mínimo de 4 años del aguardiente más joven.

X.O. (*Extra Old*), Extra o Napoleon sitúa la cota de vejez del aguardiente más joven en 6 años.

Las distintas marcas utilizan otras indicaciones como la que hemos referido anteriormente como *Fine Champagne*.

Para una mejor comprensión de la utilización de indicadores y la verdadera composición de las diferentes presentaciones de una marca, veamos la gama, de menor a mayor calidad, comercializada por una de las grandes bodegas de coñac: Courvoisier:

Courvoisier VS (entre 4 y 7 años, mezcla de *Fins Bois* y *Petites Champagnes*)

Courvoisier VSOP Fine Champagne (entre 6 y 10 años, mezcla de *Grandes Champagnes* y *Petites Champagnes*)

Courvoisier VSOP Exclusif (entre 6 y 12 años, mezcla de *Grandes Champagnes, Petites Champagnes, Borderies* y *Fins Bois*)

Courvoisier Napoleon Fine Champagne (entre 15 y 25 años, mezcla de *Grande Champagne* y *Petite Champagne*)

Courvoisier XO Imperial (entre 20 y 35 años, mezcla de *Grandes Champagnes, Petites Champagnes* y *Borderies*)

Courvoisier Initiale Extra (más de 55 años, mezcla de *Grandes Champagnes* y *vieilles Borderies*)

Courvoisier Succession JS (alrededor de 100 años de edad, mezcla de *Grandes Champagnes*)

L'Esprit de Courvoisier (mezcla de *Grandes Champagnes* envejecidos entre 80 y 200 años, embotellado en frascos de cristal Lalique)

El bebedor de coñac aprecia en la bebida su color, su aroma y su sabor por lo que la copa para degustar un coñac debe facilitar el disfrute de estas tres características. La imagen de una copa de coñac está asociada a las de tipo balón, aunque en Francia también se utiliza la copa en forma de tulipán. Ambas concentran adecuadamente los aromas del coñac. Los coñacs jóvenes en Estados Unidos se consumen *on the rocks* o como ingrediente en diversos cócteles.

En la región de Cognac, la mayoría de viticultores destilan y envejecen sus propios aguardientes que pueden vender directamente al público o a las grandes bodegas que dominan el mercado y son propietarias de las marcas más conocidas: Hennessy, Rémy Martin, Martell, Courvoisier, Camus y Otard.

Más al sur de la región de Cognac, entre los ríos Garona y Adour, se encuentra otra zona productora de *brandy* con derecho a nombre propio: Armagnac. Las similitudes con el coñac son grandes, incluso en la variedad de uva más utilizada —Ugni blanc—. Sin embargo la destilación del vino se realiza por el método continuo de columna de vapor y no en alambique. El armañac embotellado es también el resultado de una mezcla de aguardientes con distintos grados de envejecimiento. Las indicaciones en la etiqueta son similares a las del coñac con algunas diferencias: «V.S.» y «V.S.O.P.» tienen el mismo significado que en el coñac; «Napoleon» indica un mínimo de 6 años del aguardiente más joven de la mezcla; «X.O.» también se denomina «hors d'age» (fuera de edad) y el envejecimiento mínimo de su componente más joven es de 10 años; finalmente la indicación «X.O. Premium» indica un añejamiento de más de 20 años. Con respecto a su procedencia geográfica dentro del área de producción, el armañac se clasifica en tres tipos «Bas Armagnac», «Haut Armagnac» y «Armagnac-Ténarèze», siendo el primero el más apreciado. El armañac también se comercializa sin envejecimiento denominándose entonces «Blanche Armagnac». La fabricación del armañac está más atomizada que la del coñac, no existiendo grandes bodegas que comercialicen el producto bajo marcas conocidas y su producción es inferior en volumen total a la de coñac. En gastronomía el armañac está asociado a otro producto típico de la región: la ciruela pasa de Agen, que suele macerarse en este aguardiente.

El éxito comercial del coñac en los siglos XVIII y XIX animó a los bodegueros de Jerez a intentar la aventura de la elaboración de un *brandy* de similares características. La destilación del vino para obtener aguardiente se practicaba desde antiguo pero la elaboración de un *brandy* envejecido es relativamente reciente. Precisamente en el método de añejamiento radica la diferencia del *brandy* de Jerez con respecto a otros *brandys*: en Jerez, el aguardiente se añeja en toneles (botas) de roble americano, que han contenido antes vino de Jerez, durante un determinado periodo de tiempo. Se trata de un envejecimiento estático. Posteriormente se procede a un añejamiento dinámico siguiendo el método de soleras y criaderas que consiste en sacar una cuarta parte del contenido de la barrica inferior para su comercialización y rellenarla con parte del contenido del tonel intermedio que, a su vez, se rellena con aguardiente de la bota superior que recibe a cambio aguardiente nuevo. El producto final destinado a embotellarse es siempre el resultado de mezclas de *brandy* de distintas soleras.

Las holandas empleadas para la elaboración del *brandy* de Jerez proceden mayoritariamente de la destilación de vinos manchegos procedentes de la variedad de uva Airén propia de esa región castellana. La destilación se realiza indistintamente en alambiques tradicionales o en modernas columnas de destilación. Jerez, Puerto de Santa María y Sanlúcar de Barrameda son las localidades donde se centra la actividad bodeguera.

En España se elaboran otros *brandys* en regiones tales como Cataluña o Murcia.

Otra familia de aguardientes envejecidos de notable aprecio entre los *gourmets* es la del güisqui. El alcohol básico de estos aguardientes es el que procede de la destilación de cereales, cebada, centeno y maíz principalmente, o de sus maltas. Precisamente la clasificación básica de los güisquis divide a estos entre güisquis de malta y güisquis de grano. El alcohol obtenido es envejecido en barricas de roble que, en algunos casos, han contenido previamente vino de Jerez, Oporto o Madeira, Sauternes, ron o coñac. Es el aguardiente anglosajón por excelencia, destacando el elaborado en Escocia —*scotch* (escocés) es un término utilizado para designar el güisqui de esta procedencia— aunque se fabrica también en Irlanda y otros países europeos. El güisqui elaborado en los Estados Unidos tiene como base el etanol obtenido de la destilación del maíz, siendo el más conocido el denominado *bourbon*.

Los güisquis, ya sean de malta o de grano, salen al mercado bajo distintas apelaciones dependiendo de su calidad y composición:

Single malt whisky: Se aplica generalmente al güisqui escocés. Según la normativa británica, este güisqui debe estar elaborado con alcohol de cebada malteada destilado en alambique y envejecido un mínimo de tres años en barricas de roble de no más de 700 litros de capacidad. El *single malt* embotellado suele ser una mezcla de distintas añadas y barricas de una misma destilería que es, en general, la que da nombre al güisqui. En los Estados Unidos también se elaboran güisquis *single malt* que pueden ser de centeno malteado.

Blended malt whisky: Recibe este nombre el güisqui elaborado a base de una mezcla de distintos *single malts* procedentes de diferentes destilerías. En las botellas puede aparecer la mención *malt* o *pure malt*.

Blended whisky: Es el típico güisqui de marca elaborado a partir de mezclas de güisquis de malta y de grano de distintas destilerías. La mezcla trata de mantener las características organolépticas distintivas de la marca.

Cask strength: Es un raro güisqui sin rebajar con agua y que por tanto mantiene una muy alta graduación. Solo los mejores güisquis se embotellan con esta denominación.

Single cask: Es la etiqueta que se concede a güisquis embotellados procedentes de una determinada barrica que se identifica con un número. Obviamente, aunque se comercialicen bajo una misma marca pueden ser muy diferentes. Las botellas suelen estar numeradas.

Escocia es, sin duda alguna el territorio de los más apreciados güisquis y, en especial, los elaborados con maltas. El malteado de los cereales consiste en favorecer la germinación de los granos mediante humedad y calor y detener dicha germinación desecando el grano con aire caliente. Con este proceso se facilita la conversión del almidón contenido en el cereal en azúcar y éste en alcohol durante el proceso de fermentación. En la fase de secado se utiliza la turba para proporcionar un especial aroma de ahumado que caracteriza a la mayoría de los güisquis de malta escoceses.

A finales del siglo XIX, Japón comenzó a elaborar güisqui siguiendo el patrón escocés. Inicialmente, la producción nipona se destinaba al mercado interno pero, a partir de 1924, el güisqui japonés entró en el mercado mundial, habiendo sido reconocidas algunas de sus marcas (Suntory y Nikka) como güisquis (*single malt* y *blended*) de altísima calidad que han superado en cata a ciegas a los mejores güisquis escoceses.

Los güisquis de mayor calidad suelen indicar los años de envejecimiento. Siendo la mayoría de los güisquis una mezcla de distintas añadas, la cifra que aparece en la botella corresponde al alcohol más joven de dicha mezcla.

En las tiendas de *delicatessen* pueden contemplarse amplias colecciones de güisquis añejos presentados en lujosas botellas y sorprendentes estuches.

Españoles y portugueses llevaron a América la caña de azúcar. En el nuevo continente su cultivo se desarrolló enormemente en las regiones tropicales y subtropicales y, aparte de la producción de azúcar, el jugo de la caña o las melazas resultantes del proceso de fabricación del azúcar se empezaron a utilizar para la obtención de alcohol después de su correspondiente fermentación. El alcohol así obtenido, denominado ron, se envejece en barricas de roble o cerezo durante periodos de tiempo variables.

El ron ha pasado de ser una bebida de esclavos, piratas, bucaneros y marinería, a ser un componente alcohólico de muchos combinados clásicos y modernos, aunque los mejores rones pueden competir con los mejores *brandys* y los mejores güisquis para ser saboreados solos.

El ron de los países caribeños de tradición hispana suele ser añejo y tender a un sabor suave, mientras que el ron de los países de tradición inglesa se presenta con un aspecto más oscuro y con recuerdos pronunciados, azucarados, a la melaza de la que procede. Posiblemente el mejor ron sea el producido en las Antillas francesas, elaborado con alcohol obtenido a partir del jugo de la caña de azúcar fermentado y no de sus melazas. A este ron, muy aromático, se lo denomina *rhum agricole*, mientras que al elaborado con alcohol de melaza se lo califica de ron industrial.

Teniendo en cuenta la variada procedencia del ron, la normativa sobre la destilación, graduación mínima, envejecimiento y etiquetado de las botellas no es homogénea. En general, el ron blanco es un aguardiente poco maderizado, más o menos fino, dependiendo del proceso aplicado en la destilación —pases de destilación en alambiques o destilación continua— y utilizado generalmente en combinados. El ron dorado suele ser un aguardiente añejo, envejecido en toneles de madera de roble o cerezo, aunque la práctica autorizada en algunos países de añadir colorante caramelo al ron puede inducir a error sobre su añejamiento. El ron de los países hispanos se añeja por el sistema de soleras y criaderas. El ron de países de tradición inglesa también envejece por el sistema español o, más raramente, de manera estática. El ron francés se envejece estáticamente. En general, el ron de calidad suele indicar en el etiquetado los años de envejecimiento. Es normal encontrar indicaciones de 3, 5, 7, 10, 15 o 20 años.

El ron es la base de múltiples combinados o cócteles universalmente conocidos: daiquiri, mojito, caipiriña, cubalibre... Es quizás el aguardiente más apreciado en repostería y supera al *brandy* en los platos de cocina flambeados.

Rusos y polacos se atribuyen la invención del vodka, un aguardiente compuesto por alcohol neutro y... agua; nada más. El etanol de base para la obtención del vodka procede de la destilación de granos de cereales o de la patata, filtrado y diluido hasta alcanzar la graduación necesaria para su comercialización, generalmente de 40° a 45°. El vodka no cuenta con sabor u olor distintos de los propios del alcohol y su valor como bebida radica en el choque que provoca su ingesta en un solo trago, ya que no se saborea como otros aguardientes, especialmente los envejecidos, donde se pueden encontrar variados matices organolépticos. La calidad del vodka estriba en la pureza del alcohol empleado y en la calidad del agua en la que se diluye. Es preferible el empleo de agua de manantial al agua destilada. Para dotar al vodka de un sabor suplementario este se redestila añadiéndole elementos saborizantes que van desde la pimienta al limón pasando por la «hierba del bisonte» —una gramínea que en Polonia se utiliza para fabricar el famoso vodka Zóbrówka— la canela o el café.

El vodka se puso de moda después de la Segunda Guerra Mundial con la comercialización del ruso Stolichnaya en los países occidentales. Paulatinamente el mercado ha ido completándose con otros vodkas rusos, polacos y otros fabricados en países nórdicos —por ejemplo el sueco Absolut vodka— con gran éxito comercial en el que no es ajeno el diseño de sus botellas.

El vodka es utilizado profusamente en combinación con jugos de fruta —naranja, por ejemplo— y en cócteles clásicos como el *Bloody Mary* —con jugo de tomate—, y es para muchos un compañero inseparable del caviar y de los pescados ahumados.

Si el alcohol obtenido de los cereales en grano es organolépticamente neutro, ello no sucede con las holandas, el güisqui de malta o el alcohol de caña de azúcar y mucho menos con los alcoholes destilados a partir de ciertas frutas. Existen aguardientes altamente apreciados por los *gourmets* elaborados por destilación de frutas fermentadas tales como la manzana —el *calvados*—, la pera —Poire Williams—, las cerezas —*kirsch*—, los albaricoques, el saúco, los mirabeles, las frambuesas y el acebo. Estos aguardientes conservan aromas y sabores procedentes de las frutas de origen. El *calvados* es originario de Normandía y suele envejecerse en madera. De Francia también proceden la pera Williams y otros aguardientes de frutas. El *kirsch* y otros destilados de frutos del bosque son típicos de la Europa central. Especial predicamento tiene el aguardiente austriaco destilado a partir de albaricoques conocido por el nombre de *marillenschnaps*. Menos el *calvados*, que se añeja en madera, los demás aguardientes de frutas son del tipo de los llamados blancos.

Los destilados de los orujos de la uva —*grappa* en Italia, *marc* en Francia y orujo en España— son también aguardientes blancos con aroma y sabor característico matizados por la variedad de uva de procedencia de los orujos.

En el universo de las bebidas espirituosas, el tequila mejicano ocupa su lugar junto a los destilados más clásicos que acabamos de mencionar. Es el aporte de México a la familia de los alcoholes gastronómicos. En realidad, el tequila es una variedad de mezcal, aguardiente obtenido de la destilación de la planta fermentada de agave o maguey, que recibe su nombre de la ciudad en la que se elabora. Se diferencia del mezcal en que este es de elaboración artesanal, extendida por varios estados de México, y procedente de distintas variedades de agave, mientras que el tequila se elabora industrialmente utilizando una sola variedad de agave, el *Agave tequilana*, en el municipio de Tequila en el estado de Jalisco (y otras zonas amparadas por la denominación de origen «Tequila»). El mezcal no se somete a envejecimiento en madera. Se dice que pierde muchos matices organolépticos. El tequila, sin embargo, sí suele añejarse en barricas de madera. Adquiere la calificación de «reposado» cuando permanece en contacto directo con la madera un mínimo de dos meses. Se convierte en «añejo« después de un año en barrica. Si permanece en ella un mínimo de tres años, se convierte en «extra añejo». Y la mayoría de fabricantes califican de «reserva» sus tequilas más añejos y de superior calidad.

Las holandas y otros alcoholes de origen agrícola se emplean para elaborar bebidas espirituosas con distintos sabores. Algunas de estas bebidas tienen arraigo en ciertos países, como es el caso de los anisados en España; otras, de larga tradición, como la ginebra, conocen una popularidad renovada. En general, el proceso de elaboración de estas bebidas suele ser el de una destilación de los alcoholes de base con el añadido de elementos aromáticos, cítricos, hierbas, bayas o especias.

La ginebra se aromatiza obligatoriamente con bayas de enebro, lo que le proporciona su sabor característico. Las diferencias entre unas y otras ginebras destiladas las proporcionan los aromatizantes que acompañan a la requerida nebrina. En los últimos tiempos, el mercado se ha visto inundado por multitud de nuevas marcas de ginebra con toques especiales que se alejan de los sabores consagrados por las marcas tradicionales más conocidas. El fenómeno es debido a la renovada moda del combinado de ginebra más famoso: el *gin & tonic*. En la década de los sesenta del siglo xx, el cóctel más famoso a base de ginebra, popularizado por las películas americanas, fue sin embargo el *Dry Martini*.

España y Francia son países que han apreciado los aguardientes anisados, algunos de los cuales forman parte de la imagen de marca del país (el *pastis* en Francia y el anís seco en España, con sus típicas botellas adiamantadas) por lo que, aunque son bebidas populares, en otros ámbitos pueden llegar a ser, como en el caso de tantos otros productos desplazados de su entorno habitual, apreciadas *delicatessen* por su exotismo. La cuenca mediterránea ofrece otros ejemplos de bebidas anisadas: la *sambuca* en Italia, el *ouzo* en Grecia, el *arak* en Oriente Medio, el *raki* en Turquía y la *mastika* en Bulgaria.

Los aguardientes aromatizados se convierten en licores con la adición de azúcar. Hay una extensa tradición de elaboración licorera heredera de la llevada a cabo en los monasterios y en zonas rurales con fines inicialmente medicinales. La mayoría de los licores contienen entre 15 % y 55 % de alcohol, y cuando la concentración de azúcar es elevada, alcanzando una notable densidad, se denominan cremas.

Entre los licores se distinguen los elaborados a base de bayas (crema de casis), de café (licores Kalúa y Tía María entre otros), de chocolate (crema de cacao), con mezcla de nata (Baileys), de flores (Rosolio), de frutas (Cointreau, *limoncello*), de miel (Drambuie), de frutos secos (Frangelico), de *brandy* (ponches) o de güisqui (Drambuie), y de hierbas.

Posiblemente, los licores gastronómicamente más interesantes sean los licores de hierbas que pueden alcanzar una gran complejidad si tenemos en cuenta el número de ingredientes que pueden entrar a formar parte de algunos de ellos. La palma se la llevaría el licor francés Chartreuse —cuyo nombre deriva del monasterio cartujo francés en el que nació— que confiesa ser el resultado de una sabia mezcla de hasta 130 extractos vegetales. Como su propio nombre indica, el licor italiano Centerba contiene extractos de cien hierbas diferentes y, rara excepción, su contenido alcohólico es del 70 %. El licor de hierbas alemán Killepitsch incluye en su fórmula 90 extractos de frutas, bayas y hierbas. El licor italiano Strega combina 70 ingredientes vegetales. Y el licor español Licor 43 debe su nombre al número de componentes que se utilizan en su elaboración.

Actualmente se elaboran licores en muchas partes del mundo y se consumen de diferentes maneras: directamente como digestivos después de las comidas, a modo de salsa sobre helados y *crêpes*, mezclados con café o incluso con chocolate —en las estaciones de esquí alpinas, chocolate caliente con *chartreuse* es una bebida muy apreciada—, en preparaciones de pastelería y como ingredientes de cócteles.

El té (1880), cuadro de la pintora estadounidense Mary Stevenson Cassatt.

LA LEYENDA
DEL TÉ

Un simple tratamiento aplicado a ciertas plantas, como es la infusión, es decir: la inmersión de hojas, frescas o desecadas, de raíces, de tallos, de flores o partes de estas, de semillas, etc. en agua a punto de ebullición, o hirviendo, durante un breve espacio de tiempo para permitir que parte de sus elementos se transmitan al agua y conviertan a esta en una bebida distinta, es un método ampliamente utilizado para aprovechar las características organolépticas de algunas plantas, o sus propiedades terapéuticas.

Resulta casi tautológico decir que la bebida más consumida en el mundo es el agua. Pero resulta sorprendente saber que la infusión de té viene a continuación. Efectivamente, a lo largo y ancho del mundo el consumo de té es una práctica corriente, siéndolo en la mayoría de los casos por razones de tonificación o de simple disfrute de una bebida agradable. El té está al alcance de todo el mundo sin mayores restricciones. Esta circunstancia debiera apear al té del elenco de los productos que los *gourmets* califican de *delicatessen*. Sin embargo, nada más alejado de la realidad: en las tiendas de alimentación selecta, el té es un producto de culto que no puede ignorarse a riesgo de decepcionar a los buscadores de exquisiteces gastronómicas. La razón es simple: no todos los tés son iguales.

El té para infusión está constituido por las hojas y brotes de una planta de origen chino (*Camellia sinensis*) cuyo cultivo se ha extendido por todas las zonas del mundo aptas para ello. Las características edafológicas y climáticas de las áreas de cultivo, así como la selección, como en la mayoría de las plantas cultivadas, han favorecido la aparición de variedades con características diferenciadas. La preparación de las hojas de té para su uso también marca diferencias notables. Así el origen y su manipulación son los parámetros utilizados para clasificar y valorar los tés.

La leyenda quiere que haya sido un emperador chino (*Shennong* —la grafía en caracteres latinos es variable—, el Divino Granjero) quien, atraído por el aroma de una infusión obtenida de manera fortuita al caer unas hojas de la planta junto a la que se encontraba en agua que hervía para su purificación, descubrió el sabor y las propiedades del té. A partir de entonces, su consumo no hizo más que extenderse. Cierto es que el té procede de China, donde lo conocieron los portugueses que lo aclimataron en las Azores. Posteriormente, los ingleses, tratando de cultivar sin éxito la planta en la India, descubrieron una variedad endémica de la región de Assam (*Camellia sinensis var. assamica*), desarrollando su cultivo con técnicas chinas y abaratando su precio, hasta entonces prohibitivo, lo que contribuyó a la popularización de su consumo.

Las hojas y los brotes de la planta del té, una vez recolectados, deben someterse a distintos tratamientos que son básicamente el hecho diferenciador de las clases de té. Los expertos en esta bebida establecen seis clases de té: el té blanco, el té amarillo, el té verde, el té oolong, el té negro (o rojo en China) y el té puer. Los tés verdes son los consumidos en Oriente, China y Japón principalmente. En Occidente las preferencias recaen en los tés negros.

La provincia de Fujian en el sudeste de China es una provincia montañosa en la que sobresale el cultivo del té destinado a convertirse en el preciado **té blanco**. Es un té escaso y poco conocido en Occidente por lo que puede considerarse como un producto exquisito que, además, alcanza un alto precio. El té blanco más fino es el compuesto únicamente por los brotes de la planta cosechados con mimo extremo. Dichos brotes se someten a un proceso de marchitamiento para reducir su humedad natural y, seguidamente, se procede a su secado total para evitar su excesiva oxidación. Para su preparación se recomienda realizar la infusión durante unos cinco minutos en agua caliente sin que esta alcance el punto de ebullición (75°-80°). El líquido resultante es de un color amarillo pálido en el que se aprecian unos pelillos brillantes denominados agujas de plata, nombre con el que se conoce este tipo de té. El resto de tés blancos se elabora incluyendo con los brotes hojas tiernas enteras sometidas a igual tratamiento que el descrito anteriormente. En Sri Lanka y en la región India de Darjeeling también se elaboran tes blancos aunque no son su especialidad.

El gran líder revolucionario chino Mao Zedong confesaba sus preferencias por **el té amarillo** de Hunan, su provincia natal, un té raro, casi desaparecido, que nunca ha tenido gran presencia en el mercado por su largo proceso de elaboración, aunque subsiste por el aprecio de las poblaciones locales de los lugares de producción que valoran sus cualidades beneficiosas para la salud. Para la elaboración del té amarillo, las hojas de la planta del té son cosechadas con un margen de tiempo muy estrecho para obtener la calidad deseada. Después de una primera clasificación, las hojas son sometidas a intenso calor en woks (sartenes) para detener la actividad de las enzimas e impedir la oxidación enzimática, mantener así el color verde, eliminar el sabor herbáceo y evaporar parte del agua de vegetación para flexibilizar las hojas y facilitar su tratamiento posterior. A continuación las hojas se envuelven en papel o en paños y se guardan en cajas de madera. La operación se repite una y otra vez durante tres días, al cabo de los cuales las hojas se someten a un ligero y lento tueste final. Con la etiqueta de té amarillo se comercializa té procedente de las zonas tradicionales de producción de este té que, sin embargo, no ha tenido el tratamiento ortodoxo correspondiente al té amarillo sino que se ha elaborado con el proceso aplicado a los tés verdes que es mucho menos complejo. El precio marca la diferencia.

El té verde es la forma originaria de elaborar y consumir el té. La diferencia con el té negro es tal que en Occidente se llegó a pensar que procedían de plantas distintas. Es el té consumido en China y Japón, existiendo cientos de variedades que dependen del tipo de planta, de su lugar de producción, de la manera en que se cosecha y de las técnicas de elaboración durante el tratamiento al que se someten las hojas. Básicamente, para elaborar el té verde, las hojas se someten a calor intenso en hornos o en woks después de algunas horas de oreo que las marchita. El té desecado al horno es de un verde más oscuro que el procesado en wok aunque el resultado final de la infusión es el mismo: las hojas deben mantener el mismo verde que al ser cosechadas. El té verde de mayor calidad debe estar compuesto de hojas homogéneas y enteras y exhalar un aroma agradable fácilmente perceptible. Las hojas cosechadas deben responder a uno de estos tres patrones: un brote, un brote y una hoja o un brote y dos hojas. Los mejores tés verdes chinos son, según diversas clasificaciones:

El Pozo del Dragón: es, sin duda alguna, el más famoso de los tés verdes chinos. Lo es no solo por su aroma único sino por el número de leyendas en torno a su origen y por estar una de sus plantaciones reservada a la producción del té destinado a las altas autoridades chinas, que suelen regalarlo a los jefes de Estado extranjeros en visita al país. Se produce en una zona delimitada (Hangzhou) de la provincia oriental de Zhejiang. Se conserva en el área una plantación de 18 árboles que, se dice, estuvieron en su día reservados para el té destinado al consumo personal del emperador; la producción de estos árboles se vende en subasta y el precio que alcanza por gramo sobrepasa fácilmente el del oro.

El Caracol de Primavera: es otro de los más afamados tés de China, procedente de la provincia de Jiangsu. Recibe este nombre por estar sus hojas enrolladas en espiral y cosecharse en primavera, utilizándose las hojas más pequeñas de la planta. Se caracteriza por una delicada y persistente fragancia floral y un sabor afrutado.

El Cumbre Velluda de los Montes Amarillos: se produce en la provincia de Anhui en el Este de China, cerca de la que se considera una de las más bellas montañas del mundo, los Montes Amarillos. Su nombre deriva de la superficie aterciopelada de sus hojas y la forma de estas, que asemeja la cima de una montaña. La cosecha tiene lugar al inicio de la primavera y se recolecta solo el brote y la hoja más cercana a este. Las hojas del té Cumbre

Velluda son de un tono amarillo claro y la infusión presenta tintes de albaricoque. Es un té de aroma persistente cuyas hojas puede infusionarse cinco o seis veces.

El Semilla de Melón: este té también procede de la provincia de Anhui. Su nombre hace referencia a la forma en que se procesan sus hojas. Estas se cosechan cortando las puntas de las ramas del árbol y aprovechando solo las hojas, y no los brotes como en la mayoría de los tés; a las hojas se les quita el nervio central y se someten al proceso de calentamiento en wok durante el cual se les da la forma ovalada que da origen a su nombre. Los entendidos lo califican como un té elegante con un suave aroma especiado. Forma parte de los tés como regalo oficial a personalidades que visitan China.

El Pacífico Rey de los Monos: Producido también cerca de los Montes Amarillos, este té se caracteriza por ser la planta de una variedad que produce hojas largas que se recolectan cuando miden entre 7 y 15 centímetros. Las hojas se procesan el mismo día de su recolección. Después de su paso por el wok para detener la oxidación enzimática, las hojas se envuelven en un paño y se presionan. A continuación se procede a su secado en horno. El aspecto final de las hojas es de un verde oscuro con nervaduras rojas debajo. El aroma es persistente y deja un retrogusto dulce.

El Punta Vellosa (*Maojian*): Es un perfecto ejemplo de los delicados tés verdes chinos, de aroma refrescante con notas de bambú y espárrago. La infusión se presenta algo turbia a causa de los millones de pelillos desprendidos de los brotes.

En Japón el té consumido es, como en China, del tipo té verde. Su elaboración presenta, sin embargo, características propias: técnicas singulares de cultivo de la planta y técnicas de tratamiento de las hojas y del producto final que difieren de las aplicadas en China. Con respecto al cultivo del árbol del té, es de destacar la importancia que se otorga a su exposición al sol o, por el contrario, a la sombra forzada durante un cierto periodo de tiempo antes de la cosecha. Las hojas de té sometidas a una sombra forzada incrementan su contenido en teína y cafeína. Para detener la oxidación enzimática, las hojas de té se someten a la acción de calor intenso utilizando vapor, contrariamente a la práctica china del tueste en wok. Acto seguido se enrollan y se secan. Uno de los más famosos **tés japoneses**, el Matcha, utilizado en la ceremonia del té, se elabora moliendo finamente las hojas desecadas sin enrollar.

Los tés japoneses se comercializan bajo diversas denominaciones dependiendo de su calidad, de las partes de la planta utilizadas y de cómo se han elaborado y, en consecuencia, los precios difieren enormemente dentro de cada categoría. Los tés de mayor calidad son los cultivados en la región de Yame en la isla de Kiushu, la más al Sur del archipiélago; y en Kioto, región central en la gran isla de Honshu, la más populosa de Japón.

El té Sencha es el té verde más común en Japón. Se elabora con las hojas de los dos primeros pases de la cosecha de plantas expuestas permanentemente a la luz solar. Puede ser sometido a un calentamiento prolongado por vapor, denominándose entonces Fukamushi, para obtener una infusión más oscura y aromática.

El té Gyokuro, y sus variantes, es el obtenido de las plantas sometidas a sombra forzada. Esta técnica le proporciona mayor contenido de elementos estimulantes (teína y cafeína), un sabor menos amargo y un aroma particular.

El té Kamairicha es un té verde elaborado al estilo chino, es decir tostado en wok.

En las provincias chinas de Fujian y Cantón y en la cercana isla de Taiwan se cultivan los tés destinados a la elaboración del **té oolong (o Wo Long)**, que significa «dragón negro». Es este un té semifermentado, que lo diferencia del té verde pero que no llega a ser el té negro popular en Occidente. El té oolong es afrutado con un fino aroma y sabor floral, o ligeramente ahumado. Su elaboración se realiza en las siguientes etapas: Después de cosechadas las hojas, estas se dejan mustiar al sol para obtener flexibilidad en su posterior manejo; a continuación se aventan y estrujan, con lo que se consigue una cierta oxidación y la mezcla de elementos químicos contenidos en los tallos y las hojas, proporcionando dulzura y equilibrio al perfume del té; las hojas se dejan reposar entonces largo tiempo durante el cual avanza la fermentación oxidativa, cambiando su color, que se torna verde oscuro o incluso rojo, y desarrollando sus características organolépticas; en el momento oportuno, a juicio de los maestros del té, la oxidación se detiene mediante la aplicación de calor con vapor o utilizando hornos o sartenes; la siguiente manipulación consiste en enrollar y dar forma a las hojas; seguidamente se procede a un secado al sol, en sartén o en horno, para eliminar la humedad residual y, finalmente, se tuestan las hojas, más o menos, para dotar al té de un perfume ahumado o mantener su carácter afrutado.

El té negro es el mayoritariamente consumido en Gran Bretaña, paradigma de país amante del té, y extendido al resto de países occidentales. Se trata de un té completamente oxidado lo que le proporciona características diferentes del té verde: más color de la infusión y más sabor, sin dejes herbáceos. El nombre es el utilizado en Occidente, ya que en China se le denomina té rojo, por el color de la infusión, y la denominación de té negro se reserva al té puer.

La mayoría de los tés negros proceden de la India y de Sri Lanka, aunque los hay también excelentes en China, especialmente en las provincias de Fujian, Anhui, Yunan, Cantón, Zehjiang y en la isla de Taiwan. Entre los mejores tés chinos destaca el té negro Quimun (de Anhui), caracterizado por sus aromas frutales con toques de ciruela pasa y dejes de pino, y el té ahumado de Fujian.

Fue en la región de Assam en la parte nordoccidental de la India, donde los británicos descubrieron la variedad assámica de la planta del té promocionando su cultivo intensivo. Las hojas de té de Assam son más grandes que las de las variedades cultivadas en China. La cosecha se realiza en dos tandas espaciadas varias semanas entre ellas, siendo la segunda la que produce los tés de mayor calidad, entre ellos el llamado punta de plata por el color plateado del extremo de la hoja. El actual estado indio de Assam produce uno de los tés más finos y caros del mundo, de gran cuerpo, fuerte y de pronunciado sabor malteado.

A los pies del Himalaya, en la región de Darjeeling en el estado indio de Bengala Occidental, se cultiva otro de los famosos tés negros de la India que toma el nombre de la región. Una de las características diferenciales de este té es su procedencia de plantas de la variedad china y no de la assámica india. El té Darjeeling ha obtenido la certificación IG (Indicación Geográfica) que pretende ponerlo a salvo de producciones no procedentes de la región (hay en el mercado cuatro veces más té Darjeeling que el realmente producido en el área). En Darjeeling la cosecha se realiza de primavera a otoño en diferentes pasadas, incluso durante la estación monzónica. Al igual que el té Assam, el mejor té lo producen las hojas de la segunda pasada.

Al sur de la India, en la región de los montes Nilgiri (Montañas Azules), se encuentra la tercera región india productora de té. Es un té de alta montaña, cultivado en cotas de 1000 a 2500 metros de altitud. Aunque los tés seleccionados por su cuidada elaboración con los brotes de la planta son de gran calidad y pueden alcanzar altos precios, el té Nilgiri es utilizado generalmente en mezclas para comercializarlo en bolsitas.

La isla de Ceilán (Actual Sri Lanka) es origen de otro afamado té negro que cuenta con un conocido logo identificador: un león blandiendo una espada junto con el texto «Pure Ceylon Tea – Packed in Sri Lanka». Hay tres clases de té de Ceilán dependiendo de la altura a la que se ha cultivado, lo que les proporciona características organolépticas distintas. El cultivado a mayor altura es considerado como uno de los mejores tés en términos de singularidad de su sabor, aroma y fuerza.

El té negro suele ofrecerse en el mercado en forma de mezclas de tés de distintos sabores y procedencias para conseguir un producto con características propias con vocación de permanencia que garanticen la calidad ofrecida por la marca. Un buen ejemplo es la denominación *breakfast tea* (té para el desayuno), mezcla de tés de aroma y sabor intensos, y *afternoon tea* (té de tarde), más ligero que el anterior. También se presta a ser mezclado con otros elementos vegetales para obtener infusiones con aromas pronunciados que combinan con los del propio del té. El conocido té Earl Grey, aromatizado con extractos de bergamota —un cítrico de perfume característico—, es un exponente de esta práctica. El mercado ofrece otros tés aromatizados: con frutos rojos, con canela, con vainilla, etcétera.

Lo que en China se llama té negro no es, como ya se ha dicho, el té completamente oxidado que se consume en Occidente y que para los chinos es el té rojo, sino el llamado **té puer**. Algunos lo definen como un té fermentado, es decir sometido a un proceso de transformación por la acción bacteriana. Este té se produce en la provincia china de Yunnan. Hay dos clases de té puer: el crudo y el maduro. El primero se elabora con el mismo procedimiento que el té verde aunque el proceso final de secado no se hace con calor artificial sino con exposición al sol después de un ligero estrujado, lo que permite un cierto grado de oxidación enzimática; posteriormente puede ser comprimido y añejado. El té puer maduro se elabora añadiendo al proceso una etapa, la fermentación bacteriana, antes del secado final al sol; esta fermentación se favorece apilando las hojas de té, humedeciéndolas y manteniendo una temperatura ambiente elevada; el control de esta etapa es crítico ya que un exceso de fermentación puede convertir el té en simple materia orgánica descompuesta. Después de su secado, el té se prensa formando pastillas de diversa morfología (bola, galleta, hongo, pomelo o melón), o se almacena y se añeja. Las pastillas de té puer de calidad deben llevar la indicación del año de elaboración pues dependiendo de su edad el té desarrolla matices más o menos complejos. Algunos expertos dudan de que el añejamiento mejore el té más allá de los 10 o 15 años de edad. Para obtener la cantidad necesaria para una infusión, la pastilla puede ser reblandecida al vapor o, con un cuchillo especial, arrancar trozos para recuperar hojas enteras y evitar romperlas mucho. Las hojas de té pueden utilizarse repetidamente, cuidando de que las sucesivas infusiones en agua entre 85° a 90° se vayan prolongando desde los 15" o 30" iniciales hasta varios minutos en las últimas.

Por supuesto que el té en bolsitas no suele ser el de mejor calidad. Se aprovechan muy frecuentemente los fragmentos y el polvo de té para este tipo de comercialización del té. Los comerciantes especializados utilizan una calificación particular para determinar **la calidad del té** teniendo en cuenta la clase e integridad de la hoja. Esta calificación se aplica a los tés negros de la India y de Sri Lanka, pero da una orientación sobre el valor de cualquier té según su materia prima: Los brotes en el extremo del tallo se denominan *flowery orange pekoe*; la primera hoja, la más cercana al brote se conoce como *orange pekoe*; la segunda hoja es *pekoe*; y las siguientes, que son progresivamente más grandes y más viejas, son sucesivamente *pekoe souchong, souchong, congou* y *bohea*. A estas categorías se añade el estado de la hoja, es decir: entera, rota, en fragmentos o en polvo. La combinación de distintas calidades de hoja y su estado da lugar a múltiples calificativos. Los tés con contenido exclusivo de hojas *pekoe*, en sus tres variantes, son los más finos y considerados los de mejor calidad.

El aprecio milenario de esta bebida en Oriente y mucho más recientemente en Occidente y en el mundo árabe, ha dado lugar a verdaderas **culturas del té**, que han generado en torno suyo liturgias más o menos simbólicas y más o menos complejas.

La ceremonia japonesa del té es sin duda alguna la más antigua y la más protocolaria: se trata de una secuencia de actuaciones por parte del anfitrión y de los invitados en una reunión social privada que se desarrolla en estancias especialmente concebidas para esta ceremonia (casas de té) siguiendo precisas pautas tradicionales. En realidad, la ceremonia del té es la parte final de un almuerzo celebrado con mucha formalidad. Se utilizan utensilios preciosos por su decoración y antigüedad que los invitados deben apreciar manifiestamente. El té servido es el té Macha, un té verde molido que se diluye en el agua caliente con ayuda de un batidor de varillas, y que se ofrece a los invitados una primera vez muy cargado y en un solo cuenco, que los invitados se van pasando de unos a otros, y una segunda vez más ligero en cuencos individuales.

En China la preparación ceremoniosa del té recibe el nombre de *Gongfu* (o *Kung fu*). No es realmente una ceremonia sino una práctica para conseguir una infusión en la que se pueda apreciar toda la sutileza del té. Se cuida que la calidad del agua sea la óptima para preparar la infusión, que su temperatura sea la adecuada, que la cantidad de hojas de té sea la correcta, que los recipientes no alteren la temperatura de la preparación y que al servirse el té a varias personas se cuide que la concentración de té sea la misma en cada taza. Hay que destacar que la primera infusión, y a veces también la segunda, se descarta en lo que podríamos llamar un enjuague o limpieza de las hojas de té.

En Rusia el consumo del té dio nacimiento al samovar, un inteligente artilugio de mesa para preparar el té y mantenerlo caliente junto con el agua para sucesivos servicios, que adoptó formas artísticas y decorativas notables. Se trata de un hornillo central, rodeado de un depósito de agua, en cuya parte superior se aloja una tetera con una infusión de té muy cargada. En cada servicio se sirve una porción de té de la tetera y se alarga con agua caliente del depósito obtenida a través de un pequeño grifo. El uso del samovar se extendió asimismo por los territorios del imperio otomano.

Los británicos aportaron a la cultura occidental el *tea time* (la hora del té), un momento para recuperar fuerzas a media tarde en torno a una taza de té negro frecuentemente mezclado con leche y azúcar. La adopción de esta costumbre ha dado lugar a un especial aprecio por la vajilla utilizada en estos casos. Con las más finas porcelanas se han fabricado juegos de té que son auténticas piezas de museo.

Para ciertos paladares, el sabor del té, incluso del té negro, es demasiado sutil para conformarse como sucede en las sociedades donde predomina el té verde. La leche y el azúcar son complementos muy habituales del té negro en el mundo anglosajón. La menta y el azúcar en abundancia acompañan el té magrebí y en la India, el llamado té masala combina con la infusión (o más bien cocción) de té negro la leche, el azúcar u otros endulzantes (miel, almíbares, etc.), y especias, gengibre y cardamomo aunque también canela, anís estrellado, pimienta, clavo y, en ocasiones, incluso azafrán, dependiendo de la tradición de cada lugar y del gusto de cada persona.

UNA TAZA
DE EUFORIA

Si la leyenda atribuye el descubrimiento del té a un emperador, el descubrimiento del café, se cuenta, fue obra de un humilde cabrero etíope. El pastor constató que los frutos de la planta del café comida por sus cabras provocaba en estas una extraña excitación. El mismo masticó los frutos y experimentó los efectos estimulantes. Trasladó su experiencia a un santón (mahometano o copto, que en esto no hay acuerdo en los transmisores de la leyenda) que rechazó las bayas arrojándolas a la lumbre de donde se difundió un agradable aroma. Aunque la leyenda sea apócrifa, se supone que en algún momento en torno al siglo XV de nuestra era se experimentó con las bayas hasta descubrir la mejor manera de aprovechar sus propiedades y se inició la cultura del café tan extendida en nuestros días.

El café como bebida es la infusión hecha con las semillas del fruto del cafeto tostadas y molidas. La planta es originaria de Etiopía y se ha naturalizado en numerosas regiones del cinturón intertropical del planeta. Son dos las especies cultivadas: el cafeto Arábica y el cafeto Robusta. La variedad Arábica, que es la especie más cultivada (dos tercios de la producción total de café), es una planta más frágil que la Robusta, pero el café producido por ella es más fino y aromático. Las cualidades organolépticas del café dependen de un buen número de variables como son, en primer lugar, la especie y, sucesivamente, el origen geográfico, la calidad de los granos, la corrección de su procesamiento (lavado, secado y pulido), las condiciones del transporte, el tueste, la molturación y, como variable fundamental, el método de preparación de la infusión.

Los amantes del café prefieren en general la variedad Arábica. No obstante, de la variedad Robusta se obtienen cafés más amargos y con más cuerpo que pueden aportar estas características, además de un mayor contenido de cafeína, en mezclas con arábicas más ligeros para contentar a todo tipo de paladares. América Latina y el Este de África son las zonas de producción del café Arábica; el resto de África y los países asiáticos producen predominantemente robustas.

Entre los países productores de café destaca Brasil, primer productor mundial, cuyos arábicas presentan calidades muy diferenciadas dependiendo de la región de producción. Destacan los cafés de Rio de Janeiro por sus notas yodadas muy particulares, pero otros orígenes también son apreciados. Existe producción de robustas pero más escasa en comparación con los arábicas. El país asociado popularmente con el mejor café del mundo (aunque es esta una afirmación muy relativa) es Colombia. La Federación Nacional de Cafeteros de Colombia con sus campañas publicitarias internacionales ha contribuido a forjar la imagen de calidad, que sin duda tienen, de los arábicas colombianos. En general, son cafés ácidos, suaves, con poco cuerpo pero muy aromáticos, apreciados en el centro y norte de Europa, y aquellos con un menor grado de acidez en los países latinos. Las fértiles tierras volcánicas de Costa Rica hacen que sus plantaciones de café tengan los rendimientos por hectárea más altos del mundo. Los cultivos en altura, por encima de los 900 metros, producen cafés aromáticos, con un cierto cuerpo y alta acidez. De las mismas características son los cafés de altura de Guatemala. Los japoneses, que no son bebedores tradicionales de café, tienen sin embargo predilección por el café de Jamaica. El café jamaicano llamado Blue Mountain es uno de los más célebres del mundo por su perfume singular y su suavidad, lo que se traduce en un alto precio en el mercado. Solo el café producido en las regiones delimitadas por la denominación de origen y cultivado a más de 900 metros de altura puede llevar la denominación Blue Mountain. Por debajo de los 900 metros también se cultiva café, pero de menor calidad y con etiquetas distintas: café de Jamaica de Alta Montaña (High Mountain) y café de Jamaica Supreme para el producido en zonas bajas. Los cultivos de café Arábica en África son de excelente calidad en Etiopía, la cuna del café, y en Kenia. Los cafés etíopes, de escaso contenido en cafeína, son sin embargo de características variadas dependiendo de la zona de producción y, sobre todo, de la altura. Los cultivados a más de 2000 metros son muy ácidos. Kenia es uno de los países productores de cafés de alta calidad. La mayoría de ellos se cultivan por encima de los 1500 metros y presentan una acidez elevada. El café de Kenia alcanza precios altos en el mercado.

El fruto del cafeto es una baya que se denomina cereza del café. La cereza contiene dos semillas, aunque las hay excepcionalmente con una sola, que son los llamados granos de café. Hasta llegar al estadio comercial (café verde), los frutos son sometidos a un proceso conocido por el nombre de «beneficio» del café. Después de la cosecha, las bayas deben ser desprovistas de la pulpa y esta operación puede realizarse de dos maneras distintas: en húmedo y en seco. La primera modalidad es más rápida ya que los frutos son procesados inmediatamente después de la cosecha mediante un baño que facilita, en primer lugar, una selección que permite eliminar los inmaduros y los defectuosos. Posteriormente, máquinas específicas despulpan las cerezas mantenidas dentro del agua. Las semillas no quedan totalmente desprovistas de una envuelta mucilaginosa que es necesario eliminar para lo cual se someten a una fermentación bacteriana que facilita el proceso de limpieza, aunque también pueden procesarse mecánicamente sin fermentación. Finalmente las semillas se secan y se les libera de una última envoltura llamada pergamino. El procesamiento en seco, que es el tradicional practicado por los pequeños productores, es mucho más lento. Las cerezas se seleccionan una vez cosechadas para descartar las bayas verdes y las defectuosas y se dejan secar al aire libre durante varias semanas. Posteriormente se elimina la piel exterior del fruto y el envoltorio (mucílago y pergamino) de las semillas. El procesamiento en seco es utilizado en el 90 % de los arábicas producidos en Brasil, también en la mayoría de los cafés etíopes y en países como Paraguay, Haití, Ecuador y algunos arábicas de la India. La mayoría de los robustas se procesan asimismo en seco. En países húmedos el método en seco es poco práctico y, en consecuencia, el procesamiento en húmedo se impone.

Los expertos no se ponen de acuerdo sobre los efectos benéficos de la maduración de los granos de café. Algunos aseguran que el café cosechado más de un año antes pierde aceites esenciales con la consecuente pérdida de aroma y sabor. Sin embargo, en India e Indonesia, algunos cafés de baja acidez son madurados durante años asegurándose una mejora en sus cualidades organolépticas.

Algunos animales que comen frutos con semillas duras que no pueden digerir las expulsan con sus excrementos. Los campesinos marroquíes utilizan las cabras para cosechar los frutos del acebuche espinoso recuperando las semillas en los excrementos para elaborar el famoso aceite de argán. Los animales que comen las bayas de café también expulsan sin digerir las semillas. En cierto modo, a través de su digestión realizan un «beneficio» biológico del café y los granos así obtenidos adquieren características organolépticas singulares por lo que resultan ser muy apreciados y cotizados. Hay café de murciélago, de Jacú, un ave brasileña, de coatí, de ciervo y de mono, pero la palma se la lleva el café de civeta, un pequeño mamífero de Indonesia que ha dado origen al famoso Kopi (café) Luwak (civeta). El animal solo come los frutos maduros, realizando ya desde el principio la necesaria selección; el paso de las semillas por su tracto intestinal hace que estas sufran algunas transformaciones bioquímicas que influyen en las características del café. La producción de Kopi Luwak es muy escasa por lo que su precio es extraordinariamente alto. Algún experto afirma que el Kopi Luwak es un café distinto pero no el mejor café del mundo, aunque sí el más caro con diferencia, y que el salido de la variedad Robusta deja mucho que desear en las catas realizadas.

El café verde viaja desde los países productores a los países consumidores, los de mayor desarrollo relativo, constituyendo el producto de mayor volumen comercial después del petróleo. Las condiciones del transporte son esenciales para preservar la calidad de los granos de café, muy sensibles a los agentes externos tales como la humedad y los olores. Los primeros envíos a Europa de café del Cuerno de África condicionaron los paladares europeos que se acostumbraron a un café madurado durante el largo tiempo de la travesía marítima, rechazando el mismo café transportado más rápidamente a través del canal de Suez. Actualmente, la mayoría de los importadores de café cuidan extremadamente las condiciones de transporte del café verde.

Para su consumo, el café debe someterse a un proceso de tueste. El café verde es inodoro e insípido; los granos son de color claro y es el tueste el que los transforma oscureciéndolos y liberando el cafeol, el aceite esencial del café, que nos transmite su aroma y sabor. Además, el café pierde humedad y el grano sufre una transformación química: el almidón se convierte en azúcar, las proteínas se descomponen y toda la estructura celular del grano se altera. Cada tipo de café verde requiere un grado de tueste distinto y las preferencias de los consumidores condicionan asimismo este grado. A mayor grado de tueste el color de los granos es más oscuro, su aspecto más aceitoso y su sabor más amargo. El café tostado es muy inestable, la luz, el oxígeno y la humedad alteran rápidamente su aroma y sabor. Afortunadamente las modernas técnicas de envasado al vacío evitan estos peligros. Una práctica tradicional en el tueste del café en algunos países latinos de Europa y América consiste en añadir azúcar durante el proceso, caramelizando los granos en la creencia de que esto permite una mejor conservación del café. Se comercializa como café torrefacto.

Finalmente para obtener la infusión de café es preciso triturar los granos para facilitar la disolución de sus componentes en agua caliente. La molturación del café es un elemento adicional a tener en cuenta en el resultado final de la preparación de un café. Los amantes del café muelen los granos en el momento de preparar la infusión y el grado de molido depende del método utilizado para realizar esta y de los resultados esperados. Se desaconseja la utilización de molinillos de aspas prefiriéndose los métodos de muelas tradicionales.

Llega la hora en que el amante del café se dispone a disfrutar de su apreciada bebida y, en ese momento, entra en juego el último elemento que condiciona la degustación de un café: el método de preparación. Antes de que aparecieran cafeteras más o menos sofisticadas, la manera tradicional de preparar un café consistía en cocer el café molido en agua hirviendo ligera, prolongada o repetidamente. Este es aún hoy día el método utilizado para preparar el café árabe y el café turco. También era el método tradicional en los hogares españoles conocido ahora como café de puchero, de olla o de pota. El café árabe, típico de la península arábiga, se prepara con un café tostado muy ligeramente, llevado a ebullición y decantado, servido en pequeños cuencos y en cantidades muy pequeñas. La infusión es de color muy claro, aromática y concentrada y se sirve muy caliente. A veces se añaden granos de cardamomo. Es un café protocolario: la molienda y la infusión se preparan a la vista de los invitados; el criado repite el servicio hasta que el invitado indica con un gesto que no desea más. El café turco, extendido por todos los países del antiguo imperio otomano se prepara mezclando el café molido y azúcar con el agua, llevando esta a ebullición una o varias veces, sirviéndose inmediatamente, dejando que se decante en la taza en cuyo fondo quedan depositados los posos. El café de puchero se prepara poniendo en agua hirviendo el café molido, apartándolo del fuego y dejándolo reposar tapado unos minutos, a continuación se cuela con una manga de algodón. Este café se puede recalentar pero a condición de que no hierva: el refrán dice: «café hervido, café perdido». En Francia, a mediados del siglo XIX se inventó la cafetera de émbolo: una jarra cilíndrica, actualmente de cristal, donde se deposita agua hirviendo a la que se añade el café molido; se deja reposar la infusión y, a continuación, se desliza un émbolo cuyo extremo es un filtro que deja pasar la infusión pero no los elementos sólidos del café. Este invento francés fue perfeccionado posteriormente en Italia. En los Estados Unidos y en los países del Norte de Europa se utiliza el método del filtro de papel: el café molido se deposita en un filtro de papel colocado encima de la jarra, se humedece con agua hirviendo y, seguidamente, se vierte el resto del agua, que se cuela con cierta lentitud a través del filtro con los elementos solubles del café. La fabricación de máquinas que hierven el agua y la vierten automáticamente ha conseguido que este método se utilice en hogares de todo el mundo. En Italia, Nápoles, ciudad amante del café, popularizó en todo el país la cafetera napolitana, en uso en los hogares italianos hasta la aparición de la cafetera moka. La cafetera napolitana cuenta con dos recipientes ensamblados entre los que interiormente se coloca un depósito perforado para el café; en el primer depósito se calienta el agua, volteándose a continuación el conjunto para que esta penetre en el café del depósito y se filtre por gravedad lentamente en el segundo recipiente que cuenta con un pitorro para servir la infusión de café así obtenida. La cafetera moka es morfológicamente muy parecida a la cafetera napolitana, pero el método de preparar el café es distinto, ya que aprovecha la presión generada en el depósito de agua para que el vapor penetre en el café molido y escape, con los elementos solubles del café, por un conducto de salida hacia el recipiente superior. Con la cafetera moka nació el café *espresso*, método perfeccionado por las máquinas concebidas para los establecimientos públicos que empezaron a comercializarse en Italia bajo la marca Pavoni y que, de alguna manera, han revolucionado el mundo del café. La compañía Nestlé, pionera de los cafés solubles, inició hace ya varios años la aventura del *espresso* casero, comercializando el café en cápsulas para ser utilizadas en pequeñas máquinas émulas de las profesionales. La ventaja de las cápsulas estriba en la posibilidad de tener a disposición cafés con distintas características debidas a su procedencia, su tueste, su molturación o su mezcla con otros cafés, ofreciendo permanentemente una amplia gama para satisfacer las preferencias de los aficionados a esta bebida.

En el comercio, el amante del café se enfrenta a una oferta pobre en matices. Uno puede elegir entre varias marcas y, dentro de estas, entre café de tueste natural y torrefacto. Para poder acceder a una mayor selección con la esperanza de poder experimentar distintas sensaciones, el aficionado tiene que dirigirse a tiendas especializadas en las que la oferta es más amplia. En ellas se ofrecen cafés de distintos orígenes, con adecuados grados de tueste y molturación a la demanda, cuya degustación ha de perfeccionarse con el método adecuado de preparación de la infusión. El café pasa así de ser un producto de consumo corriente a un apreciado producto para *gourmets*.

Desde su introducción en Europa en el siglo XVI a través de Viena, que lo conoció al apoderarse de las reservas dejadas por los turcos después de su fracasado asedio a la capital austriaca, el café se impuso en Europa trasladándose al Nuevo Mundo y convirtiéndose en un elemento propicio para la socialización a través de los establecimientos donde se servía la bebida. En las principales ciudades europeas, los cafés han sido durante años el centro social de la burguesía para disfrute de tiempos de ocio, debates y conjuras políticas, tertulias literarias y lugares de encuentro. Durante la segunda mitad del siglo XX, estos locales han ido desapareciendo, inadaptados quizás a las nuevas tendencias, aunque han sobrevivido algunos convertidos en híbridos, entre iconos del pasado y locales de moda perfectamente en línea con la demanda actual. Así, el café de la Paix, el Aux Deux Magots o el Flore en París, el A la Mort Subite en Bruselas, el Greco en Roma, el Florian en Venecia, el Gambrinus en Nápoles, el Hawelka, el Schwarzenberg, el Sacher y otros en Viena, el Gijón en Madrid, el A Brasileira en Lisboa, el Tortoni en Buenos Aires, entre otros.

Los actuales modos de vida, con el triunfo del café *espresso*, mantienen en bares y cafeterías la secular tradición de degustar el café. Algunos bebedores de café rechazan el azúcar y cualquier mezcla del café con otros productos: leche, nata, licores, etcétera. Pero otros no dudan en azucarar y combinar la infusión con multitud de otros ingredientes: el azúcar es el ingrediente más común añadido al café. Un *espresso* se consume casi almibarado en Italia, donde el azucarero está permanentemente presente en las barras de los bares. La leche combina bien con el café: añadida muy espumosa y en proporción de dos partes de leche por una de café constituye el también famoso *caffelatte* italiano. Si la proporción es la contraria y se espolvorea la espuma de la leche con un poco de cacao se obtiene el *cappuccino*. En proporción variable se prepara bien sea un café cortado o un café con leche, siendo este último muy popular en el desayuno de muchos países europeos donde se sustituye la leche por la nata líquida (el *café crème* francés o el *melange* austriaco, por ejemplo). El café *espresso* con leche condensada azucarada es en España el café bombón. La nata espesa o montada combinada con el café nos la encontramos en el llamado café vienés (*Einspänner*). *Brandys*, aguardientes y licores son excelentes compañeros de viaje del café: en España son populares los cafés «con gotas» de orujo y el carajillo (café con ron, *brandy* o aguardiente); en Italia el aguardiente para el café *corretto* es la *grappa*; en Francia es tradicional el *café-calva*, es decir: con *calvados*, aguardiente de manzana; el café con güisqui cubierto de nata espesa es el universal café irlandés; frío con licor maraschino y servido en un vaso Mazagran, el café adquiere este nombre; también se combina con licor Baileys. También hay combinaciones de café originales como el popular *caffè alla nocciola* italiano (con crema de avellanas). En Senegal se ha popularizado el café Touba, que se prepara añadiendo a la infusión granos de Selim o pimienta de Guinea.

Preparación de la *Sachertorte* en el hotel Sacher de Viena.

SABOR A
CHOCOLATE

No hay leyenda sino historia en el descubrimiento de las propiedades del cacao. El Nuevo Mundo aportó la tradición del consumo de las semillas de cacao (Theobroma cacao), en forma de bebida, que los españoles azucararon y llamaron **chocolate**. De ser solo una bebida, el descubrimiento de la extracción de la manteca de cacao propició la aparición del chocolate duro y, a partir de entonces, la industria chocolatera ha extendido su presencia en el mundo, sobre todo occidental, ofreciendo un producto que es a la vez golosina, alimento popular y apreciada *delicatessen*.

El árbol del cacao es originario de América aunque su cultivo se ha naturalizado en varios países africanos de donde procede la mayor parte de la producción actual. Las variedades cultivadas son las siguientes:

Forastero, el más cultivado (80-90 % de la producción mundial), aunque considerado el más rústico. Brasil, Ecuador y varios países africanos son las zonas de producción.

Criollo, de producción relativamente escasa (1-5 % del total mundial) aunque se considera el más fino y aromático. Procede de Venezuela y se cultiva también en el Caribe, en las Antillas, en México y en Colombia.

Trinitario, un híbrido de los dos anteriores aclimatado en la isla de Trinidad en el siglo XVIII, cultivado también en otros países de América, en África y en Asia. Es un cacao fino pero inferior al Criollo. Su producción se sitúa entre el 10-20 % de la producción mundial.

Nacional, es un Forastero cultivado en Ecuador con características propias que aporta más finura que el Forastero corriente acercándose al gusto del Criollo.

Los frutos del árbol del cacao, denominados vainas, mazorcas o piñas, se cosechan en plena madurez dos veces por año. El cosechero extrae la pulpa y las semillas del interior del fruto, llamadas granos (también granas) o habas de cacao, y las deja fermentar durante varios días. Posteriormente, el cacao debe secarse para evitar la aparición de mohos que arruinarían su sabor durante su almacenamiento. El cacao en grano así procesado en los lugares de producción es exportado a los países consumidores para su transformación en chocolate. En las industrias procesadoras, el cacao es sometido a un ligero tueste y una posterior torrefacción que provoca complejas reacciones químicas y facilita el descascarillado, es decir: la eliminación de la piel de la semilla. Un proceso de molienda y de prensado separa la pasta de cacao de la grasa o manteca de cacao, obteniéndose así los dos productos que, en unión del azúcar la vainilla y un emulgente, son la base del chocolate.

La mayoría de industrias chocolateras no son procesadoras de cacao; compran la pasta y la manteca de cacao a las factorías que las producen. La mezcla de los dos productos básicos salidos del procesamiento del cacao con azúcar y otros elementos sale al mercado como chocolate, en tableta, en polvo o confeccionado en productos de pastelería, incluidos los bombones.

En el siglo XVIII se introdujo la máquina de vapor en los molinos de cacao, algo que sucedió por primera vez en Bristol en la fábrica de J. S. Fry que durante décadas ha sido la primera chocolatera británica. Se logró poner en el mercado el primer producto de chocolate sólido, una especie de bombón primitivo. Hasta entonces el chocolate se había consumido solo como bebida por las altas clases sociales. Ya en el siglo XIX, un holandés C. J. Van Houten inventó el procedimiento de extracción de la manteca de cacao por prensado en seco. Esta invención permitió a la industria desarrollar el chocolate sólido en un momento en que el café estaba ganando terreno al chocolate líquido. Pronto el chocolate ganó popularidad gracias al aumento de la producción y a su abaratamiento. La marca de chocolate Van Houten aún existe en el mercado, aunque la factoría original cerró sus puertas hace varios años. El siguiente hito en el desarrollo de la industria chocolatera lo encontramos en Suiza al prosperar la fórmula del chocolate con leche, gracias al invento de Nestlé de la leche condensada, y a la invención del procedimiento de conchado, un proceso de laminación repetida de la masa de chocolate para lograr una textura de extremada finura, realizada por Lindt.

El chocolate es un producto que se declina hasta el infinito por constituir un elemento esencial en las elaboraciones de pastelería. Entre los *gourmets* destacan aquellos que prefieren el chocolate puro con el mayor porcentaje de cacao y con matices propios derivados de su origen. En general, la industria no especifica el origen del cacao empleado en la fabricación del chocolate. Los procesadores del cacao trabajan normalmente con habas de cacao seleccionadas pero de distintos orígenes y variedades que pasan mezcladas al proceso de fabricación de la pasta y la manteca de cacao. Los chocolateros para determinadas calidades exigen, sin embargo, unas materias de base producidas con cacaos de una variedad y origen determinados. Para las marcas de chocolate de gran distribución en el mercado, el acento de los fabricantes recae en el mantenimiento de una calidad constante conseguida con fórmulas propias de composición y procesamiento de su chocolate. Ciertas marcas, con vocación de exquisitez, sacan al mercado chocolates singulares elaborados con cacao de origen garantizado y con control en todo el proceso de cultivo, recolección, fermentación, secado, transporte, torrefacción y molturado. Un ejemplo es la colección de *grands crus* de Valrhona, chocolatería de lujo francesa.

Hay otros *gourmets* que aprecian el chocolate transformado en creaciones de pastelería. En 1832, en Austria, un joven repostero del príncipe de Metternich ideó la *Sachertorte,* desde entonces es el bizcocho cubierto de chocolate más famoso en el mundo que aún hoy tiene una tienda dedicada exclusivamente a su venta en las dependencias del Hotel Sacher de Viena. En 1915 nació de la mano de un pastelero alemán la *Schwartzwäldertorte* (tarta Selva Negra), otro pastel clásico de chocolate. Existen muchas otras variantes de pastel de chocolate y la creatividad de los pasteleros no cesa de proponer combinaciones sorprendentes. Las tiendas de chocolate dan fe de una pastelería imaginativa basadas en este exquisito producto.

Pero la diversidad del mundo del chocolate se refleja sobre todo en los bombones. En 1830, al chocolatero C. A. Kohler se le ocurrió combinar el chocolate con las avellanas, invento que fue posteriormente recogido por Tobler y Lindt. Un simple fruto seco recubierto de chocolate constituye el embrión de los exquisitos bocados que son los bombones. En Salzburgo, en las postrimerías del siglo xix se inventa un bombón más complejo, el *Mozartkugel*, una bola perfectamente esférica de mazapán de pistacho envuelta de turrón y recubierta de chocolate negro. Y un tal N. Petruccelli (para otros Louis Dufour) en Chambéry, Francia, en diciembre de 1895, fabrica la primera trufa de chocolate, un preparado de chocolate relleno de *ganache* (crema de chocolate con nata) envuelto en azúcar glas y cacao en polvo. En Bélgica otro gran nombre en la historia del chocolate, Neuhaus, inventa el *praliné* en 1912, un bombón relleno de una pasta elaborada a base de almendras o avellanas molidas con azúcar y cacao. Un relleno similar, creado en Italia en la misma época, aunque con el objetivo de abaratar el chocolate sustituyendo parte del cacao por avellanas tostadas y molidas, es el *gianduia*. Actualmente el nombre de *pralinés* se utiliza para designar genéricamente bombones de chocolate rellenos. Chocolate negro, blanco, con leche, *praliné, gianduia, ganache*, licores, frutas glaseadas, frutos secos, caramelo, esencias y un sinfín de otros productos se combinan hasta el infinito para confeccionar bombones y trufas de chocolate. Los expositores de las bombonerías pueden ser un desafío a la capacidad de elección de los amantes del chocolate que tienen una cita inexcusable en la mayor tienda de chocolate del mundo: Fassbender & Raush en el Gendarmenmarkt de Berlín.

EL PAN NUESTRO

En algún momento de la evolución humana se descubrió que los cereales constituían un alimento básico, y no es aventurado pensar que su cultivo dio inicio a la agricultura, cuya diosa, Ceres, les regaló su propio nombre. El trigo, especialmente, fue adoptado por la civilización occidental que lo convirtió en pan, sinónimo de alimento. Hoy día, **el pan** en los países occidentales es un alimento cotidiano integrante de la dieta junto con otros elementos de la pirámide alimenticia y, a pesar de su cotidianidad, su evolución histórica como alimento tradicional, que lo ha dotado de innumerables formas y texturas adaptadas a su función generalizada de acompañamiento de otros alimentos, lo convierte en un producto gastronómico cuando se pretende consumirlo bajo una versión determinada que se aleja del pan convencional del entorno. La crítica gastronómica valora la oferta y la calidad del pan en los restaurantes selectos porque, efectivamente, su variedad aporta riqueza al disfrute de una comida y constituye una prueba de la calidad culinaria del establecimiento, sobre todo si se sabe asociar el pan a determinados platos adecuadamente.

Aunque el pan es básicamente harina y agua, su elaboración permite múltiples variaciones, tanto si se añaden otros elementos (sal, especias, etc.) como si no. La harina panificable por antonomasia es la del trigo, aunque otros cereales son asimismo panificables, y variaciones de pan con mezcla de harinas dan excelentes resultados desde el punto de vista organoléptico que es el que aquí nos interesa. La harina y el agua, con adición generalmente de sal, se mezclan en proporciones diversas. La masa resultante se somete o no a fermentación y se procede a su cocción. Este proceso simple tiene, sin embargo, muchas matizaciones:

En primer lugar todas las harinas no son iguales. Las harinas de trigo utilizadas para la elaboración de pan pueden ser integrales, es decir: procedentes de la molienda del trigo sin descascarillar, o harinas refinadas. No existe una clasificación generalizada de las harinas dependiendo del grado de refinamiento, cada país tiene sus métodos para clasificar las harinas, por su contenido en cenizas, por su factor de retención del agua, o por otros índices. También suele clasificarse la harina con denominaciones tales como «harina de fuerza», que designa una harina con alto contenido de gluten, la proteína que estructura la miga del pan permitiendo la retención del gas liberado en la fermentación y proporcionándole elasticidad; o «harina floja», con menos contenido de gluten; o «harina flor», la más refinada. La harina de fuerza es la que se emplea normalmente para la elaboración del pan de masa fermentada. Las variedades de trigo cultivadas localmente y los métodos tradicionales de molienda proporcionan a las harinas resultantes características propias que, a su vez, caracterizan el pan elaborado con ellas.

El agua es, en segundo lugar, el componente del pan que, no solo por su calidad, que debe ser buena, y su composición, sino por su cantidad en la mezcla con la harina, condiciona las características morfológicas y organolépticas de este. Los panaderos manejan un determinado porcentaje de agua en la elaboración de la masa del pan de acuerdo con las características de la harina empleada y, sobre todo, del tipo de pan que quieren conseguir. La horquilla del porcentaje de panadero suele ir desde el 50 % al 80 % del peso de la harina.

Otro componente del pan, aunque no sea imprescindible, es la sal. Se suele emplear sal marina sin refinar en una proporción de alrededor el 2 % del peso de la masa. Su objetivo es potenciar el sabor y el aroma del pan. La sal contribuye a la obtención del característico color dorado del pan y a retardar la aparición de mohos.

La cocción inmediata de la masa de pan básica recién hecha da como resultado **panes cenceños o ázimos**, sin levadura, generalmente de forma plana y redonda (tortas o tortillas) aunque también cuadrados, blandos o duros. Los cereales empleados para la elaboración de este tipo de panes son variados, los tradicionales en Europa, en África y en Asia suelen ser de trigo o de cereales afines empleados en la elaboración del pan levado; en América del Sur es más corriente el pan ázimo de maíz. Los panes cenceños son panes antiguos pues tienen su origen en el empleo primitivo de los cereales y del fuego. Para los gastrónomos, la mayoría de estos panes son de consumo imprescindible como acompañamiento o ingrediente de platos de las cocinas étnicas. Por ejemplo: las tortillas en México, los *naan* en la India, el pan pita en el Mediterráneo oriental, o la torta cenceña en la Mancha. Los panes ázimos más conocidos o representativos de las diferentes gastronomías del mundo son, entre otros, los siguientes:

Arepa: tortilla de maíz típica de Colombia, Panamá y Venezuela. Existen numerosas variantes.

Bing: es un pan plano y redondo, tipo tortilla, elaborado con harina de trigo, cocido en sartén, raramente en horno, común en China. Imprescindible como acompañamiento del pato laqueado pekinés o del cerdo mu shu. Sirve de envoltorio para estas preparaciones.

Chapati: es un tipo de pan de la India elaborado con harina integral de trigo. Es plano y redondo y se utiliza enrollado para coger otros alimentos cocinados. Versiones del chapati son populares en varios países del Sudeste asiático, e incluso de África oriental.

Flatbrøt: típico pan ázimo noruego. Muy delgado, cuanto más mejor apreciado. Se elabora con harina de centeno. Acompaña a sopas, pescados y carnes curadas.

Lavash: es un pan plano originario de Irán muy extendido también en Armenia y en Turquía. De forma rectangular es flexible en fresco y quebradizo cuando se seca. Se suele utilizar con kebabs.

Matzá: pan ázimo tradicional de la cultura judía elaborado y consumido durante la Pascua judía. Puede elaborarse solo con cinco cereales: trigo, espelta, cebada, centeno o avena. En general, este pan tiene la apariencia y consistencia de una galleta cuadrada, aunque los judíos de origen sefardí lo elaboran de una forma más similar al pan de pita.

Piadina: un pan típico de la región italiana de Emilia-Romaña, elaborado con harina, agua, manteca o aceite y sal. Es algo hojaldrado. Se emplea como cualquier otra clase de pan para acompañar diversos alimentos aunque su consumo más corriente es plegada en dos y rellena con embutidos, verduras, etc.

Pita: el pan plano y redondo típico de la cocina libanesa y consumido también en otros países del Mediterráneo oriental. Existe en versión ázimo y leudado. Es imprescindible para comer los purés típicos de garbanzos (*hummus*) o de berenjenas (*baba ganush*) y está de moda rellenarlos con carne, queso fresco y ensaladas.

Talo: torta de masa de pan de maíz cocida a la plancha que sirve de base a otros alimentos. Es típica del País Vasco y Navarra.

Torta cenceña: pan ázimo manchego quebradizo que se emplea para elaborar gazpachos manchegos.

Tortilla: de harina de maíz, elaborada en México y Guatemala, base de la alimentación local y consumida como envoltorio de diversas preparaciones (tacos, burritos, enchiladas, pupusas en El Salvador, etc.).

La invención del horno y el descubrimiento de los efectos de las levaduras desarrollaron hace ya siglos otra forma de elaborar el pan con más éxito, al menos en Occidente, que la primitiva del pan ázimo: los **panes de masas fermentadas**. La mezcla de agua, harina y, eventualmente, sal se completa con el añadido de levadura que hace fermentar la masa dándole volumen y esponjosidad en el horno. Tres son las maneras básicas de añadir levadura a la masa de pan: con masa madre, con prefermento tipo biga, y con levadura de cerveza. Cada método tiene sus efectos y es apropiado para distintos tipos de pan.

La masa madre es un amasado de harina y agua que se deja fermentar naturalmente para que las bacterias y levaduras presentes en la harina y en el ambiente actúen creando un cultivo.

Para que se forme la masa madre se necesitan tres elementos básicos: alimento (harina), humedad y temperatura adecuada. Es un proceso lento y complejo que dura varios días. La masa madre se mezcla con la masa de pan, sobre la que actuará haciéndola «subir» antes de ser horneada. Este método es el que proporciona al pan el mayor sabor comunicado por el cereal.

El *biga* es un procedimiento de origen italiano para obtener una masa de arranque, equivalente a la masa madre, pero de manera relativamente rápida. Para obtener el *biga* se elabora una masa con un grado de hidratación del 45 % al 60 % y con un 0,5 % o un 1 % de levadura comercial y se deja fermentar entre 12 y 16 horas antes de su utilización como complemento de la masa de pan. Este método de fermentación desarrolla y conserva bien los sabores del cereal. Se utiliza por ejemplo en la elaboración del pan chapata (*ciabatta*) italiano.

La levadura de panadero es una levadura comercial que se presenta en fresco (prensada) o en polvo. Se utiliza directamente añadiéndola a la masa del pan durante el amasado y es de rápido efecto leudante. Existe asimismo levadura química que se utiliza para la elaboración de panes rápidos.

Obviamente las técnicas de panadería, tanto industrial como artesana, son algo más complejas que el resumen presentado anteriormente. Existen diversos procedimientos de panificación dependiendo de la tradición panadera de los países.

El pan de molde británico o americano requiere procedimientos de elaboración distintos a los aplicados para la elaboración de *baguettes*, por ejemplo. Afortunadamente para el gastrónomo, que puede disfrutar de la gran variedad de panes que salen de las tahonas de distintos países del mundo.

En España existen numerosas variedades regionales de pan que deben su singularidad al empleo de harinas y técnicas de panificación locales. Lamentablemente, la proliferación de panificadoras industriales que elaboran pan precocido congelado y en formatos estandarizados ha hecho desaparecer numerosas panaderías artesanales que se ven incapaces de competir con los productos de panadería industrial. Sin embargo, afortunadamente aún existen muchas en zonas rurales y pequeños núcleos urbanos. También podemos apelar a la fortuna porque algunas panificadoras, aunque con procesos industriales, ofrezcan variedades de pan cercanas a las tradicionales de las áreas geográficas donde comercializan sus productos, junto a los tipos de pan importados que han inundado el mercado español, como la *baguette* francesa o la chapata italiana además de los panes de molde de inspiración americana.

En los campos de Castilla, el granero de España, se cultiva el trigo candeal con el que se elabora el más célebre de los panes españoles: el pan bregado, «sobao» o también llamado como el trigo, candeal. El **pan bregado** es un pan preparado con diferentes formas, hogaza, barra o rosca, que se caracteriza por tener una corteza dura, de aspecto dorado y brillante, con numerosos cortes que conforman dibujos geométricos característicos, y una miga muy blanca, compacta y sabrosa. Es un pan puramente artesano, ya que sus características impiden su elaboración en procesos industriales. Para obtener el resultado requerido, la masa de pan, elaborada con harina de trigo duro, se trabaja repetida y largamente con rodillo hasta obtener la masa blanquecina que no se deja «subir» para que la miga sea lo más compacta posible. Valladolid, capital administrativa de Castilla, es también el centro capital del pan bregado. Son populares las barras denominadas «fabiolas», creadas en honor de la reina Fabiola de Bélgica, un pan semicandeal con cortes transversales en su corteza. Pero el más famoso **pan de Valladolid** es el llamado «lechuguino», una hogaza aplastada con numerosos cortes en el borde de su corteza y con marcas de círculos concéntricos formando dibujos variados. El pan candeal de Castilla ha obtenido sin embargo su reconocimiento con una IGP europea en La Mancha, reconocimiento recaído en el **pan de cruz de Ciudad Real**. Este pan se presenta como una hogaza abombada de miga compacta y densa, con corteza lisa, en cuya cara anterior lleva dos profundos cortes perpendiculares en forma de cruz, herencia, según se cree, de la cruz de Calatrava y que le da el nombre. El pan bregado también se elabora en Andalucía, Extremadura, parte de Aragón (trenza de Zuera p. ej.) y Levante. Su fórmula fue llevada a Francia (Normandía) en el siglo XIV, donde subsiste bajo el apelativo de *pain brié*. Los colonos levantinos lo llevaron a Argelia donde se conoce como *pain espagnol*. El pan bregado es imprescindible para acompañar los asados castellanos aunque en este menester tiene un competidor en el pan de Aranda, el exponente más conocido de los **panes de masa aceitada** de las provincias orientales de Castilla. La torta de Aranda es un pan aplastado de corteza crujiente y aceitosa y de miga esponjosa. En la misma línea están los panes aragoneses llamados cañadas.

En el conjunto del territorio de la península ibérica, los numerosos panes regionales y locales se elaboran con la llamada masa de flama, obtenida con los ingredientes tradicionales básicos: harina local, agua y masa madre. Las harinas locales, incluso la calidad del agua empleada, el tipo de horno utilizado y la forma de las piezas dotan a estos panes de sus características propias. Son los clásicos panes gallegos, las hogazas de León o los *pa de pagès* catalanes, entre otros.

Entre gastrónomos y amantes del buen pan, no cabe duda de que el pan español que se considera como el más genuino de una tradición regional, es el **pan gallego**. Sin embargo, el pan gallego no es ni mucho menos un pan de características idénticas dentro del conjunto panadero de Galicia. Lo que se aprecia de los panes gallegos, y lo que le proporciona un denominador común, es su rusticidad, su textura, su sabor y su morfología predominante que es el bollo u hogaza de mucha miga muy alveolada. La harina gallega procede de un sinfín de variedades de trigo y centeno cultivadas localmente. Las aguas empleadas son aguas de manantial, los procesos de amasado y fermentación son largos y los hornos de leña aún se conservan en muchas panaderías. El primer pan de España en obtener una IGP europea fue un pan gallego, el **pan de Cea** (Orense), elaborado con harina de trigo, de forma oblonga, con un corte transversal en su parte superior, de un peso de alrededor de 1 kg (aunque también se elaboran piezas de ½ kg), de miga medianamente alveolada y corteza de color dorado o incluso marrón oscuro. El **pan de Porriño**, elaborado en forma de bolla (hogaza) enharinada es otro de los panes gallegos más conocidos y apreciados. Pero en Galicia existen otros panes exquisitos, amasados con mezcla de harinas de trigo, de centeno, de trigo y centeno, de trigo y maíz, moldeados como bollas aplanadas, roscas y barras, y alguna reminiscencia ancestral como la *boroña*, pan de maíz relleno de embutido o carne curada que posiblemente sea el antecedente de los bollos *preñaus* asturianos.

La costumbre catalana de acompañar la degustación del jamón con *pa amb tomàquet*, una rebanada de pan rústico tostada, aderezada con aceite, sal y tomate restregado, mantiene la tradición del pan elaborado por los campesinos catalanes, el **pa de pagès**. Es un pan redondo, de aproximadamente 1 kg, de harina de trigo de media fuerza, greñado (es decir: con cortes en la parte superior), con mucha miga semicompacta, y con una corteza gruesa que favorece su conservación. Se elabora con masa madre, larga fermentación y cocción en horno de solera, habiendo obtenido en 2013 la IGP europea. Otro pan catalán inmortalizado por Dalí, al utilizar su forma como elemento decorativo en la fachada del Museo Dalí de Figueras, es el *pa de crostons*, pan artesano de forma singular, ya que se trata de un pan redondo con tres moños a su alrededor, aunque originario del Ampurdán es elaborado en distintas partes de Cataluña.

Existe una cuarta IGP en España para el **pan de Alfacar** en Andalucía. Alfacar y su vecina Víznar son dos localidades granadinas donde se elabora un pan caracterizado por una miga flexible y suave de color blanco cremoso, con abundante alveolado, y una corteza dorada de medio grosor, algo lisa y brillante. Las piezas tradicionales son: el bollo, de 250 g, de forma alargada, cuyas terminaciones en punta se denominan «tetas», y con un único corte longitudinal; el rosco, de 250 g, de forma elíptica; la rosca, de 500 g, en forma de corona; y la hogaza de 250 g, 500 g, o 1 kg. En la vecina provincia de Málaga, el **mollete de Antequera** es el arquetipo de los pequeños bollos de pan blanco de harina refinada, casi sin corteza, que son típicos del desayuno de los andaluces y que se emplean cada vez más en la preparación de bocadillos, especialmente de jamón serrano.

Hay panes típicos en otras regiones españolas que merecen la protección de una IGP o, al menos, un reconocimiento a su singularidad que ayude a preservar su calidad. El pan de la Jacetania en Aragón es un ejemplo, y otros de la misma región, como el pan de cinta de Zaragoza, aunque panes de pueblo dignos de ser conservados hay muchos.

De la masa de pan en España también se confeccionan colines, picos, rosquillas o regañás, que son elaboraciones de pequeño formato de textura crujiente que acompañan generalmente diversos alimentos consumidos como aperitivos

Los británicos, muy dados a ridiculizar a los franceses subrayando algunas de sus inclinaciones gastronómicas, como la de comer ancas de rana, han consagrado la imagen de un individuo con boina y con una *baguette* bajo el brazo como el arquetipo de su vecino francés. Esta imagen viene avalada por el hecho de que en Francia la *baguette* que se consume a diario se compra dos o tres veces al día para comerla siempre recién hecha en el desayuno, en el almuerzo y en la cena. Así el trasiego de la panadería al domicilio con el pan bajo el brazo se ha convertido en imagen de marca francesa. La tradición panadera de Francia es muy antigua pero la *baguette* es una especialidad relativamente reciente. Esta fina barra de pan, de 65 cm de largo y de un peso de 250 g, con cinco cortes oblicuos sobre su corteza dorada y crujiente, y de miga bien alveolada, conocida en algunos países como pan francés, tiene un origen controvertido: algunos refieren su invención al ejército napoleónico que la habría ideado para que los soldados la llevasen en el pantalón. No parece que sea más que una imaginativa anécdota. Se señala frecuentemente que, por el contrario, tiene su origen en el pan de Viena, habiéndose sustituido la leche por el agua; pero tampoco esta teoría tiene fundamento porque el pan de Viena venía bajo la forma de panecillos y no de *baguettes*. Sí es cierto que la *baguette* en Francia empezó a fabricarse y popularizarse cuando se generalizó el horno de vapor introducido en el país por el vienés C. A. Zang a mediados del siglo XIX. El ensayista J. P. de Tonnac sostiene que en Francia ya existían panes «largos» antes de la *baguette* y que esta fue una variante de las flautas que aún hoy subsisten. El caso es que el apelativo *baguette* para una determinada pieza de pan no se empleó hasta 1920. Aunque este pan francés está extendido por todo el país y parte del extranjero, la *baguette* es típicamente parisina, hasta tal punto que el ayuntamiento de la capital francesa tiene establecido un concurso anual para premiar la mejor *baguette* de la ciudad cuyo fabricante suministrará durante un año este pan al palacio presidencial.

Después de la Segunda Guerra Mundial, la industria panadera francesa se moderniza extendiéndose la fabricación mecanizada del pan. Los artesanos reaccionan a la industrialización y exigen medidas para el control de la calidad de la *baguette*. Desde 1993, los únicos ingredientes autorizados en su fabricación son: harina de trigo, agua, levadura natural o de panadero y sal, y un máximo del 2 % de harina de habas (para obtener una miga más blanca), del 0,5 % de harina de soja (para el mismo objetivo de blanqueo) y del 0,3 % de harina de trigo malteado (para activar la fermentación).

Fuera de Francia, la *baguette* está extendida en países como España (10 % del consumo total de pan) y en Argelia, que se sitúa a la cabeza de los países consumidores de *baguettes* con más de 40 millones de piezas vendidas diariamente. En otros países, el pan francés se considera un producto *gourmet*. Francia exporta anualmente más de 155.000 toneladas de *baguettes* industriales al año.

Pero los franceses no han renunciado a otros panes tradicionales, o al pan de elaboración artesanal que se aleja de los estándares del pan de masa industrial que rigen para la mayoría de las *baguettes*. Las flautas (*flûtes*) y las propias *baguettes* se elaboran de forma que su apariencia y el alveolado de su miga se asemejan más a un pan rústico. Ha aparecido la dicotomía entre la *baguette* ofrecida por el artesano y, posiblemente de masa elaborada en la propia panadería, y la *baguette blanche* (blanca) que responde al modelo industrial.

Los amantes del pan tradicional de calidad en Francia conocen muy bien la panadería parisina **Poilâne**, fundada en los años 1930 por un panadero que siempre evitó los cantos de sirena de la panadería industrial. Incluso hoy día, a pesar de haberse convertido en una empresa exportadora, sigue elaborando una hogaza de pan de masa madre, con harinas de trigo molido con muelas de piedra, moldeado a mano y cocido en horno de leña. Su signo de identidad una P mayúscula en letra inglesa estarcida sobre la corteza enharinada.

Las regiones francesas aportan a la gastronomía panes tradicionales interesantes. El fotógrafo Robert Doisneau, autor de la célebre fotografía «El beso», fotografió a Pablo Picasso sentado a la mesa con, aparentemente, las manos posadas sobre esta a ambos lados del plato; sin embargo, esas manos eran en realidad dos piezas de pan llamado *main de Nice* (mano de Niza) un pan de fantasía que se asemeja efectivamente a una mano de cuatro dedos y que, desde entonces, también se conoce como «pan Picasso».

En Burdeos se elabora una rosca de pan de trigo compuesta por ocho o nueve bolas unidas que forman una corona y permiten dividir el pan en raciones correspondientes a las bolas originales. Ya cerca de los Pirineos, el *tignolet* es un pan de trigo redondo, elaborado con masa madre y horneado lentamente, que se caracteriza por tener una coronilla tostada. En Toulouse se fabrica un pan de curiosa forma, alargado con las dos extremidades en forma de bola, llamado percha de Tolosa (*portemanteau de Toulouse*). En el vecino Gers, departamento de notable producción de *foie gras* y *confits* de pato y de oca, estos manjares encuentran su complemento en el pan torcido (*tordu*) de corteza lisa y tierna debido a su cocción lenta en horno sin humedad. Y ya en las Landas de Gasconia se elabora un pan enrollado sobre sí mismo, de corteza espesa y miga apretada, que se denomina *agenais* (de Agen) cuando la lengüeta que cierra el enrollado está en la parte de abajo, y *gascon*, cuando esta está en la parte superior. La región provenzal aporta el famoso pan de Beaucaire, de corteza fina y miga alveolada, de forma rectangular con una hendidura longitudinal. Su sabor particular se debe a la alta proporción de masa madre que puede llegar a constituir un cuarto del total de la masa de pan, y a las características del trigo local. En Normandía el pan sobado (*pain brié*) del Calvados, antiguamente apreciado en París, ha quedado hoy como una especialidad regional. También de trigo es el pan bretón de corteza brillante y dorada llamado *mousic* o su paisano el pan doblado (*pain plié*).

Existen asimismo panes de centeno, como el llamado *bara segal* en Bretaña o el pan de centeno de Thièze en la Auvernia, y panes de mezcla de trigo y centeno que reciben el nombre de *pain de méteil* que, en origen, se elaboraba con una mezcla de los cereales cultivados conjuntamente en un mismo lugar.

Otro país de la cuenca mediterránea heredero de la cultura romana del pan es Italia. Las especialidades panaderas son numerosas y algunas de ellas han logrado el reconocimiento de su calidad y singularidad obteniendo los distintivos europeos de denominación de origen protegida (DOP) o de indicación geográfica protegida (IGP). En la actualidad y a nivel internacional, quizás el pan italiano más conocido sea la **chapata** (*ciabatta*), un pan moderno, creado en 1982 por un piloto automovilista reconvertido a panadero para seguir la tradición familiar. La chapata, de forma rectangular alargada, tiene una corteza crujiente y una miga alveolada. Se elabora con un grado de hidratación muy alto. Como tantos otros productos italianos, la chapata goza del aprecio de los visitantes de tiendas de *delicatessen*, rivalizando con la *baguette* francesa en cuanto a genuino pan europeo.

Un signo de autenticidad en los restaurantes abiertos bajo una enseña italiana es el *grissino* de Turín, un delgado palito de masa crujiente, que debe su éxito primario a su digestibilidad y su éxito actual a su originalidad como producto italiano. El *grissino* tradicional, elaborado a mano, ha sido sustituido por el industrial, de forma más perfecta.

Matera es una ciudad de casas excavadas en la roca en la región de la Basilicata y es el lugar de origen del pan que lleva su nombre. El **pan de Matera**, elaborado con sémola de trigo duro de variedades autóctonas, masa madre preparada con adición de fruta fresca, agua y sal, ha obtenido la IGP europea. Se elabora en forma de medialuna o bollo alto, tiene una corteza dura y una miga esponjosa amarillenta.

En Apulia, región costera del Adriático, el **pan de Altamura** ha obtenido la DOP europea que garantiza su origen y calidad. Se elabora con sémola de trigo duro molturado dos veces, con gran contenido de gluten, masa madre y sal marina y se cuece en horno de leña. Se ofrece en dos formatos de peso no inferior a 500 g: el *skuanéte* (pan montado), así llamado por estar constituido de dos bolas superpuestas, y el denominado *cappide de prevete* (sombrero de cura), una hogaza de aspecto menos rústico que el anterior. La miga del pan de Altamura es alveolada de color amarillento.

En la región romana del Lacio el **pan de Grezano** también goza de una IGP europea. Se trata de un pan rústico presentado en formatos de *filone*, es decir: largo y redondo, o en forma de bola (*pagnotta*) de 500 g a 2 kg de peso. Su corteza es muy oscura debido a la alta temperatura a la que se cuece el pan y al hecho de ser espolvoreado con salvado antes de su cochura. La miga es alveolada y ligera. Como en la mayoría de panes tradicionales rústicos, la elaboración se realiza con harinas de variedades de trigo locales y masa madre. Las características del pan de Grezano son ideales para la confección de *bruschette*, rebanadas de pan tostadas frotadas con ajo y a las que se añade aceite de oliva y diversas preparaciones culinarias.

Más al Norte, en Ferrara, en la región Emilia-Romaña, se fabrica otro pan con IGP, la *ciupeta* o *coppia ferrarese* (pareja de Ferrara), un antiguo pan elaborado con harina fina, manteca, aceite de oliva, masa madre y levadura de panadero, en formatos de 80 a 250 g, de forma arquetípica: dos trozos de masa enrollados sobre sí mismos cruzados formando una equis. La *ciupeta* tiene un sabor y olor característicos, una miga escasa muy blanca y una corteza dorada lisa y brillante.

Génova ha contribuido a la riqueza panadera de Italia con su famosa *focaccia* (o *fugassa* en dialecto ligur), convertida en una especialidad ofrecida en numerosos restaurantes italianos en todo el mundo. La *focaccia* es un pan plano cuya masa fermentada incluye aceite de oliva y que, antes de entrar en el horno se condimenta con aceite y sal. La fantasía del panadero puede añadirle cebolla, olivas, romero o cualquier otro condimento. De aspecto brillante, es especialmente crujiente y su base algo porosa. Es una delicia que puede consumirse sin acompañamiento, salvo un vasito de vino blanco local que mejora su digestibilidad. Cuenta con el distintivo IGP europeo.

Italia cuenta asimismo con otros panes y productos de panadería apreciados regionalmente, como el *pane cafone* (pan paleto) de Nápoles, un clásico pan rústico; el *carasau* o papel música, una conocida torta crujiente de Cerdeña; los *taralli*, rosquillas originarias de Apulia de pasta de pan adicionada de manteca o aceite de oliva y otros condimentos como hierbas aromáticas o almendras, de presencia obligada en las tiendas de *delicatessen* italianas.

A pesar de que el consumo de pan ha disminuido notablemente, **Alemania** sigue siendo el país que más pan consume en Europa y que cuenta con más variedades de pan. En general, los alemanes prefieren el pan de centeno al de trigo, aunque este último cereal es la base de algunos de los panes consumidos, en especial los de formato pequeño. La variedad de panes en Alemania depende de las harinas empleadas, de sus mezclas, de los procesos de elaboración de la masa, de los procedimientos empleados para obtener la corteza, de los formatos y de las formas de cocción.

De los panecillos de menos de 250 gramos se cuentan cientos de variedades aunque se pueden agrupar en cinco categorías: los *Formgebäck* (panes de forma) que se elaboran dándoles la forma deseada antes de la fermentación. Un ejemplo es la trenza con semillas de amapola, posiblemente de tradición judía (*challah*). Los *Schhnittbröchten* (panecillos cortados), así llamados por la greña longitudinal que se les practica. Los panecillos redondos, los panecillos en forma de media luna y los *pretzels*, esos curiosos panes de forma característica (actualmente dos seises al revés entrelazados, aunque hay otras facturas) que se han convertido en el símbolo de los panaderos alemanes, realizados con tiras de masa que antes de hornearse se escaldan en agua bicarbonatada hirviendo. Se adornan con granos de sal, con cominos o con queso.

Entre los panes tradicionales alemanes podemos destacar algunos de los más extendidos: el genérico *Bauernbrot* (pan campesino) o *Landbrot* (pan de pueblo), elaborado con harina de centeno o mezclada con harina de trigo, presentando una corteza oscura cuarteada, una miga irregular y un sabor pronunciado. Parecido es el pan llamado *Holzofenbrot* (pan de horno de leña). El **pan redondo de Franconia** de centeno y trigo es un pan sabroso de miga compacta, convertido como los anteriores en un pan genérico. También el llamado *Kommissbrot* (pan de rancho) es un pan de mezcla, de forma oblonga, con poca corteza blanda. El *Mehrkornbrot* (pan de cereales) es un pan elaborado con al menos cinco cereales de los que tres son siempre centeno, trigo y espelta, pudiendo ser el resto avena, cebada, mijo, maíz o arroz. Pero quizás el pan alemán más original, incluso desde el punto de vista gastronómico, sea el *Pumpernickel*: se trata de un pan originario de Westfalia, elaborado con centeno poco molido y cocido en moldes cerrados durante al menos dieciséis horas, a una temperatura de 100°. El resultado es un pan sin corteza, de miga aromática, negra, compacta, dulzona y jugosa. Las diferentes variedades de *Pumpernickel* se diferencian entre sí por el grado de molturación del grano.

La cultura panadera alemana extiende su influencia, o comparte su tradición, con la de países de su entorno: En **Suiza** hay panes de centeno notables, como el pan de los Grisones, en forma de rosca, o el valesano, redondo y de corteza cuarteada, o el pan de Lucerna, elaborado en hogazas de 2 Kg. y vendido al corte. Pero también hay otros panes de trigo entre los que hay que destacar el pan de Zurich, una barra greñada con tres cortes oblicuos de miga alveolada, el pan de cruz del cantón de Vaud, la hogaza de Ginebra con cortes en losange en su corteza y el pan del Tesino de confección curiosa: se modelan pequeños bollos de masa que se unen para formar un pan alargado al que se le practica un corte longitudinal profundo.

Austria es quizás un punto y aparte en la tradición panadera por la influencia de su capital Viena en la oferta de pan en otras capitales europeas. En el siglo XIX los austriacos fabricaban un pan blanco, hecho con harina flor húngara en hornos de vapor, obteniendo un pan de miga blanda y poca corteza. A través de C. A. Zang, un vienés afincado en París, se introdujo esta técnica de elaboración de pan en Francia con un éxito notable que se trasladó a otros países, entre ellos España. El pan de Viena, en sus versiones de lujo, se confeccionaba con leche, y así se mantiene la fórmula en la actualidad. En Austria, sin embargo, el famoso pan vienés sigue siendo el *Kaisersemmel* (panecillo del emperador), un pequeño bollo de pan blanco redondo marcado con unos cortes helicoidales en su parte superior, imitado en otros países, entre otros en España bajo el curioso nombre de «alcachofa». El mercado del pan en Austria sigue, sin embargo, la tradición panadera de la Europa central con panes de harinas integrales, de centeno o mezclas de centeno y trigo, panes rústicos, y panes preparados con semillas enteras incorporadas a la harina o decorando la corteza. Actualmente el pan más consumido en Austria es un pan industrial de reciente invención (data de los años 80), es el *Kornspitz*, una barra rústica greñada en oblicuo, elaborada con mezcla de harinas de trigo, centeno, soja y lino, espolvoreada de sal gorda y granos de comino. Sus fabricantes señalan ventas de 4,5 millones de piezas diarias en 69 países.

Numerosas personalidades, políticos, artistas, escritores, se han referido a las inolvidables sensaciones experimentadas al probar el pan polaco que algunos expertos consideran el mejor pan del mundo. Puede que haya algo de exageración pero, en cualquier caso, los panes de **Polonia** son excelentes. Los polacos inventaron un prefermento llamado *poolish* (mitad harina mitad agua) para evitar la larga preparación de la masa madre; parecido al *biga* italiano pero más líquido, y extendido a muchos países. También fueron los judíos polacos los inventores de los *bajgiel* (bagel) **de Cracovia**, que han obtenido la IGP europea, tan populares hoy día en los Estados Unidos. En un decidido y exitoso intento de preservar los sabores de antaño, un panadero de Cracovia, de nombre Musiorski, elabora un sabroso pan de centeno «inigualable» al decir de las gentes que acuden a la panadería como en peregrinación para comprarlo. Este pan tiene una corteza dura por ambas partes, espolvoreada de harina generosamente, que permite, envuelto en un grueso paño de lino, mantenerse tierno durante varios días potenciando su sabor.

En los alrededores de Cracovia, en el pueblo de **Pradnik**, se amasaba tradicionalmente el pan para el obispo, un pan de centeno y trigo (25 %) elaborado con masa madre de centeno y espolvoreado con salvado del mismo cereal que lleva el nombre del pueblo. La singularidad de este pan, redondo o alargado, es su peso ya que puede alcanzar los 14 Kg aunque su peso normal comercial es de 4,5 Kg. Después de horneado, el pan madura al menos un día y se conserva durante varios más. Esta variedad de pan desapareció casi por completo durante la época del socialismo real en Polonia, recuperándose la tradición con la restauración de la democracia.

Otro de los famosos panes polacos es el **pan de Huculy**, elaborado a partir de una mezcla equilibrada de centeno y trigo. Tiene un gusto muy particular debido a la adición de nebrinas (bayas de enebro), miel y cebolla.

En **Rusia**, el régimen soviético socializó la fabricación del pan convirtiéndolo en un producto industrializado. Actualmente, se elaboran panes antiguamente tradicionales como el *Borodinski*, de mezcla de centeno y trigo (de segunda categoría), de masa madre de harina de centeno, horneados en moldes y con adición de cilantro en grano, malta de cebada y melaza de remolacha. Más fino es el pan *Dornitski*, otro pan de molde de mezcla de centeno y de harina de trigo cernida, con una miga gris y un sabor ácido. Otros panes negros rusos genéricos se presentan en forma de panes redondos o alargados, horneados sin molde, elaborados con harinas de centeno y trigo y adicionados de melaza y especias.

En países como la Gran Bretaña, desde hace siglos el trigo se ha impuesto en la elaboración del pan, dejando en el olvido los panes de centeno con mezcla de otros cereales. El típico pan de trigo rural cocido en moldes es el antecedente de los panes de molde industriales actuales obtenidos con el método Chorleywood, que permite en unas tres horas y media realizar el proceso completo, desde el primer estadio, disposición de la harina, al último, el pan listo cortado y empaquetado. Método solo practicable en grandes instalaciones industriales. Evidentemente, las panaderías de Gran Bretaña poco pueden ofrecer a los comercios de *delicatessen*. En la misma línea se sitúa el pan elaborado en los Estados Unidos y en otros países de tradición anglosajona.

Es evidente que para el *gourmet* la variedad permite apreciar el pan como alimento exquisito asociándolo a otros alimentos con los que comparte el terruño o una cierta simbiosis gastronómica. En su ámbito geográfico siempre podrá encontrar un pan tradicional, rústico y artesano para acompañar las chacinas o los platos de la culinaria asimismo tradicional. Pero también podrá acceder a través de los comercios de *delicatessen* a los panes modernos de calidad como el francés de Poilâne, el polaco de Musiorski, el español pan de cristal o *baguettes* y chapatas salidas del obrador de un panadero respetuoso con la ortodoxia de preparación de la masa, los tiempos de fermentación y la utilización de un horno de leña.

PAN
LÍQUIDO

Posiblemente, cuando los humanos descubrieron las propiedades de los cereales para fabricar pan, descubrieron asimismo la
fabricación de la cerveza que, no en vano, en algunas culturas
sigue denominándose «pan líquido». Siendo la cerveza, en su
versión más extendida, la *lager*, una bebida universalmente producida y masivamente consumida —es la primera bebida alcohólica y la tercera tras el agua y el té—, no parece que pueda
merecer el privilegio de ocupar un puesto en el podio de las *delicatessen*. Sin embargo, las variantes y los matices de esta bebida
hacen que exista una cierta apreciación de culto por parte de
amplios sectores *gourmets* que otorgan a las cervezas singulares,
no estandarizadas, un lugar de privilegio en el elenco de las
exquisiteces.

La cerveza, tal y como la consideramos hoy día, es la bebida
alcohólica (entre 4 % y 6 %, aunque hay cervezas con una proporción de alcohol más elevada), y efervescente, obtenida de la
fermentación de cereales, básicamente malta de cebada, aromatizada con lúpulo. Dependiendo de las variedades, su color
varía desde el rubio pálido al marrón oscuro.

El cereal más utilizado para la fabricación de la cerveza, la
cebada, se somete a un proceso de malteado (germinación y tostado posterior), procediéndose luego a su cocción en agua para
transformar el almidón en azúcar que, con ayuda de levaduras,
se convertirá en alcohol en un proceso de fermentación. Para

proporcionar amargor a la cerveza, y para facilitar su conservación, se le añaden flores de lúpulo durante el proceso. Después de una corta maduración para definir el estilo final que cada fabricante quiere dar a su cerveza, esta está lista para el consumo.

Este proceso básico de fabricación puede someterse a variantes en cada una de sus fases que influirán notablemente en el tipo final de cerveza que se obtenga. En primer lugar, la selección del cereal a utilizar es un condicionante básico. Como se ha repetido, el cereal comúnmente usado en la fabricación de la cerveza es la cebada, pero para obtener determinados tipos de cerveza (blanca por ejemplo) se utiliza una proporción de trigo. El grado de malteado del cereal definirá, entre otras características, el color de la cerveza resultante. El agua utilizada es asimismo un componente que influye en el proceso de elaboración y las características organolépticas de la cerveza. Hay aguas calcáreas que convienen a las cervezas negras y aguas ligeras o blandas que favorecen la fabricación de cerveza *lager*. Algunas aguas contienen yeso, como en el caso de las aguas de Burton en Inglaterra, y se emplean en la fabricación de cerveza tipo *pale ale*. Conocidas cervezas polacas presumen de la pureza de las aguas locales. El tipo y la cantidad de lúpulo utilizado influyen en el amargor y en los aromas frutados de la cerveza consustanciales con los diferentes estilos de esta. En general, el lúpulo se añade al mosto antes de la fermentación para proporcionar el amargor, pero para aromatizar la cerveza, las flores de lúpulo se añaden al final del proceso antes de la maduración. Cada fabricante utiliza el lúpulo de manera acorde con los resultados que quiere obtener para su producto. El proceso de fermentación es asimismo un elemento diferenciador del tipo de cerveza. Existen tres modalidades en la fermentación de los mostos obtenidos con la malta y el agua: la fermentación en frío con levaduras de fondo, la fermentación con levaduras de superficie que necesita cierto calor, y la fermentación natural provocada por levaduras existentes en el ambiente.

La clasificación de las cervezas se hace básicamente atendiendo al proceso de fermentación seguido, aunque dentro de cada proceso las variantes son numerosas y, dentro de cada una de estas variantes las fábricas cerveceras introducen matices diferenciadores.

Como ya se ha adelantado, la cerveza elaborada y consumida preferentemente a lo largo y ancho del mundo actualmente es la de tipo *lager* (de almacén, en alemán). Se trata de una cerveza obtenida por el procedimiento de fermentación baja, o en frío, de malta de cebada poco tostada (algunos fabricantes añaden maíz o arroz para aclarar más su aspecto), de color amarillo (dorado) pálido y un equilibrado sabor a lúpulo. Su contenido alcohólico ronda los 5°. Es la cerveza que ha seguido el modelo de la *pilsener*, la cerveza checa (de la ciudad de Pilsen) que estableció el estilo en el siglo XIX modificando el tipo de cerveza *lager* elaborado en Baviera. La primera marca de cerveza *pilsener*, Urquell, sigue existiendo. También de procedencia checa (de la ciudad de Ceske Budejovice cuyo nombre en alemán es Budweis) es la cerveza del mismo tipo *lager* Budweiser, más conocida como popular cerveza americana por haberla trasferido a los Estados Unidos un emigrante alemán. Son innumerables las marcas en distintos países que fabrican cerveza *lager*, habiendo algunas conseguido un amplio éxito comercial con técnicas de mercadotecnia singulares. Destaca en este aspecto la cerveza mexicana Corona Extra (Coronita en España), que no se diferencia de otras cervezas más que en la transparencia de su botella, la tradición de beberla directamente de esta, y la colocación de una rodaja de limón en el cuello para darle un toque cítrico al consumirla. Es una cerveza que se exporta a más de 150 países. Siguiendo la estela, y el éxito, de la dorada cerveza de Pilsen, la ciudad alemana de Dortmund, a finales del XIX, inició la elaboración de una lager similar que, desde entonces, se conoce bajo la apelación *dortmunder* aunque se fabrique en otros países. En Múnich, otra ciudad de gran tradición cervecera en Alemania, sus fábricas de cerveza también se apuntaron a la elaboración de *lagers* bajo la denominación de cerveza *heller* (de poco color) que es la característica de las marcas muniquesas actualmente. Mención especial merece la cerveza *märzen*, una cerveza especialmente elaborada (en el mes de marzo) para ser consumida en la *Oktoberfest*, festival cervecero de Múnich. Se trata de una cerveza *lager* con un grado de alcohol algo más elevado (alrededor de 6°) que el normal. Perdiendo terreno frente a las *lagers* actuales pero con un cierto consumo en Baviera, Austria y Suiza, cabe señalar la cerveza *spezial*, un poco más fuerte que las *lagers* tradicionales.

Con el mismo método de fermentación baja se fabrican en Alemania cervezas negras (*dunkel*) de potente sabor a malta. Existen asimismo cervezas *dunkel* de trigo que añaden al sabor malteado un típico dulzor. Otra *lager*, fuerte, de no menos de 6° de alcohol, es la *bock*, originaria de la ciudad alemana de Einbeck, pero extendida por todo el mundo. Se trata de una cerveza asociada a celebraciones tales como Navidad, Cuaresma o Pascua, manteniendo en muchos países su fabricación estacional. No es una cerveza negra, pero tiene un color oscuro y una espuma blanca persistente. Existen algunas variedades como la *mailbock*, que es una *lager heller* pero llevada a un mayor grado alcohólico. La *doppelbock*, de color variado, desde el dorado al marrón, muy fuerte (hasta 12° o más), de tradición monástica, consumida como alimento (pan líquido). Y la *eisbock*, producida por congelación de la cerveza y retirada del hielo formado; es una cerveza fuerte (hasta 13° y más de alcohol), sabrosa y con poca espuma.

Las cervezas de fermentación alta son denominadas así porque sus levaduras actúan en la superficie del mosto durante el proceso de fermentación, contrariamente a las cervezas de fermentación en frío en las que las levaduras se precipitan al fondo. Estas cervezas son denominadas genéricamente con el nombre inglés de *ales*. Son más aromáticas que las *lagers* y suelen tener mayor graduación alcohólica. A la hora de establecer clasificaciones de las *ales* nos encontramos con diferentes criterios según los países y los fabricantes, lo que impide fijar características homogéneas para las diferentes denominaciones. Esto es especialmente así en el caso de las denominadas *pale ales* que, en general, son cervezas elaboradas con maltas claras y, en consecuencia, adquieren un color dorado o rubio aunque también las hay con tintes ambarinos. Las cervezas con esta denominación (*American Pale Ale, India Pale Ale, Strong Pale Ale*) son muy diferentes entre sí.

Las cervezas catalogadas como *brown ales* (cervezas oscuras) son un tipo de cerveza de origen inglés caracterizadas por su color marrón, su dulzor y una baja graduación alcohólica, aunque hay variaciones regionales. También se fabrican en Estados

Unidos donde son más secas y acusan un deje cítrico, un mayor aroma y amargor debido a las variedades americanas de lúpulo.

Las *mild ales* (cervezas suaves) son cervezas oscuras y poco alcohólicas (alrededor de 3°) elaboradas con malta tostada y poco amargas. A veces se mezclan, mitad y mitad, con otras *ales* más amargas y alcohólicas, para obtener una bebida más equilibrada.

La denominación *old ale* (cerveza vieja) para ciertas cervezas es quizás algo equívoca: el calificativo *old* sugiere una cerveza madurada en botella o en depósito varios meses, incluso años, y en realidad así es para algunas que se asemejan a las llamadas *stock* o *keeping ales* (cervezas de guarda) o a sus correspondientes *bières de garde* en Francia. Sin embargo, las modernas *old ales* en Gran Bretaña son cervezas oscuras con una graduación alcohólica de alrededor de 5°. En Australia la denominación se refiere a las cervezas oscuras con independencia de su graduación. Las *bières de garde* francesas son más claras, doradas, y de más graduación. En Bélgica algunas fábricas elaboran cervezas maduradas en los depósitos durante años o mezcladas con cervezas nuevas.

Nacida en Londres, la cerveza *porter* es una *ale* oscura y fuerte con pronunciado sabor a malta y un destacado amargor. Su estilo ha sido imitado por cerveceras de otros países. Las cervezas *porter* más fuertes se denominaron *stout porter* y, finalmente, se quedaron solo con el adjetivo *stout* (recia) como denominación genérica. Entre estas últimas cabe destacar la *Irish* (irlandesa) *stout* cuyo mayor exponente es la superconocida cerveza Guinness. La llamada *Imperial stout* es una cerveza elaborada originariamente para la corte imperial rusa, siendo más fuerte que las ordinarias *stouts* inglesas. Derivada de ella, en los países nórdicos, se elabora una cerveza conocida como *Baltic porter* que, sin embargo, se produce mediante el proceso de fermentación típico de la cerveza *lager* y no de la *ale*, la fermentación en frío. Otras variantes de la *stout* es la *milk* (leche) *stout*, caracterizada por su dulzor derivado de la lactosa que contiene; la *oatmeal* (avena) *stout*, con un alto contenido de avena malteada; la *chocolate stout* y la *coffee* (café) *stout* que se caracterizan por su elaboración con malta tostada al máximo y el añadido de chocolate y café para acentuar estos sabores de la malta torrefactada; y la *oyster* (ostra) *stout* que recibe el nombre del aperitivo con el que se solía consumir y que, actualmente, es solo una simple referencia, aunque hay cervecerías que añaden un puñado de ostras al barril de la cerveza.

También de fermentación alta son las cervezas blancas o de trigo, de gran tradición en Bélgica (*bière blanche* o *witbier*) y en Baviera (*weizenbier*). En Francia, México, Estados Unidos y otros países producen cervezas de trigo que imitan a las originales de Bélgica. La cerveza blanca belga es generalmente una cerveza clara pero turbia. Está elaborada con maltas de cebada y trigo, trigo sin maltear y pequeños porcentajes de avena y trigo sarraceno. Las proporciones varían enormemente dependiendo de las cerveceras. Las cervezas de trigo alemanas deben obligatoriamente contener un 50 % de malta de trigo. Existen tres variedades: la *Kristallweizenbier*, rubia y transparente; la *Hefeweizenbier*, nombre derivado de su contenido en levaduras que le dan un aspecto turbio; y la *Dunkelweizenbier*, de color oscuro.

La segunda mitad del siglo XX ha conocido el auge de las cervezas belgas denominadas «de abadía». Son cervezas que tienen su origen en las elaboradas en determinados monasterios aunque, actualmente, pueden ser fabricadas en cerveceras industriales ligadas a un antiguo monasterio. Otros países europeos, como Francia, Holanda o Alemania, también elaboran cervezas de abadía, y asimismo en países como Canadá. Estas cervezas son de tipo muy variado aunque, en general, son de fermentación alta. Existen tres categorías dentro de las cervezas de abadía: las trapenses, las de abadías reconocidas, con un logo identificativo, y otras cervezas de abadía no reconocidas. De ellas, las más famosas son las trapenses de las que existen solo diez marcas (6 en Bélgica, 2 en Holanda, una austriaca, una americana). Existe una marca francesa que no tiene derecho al logo porque se fabrica fuera de los muros de la abadía. La trapense belga Westvleteren 12 elaborada en la abadía de Saint-Sixte en Flandes ha sido considerada, repetidamente desde 2005, por una página americana de Internet especializada en la calificación de cervezas como la mejor cerveza del mundo, lo que ha provocado un aumento extraordinario de su demanda sin que los monjes que la fabrican hayan aumentado ni su producción ni su precio. Esta cerveza solo se puede conseguir mediante reserva previa de una cantidad limitada y retirada en el mismo monasterio con cita concertada. Se trata de una cerveza oscura con un grado alcohólico alto (10,2º), de doble fermentación sobre un fondo de levaduras, por lo que necesita decantación, y con capacidad de maduración en botella durante años.

El tercer grupo de cervezas siguiendo el método de fermentación, es el de las cervezas de fermentación espontánea. En su proceso de elaboración no se añaden levaduras específicas para la fermentación del mosto sino que se deja a este evolucionar y fermentar por la acción de las levaduras y bacterias presentes en el ambiente. No son muchas las cervezas de este tipo. Generalmente se señalan las denominadas *lambic* belgas y las *American wild* (silvestre) *ales*, cervezas de elaboración limitada. Se caracterizan por un posgusto ligeramente agrio. La *lambic* pura es una cerveza de tres años que se sirve directamente del barril, sin gas añadido y sin filtrar. La más conocida *gueuze* es una cerveza, mezcla de cerveza joven con otra más madura, que realiza una segunda fermentación en botella gracias al contenido de levaduras de la cerveza joven. La *faro* es asimismo una mezcla de cervezas a las que se añade azúcar y se pasteuriza para evitar la fermentación en la botella. La *kriek* es una *lambic* con una fermentación en presencia de cerezas y una segunda fermentación en botella. Las *fruit* (fruta) *lambic* son cervezas fermentadas con el añadido de frutas tales como fresas, frambuesas, uvas, etc. y que tienen asimismo una segunda fermentación en botella.

Sean del tipo que sean, de acuerdo con su proceso de fermentación y con las variantes conocidas de cada uno de ellos, la variedad es la característica esencial de la cerveza, ya que cada maestro cervecero, o cada industria cervecera, tiene su fórmula para elaborar sus cervezas. Hay cervezas raras por su alto contenido alcohólico, fabricadas caprichosamente por cerveceras que persiguen la obtención de un producto único. Otras menos raras pero con características poco comunes, como la *rauchbier* alemana, una cerveza ahumada al utilizar para su fabricación malta secada mediante la aplicación de una llama viva, y que ha sido replicada en otros países. Una variedad que incita a los amantes de la cerveza a descubrir nuevas sensaciones con el disfrute de esta bebida. Además, cada clase de cerveza se degusta en un determinado tipo de vaso o jarra, de los que existen más de 350 modelos que añaden exclusividad al consumo de esta bebida.

LOS PLACERES
DE LA CAZA

La caza y la pesca han sido actividades humanas que, en su origen, perseguían la obtención de alimento. El hombre ha sido un predador que contribuía a mantener la cadena trófica y el equilibrio en la naturaleza hasta que, convertido en ganadero y dedicado a otras actividades, ha abandonado ese comportamiento virtuoso que compartía con otras especies del reino animal. En un mundo completamente diferente del que conocieron nuestros antepasados, los recursos de la caza, practicada ahora como deporte o diversión, mucho menos abundantes que en tiempos remotos, aportan a la gastronomía los valores de un alimento estacional y relativamente escaso.

A la llegada del otoño en el hemisferio norte se abre en los distintos países la veda de caza. Los animales ya se han reproducido, generalmente en primavera, y han sacado a sus crías adelante durante el verano. A los mercados y restaurantes empiezan a llegar los ejemplares cobrados por los cazadores y en determinadas regiones las familias disfrutan de un alimento rico en proteínas preparado en recetas tradicionales. Durante toda una temporada, las cocinas se emplean a fondo para ofrecer tradición y vanguardia en el apresto de aves y mamíferos salvajes que constituyen un capítulo importante del saber culinario y un regalo para los *gourmets*. En otras regiones del mundo la caza se practica de forma permanente, como en África.

Los animales objeto de caza para su consumo como alimento pueden ser mamíferos, aves, reptiles, batracios, moluscos terrestres, quelonios, e insectos. Tradicionalmente se establece una diferencia entre la caza de animales de gran tamaño (caza mayor) y la de aves y pequeños mamíferos (caza menor). No se habla de caza cuando se trata de la recogida de animales inofensivos e indefensos como caracoles e insectos, o de la captura de quelonios terrestres o acuáticos. Se habla impropiamente de pesca cuando se trata de capturar batracios y, sin embargo, sí se habla de la caza de los grandes mamíferos marinos como son las ballenas.

Posiblemente, será difícil encontrar en restaurantes y mercados organizados occidentales carne de determinados animales que, sin embargo, cuentan con una cierta demanda y aprecio gastronómico en sus regiones de origen. Un ejemplo puede ser la carne de **elefante** (*Loxodonta africana*). En África central la demanda de esta carne supera a la oferta y su consumo es prestigioso en las ciudades, por lo que alcanza precios superiores al resto de las carnes en el mercado. No resulta tan difícil encontrar comercialmente carne de **oso** (*Ursus arctos*) que en algunas culturas, incluida la occidental, fue apreciada, quizás más con carácter simbólico que gastronómico. Alexandre Dumas, excelente gastrónomo, en su libro sobre impresiones de un viaje a Suiza, dedica un capítulo a su experiencia de haber comido un buen filete de oso que el patrón del restaurante donde lo sirvieron proclamaba truculentamente que su sabor era excepcional porque procedía de un oso que había devorado a un hombre. El famoso cocinero francés Paul Bocuse señala en uno de sus recetarios que el oso pardo se mantenía en el siglo XIX como un bocado exquisito que no podía faltar en los festines más suntuosos, sobre todo en Rusia, y ofrece una receta de pies del plantígrado. La disminución de las poblaciones de osos en Europa está en el origen del olvido de esta carne de caza. Sin embargo, el oso negro americano (*Ursus americanus*), el más común en los Estados Unidos, ha sido consumido tradicionalmente en ese país y su carne puede adquirirse fácilmente. El presidente Theodore Roosevelt, en un libro suyo sobre caza, comparaba la carne de los osos negros jóvenes con la del cerdo, aunque en este aspecto no hay unanimidad. El sabor de la carne de oso depende mucho de la dieta seguida por el animal. En general, se prefiere la carne de oso alimentado principalmente de manera vegetariana. La carne de oso se consume asimismo en Canadá, Rusia y Escandinavia.

Otra carne exótica procedente de la caza es la carne de **canguro** (*Macropus rufus*). Evidentemente, Australia es el continente de donde proceden los canguros y donde su carne se consume de forma habitual, en filetes, picada o en salchichas. Fuera de Australia, la carne de canguro se convierte en rara y exótica ofreciéndose en restaurantes de Canadá, Estados Unidos y Europa como una especialidad para *gourmets*. Esta carne es tierna, magra y muy sabrosa.

Mucho se ha hablado de una «excelsa» *delicatessen* que, sin embargo, puede ofender el gusto y las buenas costumbres gastronómicas occidentales. Me refiero a los sesos de **mono**, consumidos en vivo, en lugares como Indonesia, donde los macacos son considerados como un exquisito bocado. No hay literatura gastronómica que establezca diferencias entre las diversas razas de monos consumidos como alimento en Asia y África, aunque en este último continente cada tipo de mono cazado se reserva para un determinado grupo familiar. Así, los monos de carne más tierna se reservan para los ancianos que tienen dificultades para la masticación. La carne de mono se considera como la más sabrosa de las de cuantos animales se cazan en la selva y puede adquirirse fresca en los mercados locales de los países consumidores, aunque también desecada o en conserva en tiendas étnicas en países occidentales.

En el Sudoeste de los Estados Unidos es frecuente la organización de barbacoas para consumir la carne de las **serpientes** de cascabel cazadas en una batida. En Asia y África, especies locales de serpientes son asimismo consumidas habitualmente, pero este consumo no ha traspasado las barreras culturales en la mayoría de países occidentales.

Alejándonos del exotismo extremo y centrándonos en la gastronomía occidental de la caza, la caza mayor está representada por el ciervo, el alce, el reno, el gamo, el corzo y el jabalí. Otros animales de caza mayor, muflones, rebecos y cabras monteses son objeto de caza deportiva sin verdadero aprovechamiento gastronómico.

Los cotos reales a lo largo de la Historia han sido muy celosos de su potencial cinegético, en especial de sus **ciervos (venados)** (*Cervus elaphus*), habiendo establecido incluso la pena de muerte para los cazadores furtivos. En los bodegones de caza el ciervo siempre ocupa un lugar preferente ya que se ha considerado como el trofeo más prestigioso entre los cazadores. Sin embargo, su prestigio gastronómico no es tan grande en la actualidad. La culinaria moderna no parece muy proclive a recurrir a la carne de caza para innovar en los fogones. Afortunadamente, la tradición se mantiene en muchos países y durante la estación de caza resurgen los platos clásicos entre los que se incluyen los que tienen su base en la carne de ciervo. Aunque como trofeo cinegético los machos con espectaculares cornamentas son los más apreciados por los cazadores, en la cocina se prefieren los ciervos jóvenes. Las partes del animal de interés gastronómico son las piernas (patas traseras) y los lomos. Siendo la carne de ciervo poco grasa y de fuerte sabor montuno, los adobos son la manera más adecuada de preparar su cocinado. También se elaboran cecinas con su carne. Las tiendas de *delicatessen* ofrecen en temporada carne de ciervo, incluso preparada en adobo, mientras que las grandes superficies suelen ofrecer carne de ciervo procedente de granjas de cría de este animal en semicautividad.

En los países escandinavos, especialmente en Finlandia, en Canadá y en Alaska, la caza del **reno (caribú)** (*Rangifer tarandus*) proporciona una carne más exquisita que la del ciervo, aunque el mayor consumo de este tipo de carne se obtiene de animales de ganadería. Además de su carne, tierna y sabrosa, con la que se elaboran caldos y guisos y se procesa como cecina, del reno se aprovechan sus órganos internos como casquería. Especialmente delicado es su hígado ahumado en caliente, por lo que puede consumirse sin cocinado posterior como corte frío.

El alce (*Alces alces*), otro cérvido, el más grande de la familia, ha quedado confinado a las zonas boscosas del Norte del hemisferio norte. Es un preciado trofeo de caza al igual que su carne que se consume festivamente en Escandinavia y masivamente en Alaska. No existe ganadería del alce que es un animal básicamente solitario.

Desaparecido de la mayoría de los bosques europeos, o reducido a escasas poblaciones, **el gamo** (*Dama dama*), es un venado de tamaño mediano de estampa amable por su pelaje moteado de blanco y por la cornamenta plana de sus machos. Su carne es de grano fino y sabrosa, especialmente la de las hembras y la de los ejemplares jóvenes, apta para asados y guisos. Los lomos, debidamente reposados, son particularmente tiernos, hasta el punto de poder cortarse con el tenedor. Este cérvido es objeto de explotación ganadera, especialmente en Canadá, donde es muy apreciado.

El más pequeño de la familia de los cérvidos es **el corzo** (*Cervus capriolus*). También es el más abundante en Europa. En América del Norte se le conoce con el nombre de ciervo de Virginia. En Alemania, la carne de corzo es un plato considerado de excepción gastronómica y su consumo es notable durante la estación de caza. Se prepara igual que el gamo y el ciervo, aunque es mucho más tierno que este último.

Los cazadores aprecian las batidas organizadas para la caza del **jabalí** (*Sus scrofa*), pariente salvaje del cerdo doméstico, y los gastrónomos disfrutan en la mesa con las preparaciones de su carne. El jabalí puebla el área templada euroasiática y existen algunas variedades en África. En América y Oceanía el jabalí es un animal introducido por el hombre. Los jabalíes jóvenes, los jabatos, son los que tienen mayor valor gastronómico. Su carne es rosada y tierna, envuelta en una gruesa capa de grasa desarrollada con la alimentación de sus primeros meses de vida. Los ejemplares más viejos son menos apreciados gastronómicamente y su carne debe ser tratada con las técnicas de adobo y marinado propias de otras especies cinegéticas como los venados. La cabeza de jabalí, un fiambre elaborado con las partes blandas de la cabeza del animal cuenta con fervorosos *gourmets* partidarios de este bocado. El jabalí se reproduce prolíficamente y constituye en ciertas regiones una plaga para los cultivos de cereales y hortícolas. La oferta de carne de jabalí durante la estación de otoño-invierno es habitual en selectas carnicerías de Italia, Alemania y otros países europeos.

La caza menor se subdivide en caza de pelo y caza de pluma. La primera está constituida por los mamíferos roedores, liebres, conejos de monte, ardillas, y algún otro animal exótico, como la vizcacha, la paca o el carpincho o capibara en Sudamérica. La caza de pluma es la que corresponde a la caza de aves salvajes que son la base de una culinaria muy apreciada por los *gourmets*.

La cultura gastronómica de la caza tiene su epicentro en Europa donde la tradición adoptada por la restauración, incluso la de lujo, ha desarrollado una cocina muy adaptada a las características de cada especie. La caza menor sigue, en este sentido, las pautas de la caza mayor siendo, quizás, más versátil en lo referente a las aves por la mayor variedad de especies.

La liebre (*Lepus timidus*) y **el conejo de monte** (*Oryctolagus cuniculus*) son dos clásicos de la caza menor. Son los exponentes de la caza de pelo. Son animales muy prolíficos que, aclimatados en territorios donde no existen depredadores naturales, se convierten en una plaga. Precisamente, para combatirlos se propagaron enfermedades específicas que, finalmente, han diezmado las poblaciones incluso en territorios donde su presencia era equilibrada. Aunque pertenecientes a la misma familia, la liebre y el conejo son gastronómicamente distintos. El conejo de monte, del que derivan las variedades de conejo doméstico, del que se diferencia por el sabor de su carne, más sabrosa debido a su régimen alimenticio campestre, tiene una carne blanca y magra apropiada, sobre todo la de los animales jóvenes, para preparaciones sencillas, aunque se acomoda perfectamente en guisos tradicionales y en platos de cocina moderna. La liebre, sin embargo, con su carne negra, de sabor más pronunciado, es más apreciada gastronómicamente. Determinadas preparaciones forman parte de la culinaria clásica de la caza, como el *civet* de liebre, preparado con la propia sangre del animal. Tanto en el conejo como en la liebre, las partes nobles son las patas traseras y los lomos y, en ambos animales, el hígado resulta ser muy sabroso y apropiado para potenciar el sabor de las salsas y los guisos y para formar parte de rellenos.

Posiblemente, **la ardilla** (*Sciurus vulgaris*) se haya convertido en un alimento rechazado culturalmente, al menos en Occidente, por dos razones: porque se trata de un animal gracioso que mueve a la simpatía y porque una vez desollado algunos recuerdan el parecido con una rata, paradigma del roedor gastronómicamente deleznable. Su carne blanca es perfectamente comestible, recordando a la carne del conejo de monte aunque más delicada, y se prepara de igual manera que este último. Algunos *gourmets* aficionados a los alimentos no convencionales incluyen las ardillas en la panoplia de piezas cinegéticas con las que celebrar gastronómicamente la temporada de caza.

Aunque la sabiduría popular es universalmente reconocida, existen dichos populares que deben ser rotundamente contestados. Así el refrán «ave que vuela a la cazuela» no debe tomarse, ni mucho menos, por dogma incontestable de la sabiduría popular. Son, sin embargo, muchas las especies de **aves salvajes** que se cazan y se consumen como alimento exquisito, estacional y a veces raro. La felicidad se asocia al consumo de perdices y las mesas imperiales no se conciben sin la presencia de faisanes reconstituidos con sus coloridos plumajes.

Las gallináceas salvajes son aves muy apreciadas gastronómicamente, siendo quizás **el faisán** (*Phasianus colchicus*) el jefe de fila del grupo. Es precisamente esta ave la que ha dado nombre al término francés de *faisandage*, es decir: la técnica de madurar la carne de caza de forma extrema, hasta su putrefacción, con el fin de ablandarla y proporcionarle el sabor apreciado antiguamente para este tipo de alimento. Esta práctica no cuenta actualmente con ningún apoyo; al contrario, se considera nociva, sanitaria y gastronómicamente. Las poblaciones de faisanes salvajes han disminuido considerablemente en regiones donde la actividad humana modifica sus hábitats. Por ello, como es el caso de otras aves apreciadas por los cazadores, los faisanes suelen ser criados en granjas y liberados en espacios abiertos en la temporada de caza. La carne de las hembras es más apreciada que la de los machos y la culinaria clásica ha consagrado aprestos específicos para cocinar esta ave que adorna en temporada los puestos de alimentación selecta que ofrecen en los mercados piezas de caza.

De la misma familia que el faisán, **el urogallo** (*Tetrao urogallus*), sin embargo, no se ha conseguido reproducir en granjas, por lo que la especie es particularmente apreciada por los cazadores. El urogallo tiene su hábitat en bosques mixtos de pinos y otras especies de árboles asociadas a estos en varias regiones de Europa y Asia, en algunas de las cuales se encuentra totalmente protegido. Difícilmente el urogallo pueda llegar a las mesas de los restaurantes, su consumo se limita al círculo íntimo de los cazadores. Organolépticamente, la carne de esta ave tiene un sabor a resina debido a su alimentación, que incluye agujas tiernas y brotes de pino, lo que obliga a utilizar técnicas curiosas para eliminar este sabor. Por ejemplo: se introduce en su interior una piedra caliente que se retira posteriormente remplazándola por pan frito restregado con ajo y un puñado de nebrinas (bayas de enebro).

Existen otras especies de gallináceas emparentadas con el urogallo que habitan los bosques del Norte europeo y en Norteamérica, lagópodos (*Lagopus lagopus*), gallos lira (*Tetrao tetrix*), grévoles (*Tetrastes bonasia*) y gallos de las praderas americanos (*Tympanuchus phasianellus*), objeto de caza y consumo gastronómico.

«... Y fueron felices y comieron perdices». Este colofón a los cuentos infantiles pone de manifiesto el aprecio por **la perdiz,** una pequeña gallinácea de carne muy apreciada cuya caza es asimismo muy valorada como actividad cinegética. La perdiz ha podido ser criada en granjas destinadas a repoblar en época de caza los territorios naturales donde se cría el ave. Existen muchas variedades de perdiz, pero las más apreciadas son la perdiz roja (*Alectoris rufa*), común en la península ibérica, y la perdiz gris (*Perdix perdix*). Las perdices jóvenes del año se denominan perdigones.

La más pequeña de las gallináceas salvajes es **la codorniz** (*Coturnix coturnix*), un ave migratoria que se ha domesticado de tal manera que las que se ofrecen el mercado son prácticamente todas de criadero. Sus huevos son asimismo objeto de explotación comercial y se utilizan en cocina principalmente como elementos decorativos, sin que por ello haya que despreciar su valor nutritivo.

El recetario de las gallináceas de caza es generalmente similar para todas las especies, aunque existen preparaciones regionales singulares para algunas de ellas como es el caso de la perdiz roja manchega cocinada en escabeche o la perdiz con repollo tradicional en Francia.

Otra familia de aves objeto de caza y valoradas como alimento extraordinario son las ánades. Existen numerosas variedades de **patos salvajes**, aves migratorias presentes en todo el hemisferio norte y en regiones del hemisferio sur. El ánade real o azulón (*Anas platyrhynchos*) es la especie más cazada, aunque lo son también otras especies que frecuentan los humedales, lagos y lagunas, como el pato silbón (*Anas penelope*) o el ánade friso (*Anas strepera*).

Entre las aves acuáticas objeto de caza se encuentra la **becada** (*Scolopax rusticola*), un preciado trofeo para los cazadores por la dificultad de su cobro y un ave de culto de *gourmets* y gastrónomos. La becada es un ave que vacía su intestino cada vez que remonta el vuelo, por eso al cazarla se cobra una pieza que no necesita ser vaciada para su preparación en la cocina. Tradicionalmente se recomendaba su *faisandage*, una ligera maduración de pocos días que hacía su carne más perfumada. Hoy día no se sigue esta práctica. Los usos culinarios actuales que preconizan un breve cocinado para la mayoría de aves no se compadece con el *faisandage*. La carne de la becada es la carne de ave preferida por los *gourmets* que la elevan a la categoría de manjar icónico. Ligeramente negra es de una finura inigualable. Sus intestinos no solo son comestibles sino que son una parte del ave a la que se presta una especial atención: solos o mezclados con *foie gras* y unas gotas de coñac se extienden sobre una tostada que acompaña la carne. También se aprecia el sesito de la becada que se considera un bocado de rey.

En el País vasco francés y regiones adyacentes, durante el mes de octubre, puede leerse en algunos comercios un curioso oxímoron: «Cerrado por apertura». Las gentes del lugar entienden perfectamente que la apertura se refiere a la de la veda de la caza de las palomas torcaces que emigran hacia la península ibérica y el norte de África procedentes de los territorios del centro y norte de Europa y son esperadas ansiosamente por los cazadores en los corredores de paso de los Pirineos. **La paloma torcaz** (*Columba palumbus*) es la especie de más tamaño de la familia de las palomas salvajes y la más apreciada gastronómicamente. Recibe su nombre de torcaz a causa de las manchas blancas de su cuello (del latín *torquatus*: adornado con collar). Es un ave migratoria, aunque también sedentaria en las regiones mediterráneas, característica que ha hecho desarrollar una tradicional actividad de caza especializada, en particular en zonas del Pirineo. La paloma torcaz es un manjar muy apreciado en las regiones en las que se caza. Asadas, en salsa, o guisadas de alguna otra manera apropiada para las aves son deliciosas. Los monjes capuchinos de la región francesa de las Landas establecieron una forma particular de preparar las torcaces y otras aves de caza que se ha conservado hasta nuestros días: se trata de flambear las aves con tocino de jamón fundido en un embudo metálico con mango, calentado casi al rojo vivo, que deja escurrir la grasa llameante sobre las palomas ya asadas. Considerada esta preparación una *delicatessen*, los restaurantes que la practican se ven desbordados en temporada por los *gourmets* que no quieren renunciar a los placeres estacionales ofrecidos por la disponibilidad de torcaces.

La **tórtola** (*Columba turtur*), otra paloma migratoria, rivaliza con la torcaz en cuanto a aprecio gastronómico se refiere, preparándose culinariamente de forma similar a ésta.

Gran número de aves pequeñas del género paseriformes, comúnmente llamadas pájaros, son cazadas para ser consumidas como alimento. En Andalucía, por ejemplo, los pajaritos fritos han sido una tapa tradicional en bares y tabernas hasta la prohibición de la caza y el comercio de la mayoría de especies paseriformes. Podría decirse que en la misma sartén se entremezclan mirlos, tordos, estorninos, alondras, escribanos y otras aves de pequeño tamaño. En Francia los gastrónomos se comportan de una manera más selectiva: **el escribano hortelano** (*Emberiza hortelanus*), por ejemplo, se ha mantenido como un exquisito bocado desde los tiempos del imperio romano hasta que la amenaza de desaparición de la especie lo ha convertido en un placer gastronómico secreto. Estando prohibida su caza, solo el furtivismo se cobra los ejemplares que los *gourmets* pagan a precio de oro y degustan escondidos al abrigo del control de las autoridades. Estos pajaritos, de apenas 25 gramos de peso, son capturados vivos, encerrados en cajas durante tres semanas y cebados con mijo. El escribano desarrolla una gran cantidad de grasa bajo su piel y es entonces cuando está listo para ser sacrificado ahogándolo en armañac. Una vez desplumado, se asa ligeramente y se introduce entero en la boca, consumiéndolo en su totalidad sin descartar absolutamente nada, ni huesos ni otros residuos, masticándolo hasta convertirlo en un fino puré que, dicen, recuerda al *foie gras* ligeramente trufado. Los puristas se cubren la cabeza con una servilleta para concentrar los efluvios del pajarito y del vaso de vino tinto de Burdeos que debe acompañar su ingesta. Se dice que el presidente francés François Mitterrand, siete días antes de su fallecimiento, quiso despedirse gastronómicamente de este mundo saboreando unos deliciosos escribanos a la manera tradicional, es decir: bajo el amparo de una blanca y fantasmagórica servilleta.

Uno de los más valiosos productos de origen animal, y más precisamente de origen avícola, son los nidos comestibles de dos especies asiáticas de la familia de los Aerodramus (*Aerodramus fuciphagus* y *Aerodramus maximus*), conocidos como **nidos de golondrina**. Son nidos construidos casi exclusivamente con la saliva de estas aves. La sopa que se confecciona con estos nidos es desde hace más de mil años una exquisitez y un plato de lujo en la cocina china. El líder de la revolución china Mao Zedong prohibió el consumo de esta sopa por considerarla un lujo decadente, aunque en los años noventa del siglo xx, la sopa, refugiada en la colonia británica de Hong Kong, ha vuelto a las mesas de excepción en la China continental. Los nidos aportan una sustancia gelatinosa insípida que incorpora los sabores de los condimentos por lo que pueden prepararse platos salados y dulces. A pesar de su carácter insípido, los precios que alcanzan los nidos en el mercado superan los 2.500 dólares el kilo. Un curioso y casual hallazgo reciente ha permitido construir edificaciones única y exclusivamente para facilitar la nidificación de estas aves en el sur de Borneo (Indonesia) creando una próspera actividad comercial en torno a la explotación de los nidos.

Casi tan famosa como la sopa de nidos de golondrina es la sopa de tortuga en la cocina asiática. Esta sopa está mucho más extendida que la anterior en la gastronomía universal, pues ya en el siglo xviii era un plato exquisito servido en restaurantes de la costa Este de los Estados Unidos. En Asia oriental la sopa se elabora a partir de **tortugas** de caparazón blando de la especie *Pelodiscus sinensis,* la misma consumida asimismo en Japón con el nombre de *suppon*, con tal demanda que ya a finales del siglo xix se criaba de forma intensiva. En los años 90 del siglo xx los precios de este quelonio en China aumentaron espectacularmente a causa de la escasez provocada por la caza excesiva del animal, lo que ha propiciado el desarrollo de criaderos. Otras especies de tortuga de caparazón blando, como la *Palea steindachneri*, también son objeto de consumo y, aunque en menor medida, de crianza intensiva. En los Estados Unidos también se consumen tortugas de caparazón blando procedentes de Florida (*Apalone ferox*) cuya caza está estrictamente regulada. También ha sido tradicional el consumo de la tortuga espalda de diamante (*Malaclemys terrapin*) y, sobre todo, de la tortuga mordedora (*Chelydra serpentina*). El consumo tradicional de tortuga en las Islas Británicas tuvo como base la tortuga verde (*Chelonia mydas*), una tortuga marina actualmente protegida como especie amenazada que adquiere este nombre por el color de su grasa.

En muchos restaurantes franceses, o de estilo francés, ofrecen como primer plato caracoles de Borgoña (*Helix pomatia*). Es un plato tradicional que se ha convertido en una enseña de la culinaria francesa. **Los caracoles**, una vez purgados, se cuecen ligeramente y se separan de la concha; a continuación se vuelven a introducir en esta cubriéndolos con una pomada de mantequilla y finas hierbas; se hornean y se sirven a continuación en platos diseñados *ad hoc* para contener una o media docena de estos moluscos de tierra. Otras especies europeas, como el caracol de jardín (*Helix aspersa*), se reproducen fácilmente en granjas y se consumen en varias regiones europeas. La serrana o baqueta (*Iberus gualtieranus alonensis*) es el caracol estrella en las regiones españolas donde se recolecta (sur de Cataluña, Comunidad Valenciana y Murcia); suele añadirse a la paella o formar parte de guisos tradicionales y alcanza precios muy altos por su escasez ya que no se reproduce bien en criaderos. Otras variedades comestibles son la «cabrilla» (*Otala punctata*) y el *Theba pisana*. Los huevos de caracol constituyen el llamado «caviar» de caracol.

Los ingleses suelen referirse peyorativamente a sus vecinos franceses como *frogs* o *froggies* por su aprecio a **las ancas de rana** como un plato exquisito (*frog* es el término inglés para este batracio), ya que para los británicos no es un bocado de gusto. Pero no solo en Francia las ancas de rana son consideradas una *delicatessen*, en China, India y otros países asiáticos así como en países europeos como Alemania, Italia o Grecia, o en los Estados Unidos también lo son. Existen varias especies comestibles pero, en Europa, la rana comestible por excelencia es la *Pelophylax esculentus,* una especie naturalmente híbrida común en el norte de Europa e introducida en España y otros países del sur de Europa. En la culinaria francesa las ancas de rana han sido un plato de lujo desde hace algo más de doscientos años, según lo señala Alexandre Dumas en su famoso *Gran Diccionario de la Cocina.* Antiguamente, las ancas se cocinaban en forma de guisos pero su preparación ha ido evolucionando hasta nuestros días en que los aprestos son más simples (salteadas con ajo y perejil, por ejemplo). En las regiones donde las ancas de rana se consumen tradicionalmente estas suelen prepararse utilizando técnicas culinarias y condimentos locales.

Existe una singular práctica de caza que no encaja en la actividad cinegética tradicional: se trata de la caza de **las ballenas**. Durante siglos ha sido una caza practicada por poblaciones costeras en Europa (España, Islandia, Francia, Noruega) y en Asia (Japón, Corea, Rusia) limitada a una tecnología poco desarrollada anterior a la aparición de la máquina de vapor. A partir de ese momento se convirtió en una práctica esquilmadora que ha puesto en peligro la supervivencia de algunas especies. Existe una moratoria para la caza de cetáceos que, sin embargo, no es respetada por algunos países. Japón, Rusia, Noruega, Islandia, Perú y Corea continúan aún cazando ballenas. ¿Es la carne de ballena una *delicatessen?* Contrariamente a lo que pueda creerse, ciertamente no. La carne de ballena ha sido una fuente de proteínas sustitutiva de otras más tradicionales, como el vacuno, el cerdo o el pollo, y se ha extendido su consumo en determinados periodos, en Japón especialmente, incentivando su oferta. En cualquier caso, aún existen en Japón restaurantes dedicados, de forma exclusiva, a la venta de platos confeccionados con carne de ballena que se consume en *sashimi,* como *sushi,* en *carpaccio* y cocinada, frita, al vapor o a la parrilla.

LA ESPUMA
DEL MAR

El medio acuático, mares, lagos y ríos, ha proporcionado al hombre, desde los albores de su existencia, alimento proteico a través del consumo de variadas especies animales capturadas mediante simple recolección o con técnicas de pesca que se han perfeccionado a lo largo del tiempo. En la actualidad, marisco y pescado son alimentos corrientes en la dieta de la población de amplias regiones del ancho mundo. En algunas más que en otras. Y algunas especies son consideradas alimentos exquisitos y de excepción en las gastronomías de los países más desarrollados.

La pesca industrial y la acuicultura han desalojado del podio de las *delicatessen* a ciertos tipos de marisco y pescado cuyo consumo se ha banalizado, aunque esas mismas especies capturadas con técnicas tradicionales en su medio natural siguen siendo alimentos altamente apreciados por los *gourmets*.

El término **marisco** ampara un conjunto de invertebrados marinos, principalmente moluscos y crustáceos aunque también otros animales como erizos o pepinos de mar. La mayoría de ellos capturados en su medio natural son alimentos gastronómicamente apreciados y, en diverso grado, considerados como *delicatessen*. La langosta, las ostras, el cangrejo real, las cigalas, son ejemplos ilustradores de este aprecio.

En la cocina clásica internacional, la preparación de algunos mariscos exquisitos ha consagrado recetas cuya mera mención transporta al *gourmet* a registros de lujo y exclusividad. Tal sucede, por ejemplo, con la «langosta Thermidor», una receta parisina de finales del siglo XIX en la que la carne de la langosta o del bogavante se presenta troceada en su caparazón cubierta con una salsa, gratinada y acompañada de pequeños champiñones y trufas. O la «langosta a la americana», elaborada en una salsa con acentos mediterráneos.

La **langosta** (*Palinurus elephas*) y el **bogavante** (*Homarus gammarus*) son grandes crustáceos decápodos dotados de un caparazón rígido. Se diferencian esencialmente en que el bogavante posee dos enormes pinzas, mientras que la langosta carece de ellas. Básicamente, existen dos variedades de bogavante, la europea y la americana. El bogavante europeo se captura esencialmente a lo largo de la fachada atlántica, y el americano procede de Canadá. También la langosta se captura en la costa atlántica americana y en la europea pero también en el Mediterráneo y en el Caribe. Los gastrónomos aprecian más las variedades europeas, y en ambos casos las hembras a los machos. Parecen estar de acuerdo en que no existe diferencia apreciable entre la calidad de la carne de la langosta y el bogavante, por lo que culinariamente se suelen preparar de la misma manera y ambos son un manjar de excepción.

Los santiaguiños (*Scyllarus arctus*) y las cigarras de mar (*Scyllarides latus*) son crustáceos parecidos a la langosta, aunque más aplanados, de gran finura y excelente sabor. Los primeros suelen comercializarse en tamaños de alrededor de 10 cm y las segundas pueden llegar hasta los 40 cm aunque su sobrepesca ha provocado la prohibición de su captura en Europa.

La **cigala** (*Nephrops norvegicus*) es sin duda uno de los crustáceos más delicados y exquisitos. Parecida a la langosta, aunque mucho más pequeña y con pinzas, su cuerpo atesora una carne de gran finura que conviene cocer ligeramente para preservar su delicada textura. Se pesca en el Atlántico Norte y en el Mediterráneo. Las cigalas más grandes, de hasta 20 cm de longitud, alcanzan altos precios y constituyen un manjar que los grandes cocineros se esfuerzan en enriquecer con salsas apropiadas.

Aunque procedente de aguas dulces, el **cangrejo de río** (*Astacus astacus*) se aproxima al marisco por su morfología parecida a la del bogavante, aunque de mucho menor tamaño, y su identidad como crustáceo decápodo, pero gastronómicamente se sitúa en otro registro ya que carece de los aportes marinos que caracterizan a los crustáceos de agua salada. Existen numerosas especies a lo largo y ancho del mundo y su consumo es universal considerándose siempre como un alimento selecto. La parte aprovechable del cangrejo de río es la carne de la cola, que se emplea en preparaciones culinarias de cierta finura, como las que en Francia se denominan *à la Nantua*. Las recetas tradicionales en casi todas las partes del mundo donde se consumen cangrejos de río son preparaciones a base de salsas locales, generalmente picantes, en las que se cocinan los cangrejos enteros que sin este acompañamiento resultan ser algo insípidos. La introducción de especies americanas en Europa ha reducido las poblaciones de cangrejos autóctonos europeos de sabor más pronunciado.

En el mar que rodea la península de Kamchatka en los confines árticos de Rusia oriental la pesca del **cangrejo real** (*Paralithodes camtschaticus*) dio a la luz una de las conservas más famosas del mundo, presente desde hace años en las mejores tiendas de *delicatessen*: Chatka. Se trata de una conserva de carne de cangrejo real ruso, un crustáceo de grandes dimensiones que solo se cría en el área geográfica citada. En los años 70 del siglo xx, sin embargo, Rusia introdujo la especie en el mar de Barents, en el Ártico europeo, donde se ha convertido en una plaga, sin que por ello haya perdido su puesto destacado en el elenco de los mariscos exquisitos. Sus largas patas atesoran una carne abundante, fina y sabrosa. Además de en conserva, el cangrejo real también llega a los mercados congelado.

Existen otros cangrejos menos «reales» pero no menos apreciados, sobre todo en áreas locales, como es el caso del centollo y la nécora en España.

El **centollo** o centolla (*Maja squinado*) es un cangrejo migratorio cuyo caparazón, redondeado, rugoso y peludo, puede medir entre 15 y 20 cm de diámetro. Se captura principalmente en la costa atlántica francesa, aunque su aprecio gastronómico se centra sobre todo en el norte de España (Galicia y País Vasco). El centollo patagónico del Atlántico Sur tiene un especial y justo reconocimiento. Gastronómicamente se prefiere la hembra al macho por ser más sabrosa. Algunas recetas para preparar el centollo han adquirido la categoría de icónicas, como el «changurro a la donostiarra», tradicional preparación del centollo en el País vasco.

Otro cangrejo de talla grande es el **buey de mar** (*Cancer pagurus*). Es el cangrejo de más talla que llega nuestros mercados. De caparazón ovalado y liso, sus patas delanteras son dos potentes pinzas tan peligrosas como las del bogavante aunque más pequeñas. Se captura en el Atlántico oriental. Su carne no es tan sabrosa como la del centollo pero su proporción de carne comestible respecto a su peso es mayor que la de este. Se prepara de forma similar al centollo sustituyéndolo frecuentemente en la confección del changurro vasco. Se deben preferir los ejemplares grandes (de alrededor de 1 kilo). No parece haber diferencias organolépticas entre la carne de hembras y machos.

Los gastrónomos, sin embargo, consideran que el cangrejo más fino, delicado y sabroso es la **nécora** (*Necora puber*). De talla significativamente inferior a los anteriores y, en consecuencia, de mayor dificultad para extraer su carne, los *gourmets* se emplean gustosamente en la tarea de hurgar en sus patas y en sus alvéolos para conseguir su premio. Este cangrejo es asimismo un buen ingrediente para dar sabor a sopas y caldos de marisco y pescado.

Los crustáceos decápodos de cuerpo alargado y de caparazón flexible, de talla mediana o pequeña, identificados como **camarones**, constituyen por sí mismos un alimento apreciado tanto en Occidente como en las culturas orientales. Algunas especies se prestan fácilmente a su reproducción en criaderos como es el caso del langostino tigre gigante (*Penaeus monodom*) en Vietnam; o el camarón (langostino) (*Penaeus vannemei*) en Ecuador y Centroamérica. Esta circunstancia ha banalizado el consumo de **langostinos**, pero aquellos pescados en sus zonas habituales de cría natural, especialmente en el Mediterráneo, aunque también en el Atlántico europeo, siguen teniendo el especial aprecio de los gastrónomos. Famosos son los langostinos de Vinaroz (*Penaeus kerathurus*) de un color rosáceo tirando a marrón claro, con anillos pardos en los segmentos abdominales que se vuelven de color rojo intenso al cocerse; o los de Guardamar del Segura; o los de Sanlúcar de Barrameda en

Huelva, ya en el Atlántico. En general, son langostinos cuyo hábitat se encuentra en la desembocadura de los ríos, donde la salinidad es baja, circunstancia que les concede una especial finura.

Parecidas a los langostinos, aunque generalmente más pequeñas, las **gambas** son un marisco que, en algunas de sus versiones, pueden alcanzar cotas superlativas de calidad gastronómica. En España cuentan con una estimación especial la gamba blanca de Huelva (*Parapenaeus longirostris*) y la gamba roja de Denia (*Aristeus antennatus*) que se pesca en todo el Mediterráneo occcidental español. Las primeras son las clásicas gambas de la preparación a la plancha, aunque también son apreciadas recién cocidas. La más pequeñas, llamadas gambas arroceras, son un ingrediente esencial de las paellas de marisco. La gamba roja hace tiempo que se ha convertido en un auténtico lujo en el mercado español. Tiene una cabeza de gran tamaño en la que transporta los huevos, por lo que es especialmente sabrosa, que es una de sus características junto con las largas antenas, su color rosado, casi rojo, y el tono azulado del caparazón. Las gambas rojas de Palamós y Denia son las más afamadas. Se preparan como las gambas blancas, a la plancha o cocidas.

En los países del norte de Europa las gambas, desprovistas de su cabeza y caparazón, forman parte del paisaje gastronómico como el marisco más abundante, formando parte siempre de preparaciones frías (cócteles, ensaladas, etc.). Se trata de la variedad *Pandalus borealis*, conocida como camarón nórdico, que abunda en las aguas frías del Atlántico y el Pacífico. También es la variedad que puede encontrarse en conserva.

Emparentadas con las gambas, las **quisquillas**, de las que existen varias especies, son pequeños crustáceos muy apreciados como aperitivo, o en cócteles y ensaladas las más grandes. En España suelen denominarse quisquillas o camarones y se consumen cocidas diferentes variedades: el camarón báltico (*Palaemon adspersus*), procedente de las pesquerías de Dinamarca; el camarón de la posidonia (*Palaemon xiphias*) de aspecto de langostino con el cuerpo redondeado; la esquila (*Palaemon elegans*) cuyo cuerpo presenta bandas pardoamarillentas; la quisquilla gris (*Crangon crangon*) abundante en los mercados franceses, holandeses y alemanes, de coloración parda. En España, en la Andalucía atlántica, se pescan otras especies de camarones (*Palaemon varians* y *Palaemon longirostris*) de muy pequeño tamaño que se utilizan en una famosa y tradicional preparación como son las tortillitas de camarones, celebradas por los *gourmets* avisados ya que se trata de una especialidad muy local.

A veces se «descubren» mariscos que no tuvieron tradicionalmente gran aprecio y que sus cualidades organolépticas y su empleo en recetas novedosas los elevan a la categoría de productos de primera fila en los mercados. Es lo que ha sucedido con el **carabinero** (*Aristaeopsis edwardsiana*), un crustáceo de intenso color rojo oscuro, similar al langostino, aunque de mayor tamaño. Los interiores de su cabeza son de fuerte sabor, lo que los hace ideales para elaborar caldos y para prepararlos simplemente a la plancha. La carne de su cola es un ingrediente apropiado para salpicón de mariscos variados, como la correspondiente al **gambón** argentino (*Pleoticus muelleri*) muy presente en la actualidad en la oferta de las pescaderías.

Existe un crustáceo muy diferenciado morfológicamente de los descritos anteriormente que cuenta con gran predicamento en España. Se trata del **percebe** (*Pollicipes pollicipes*) que habita en colonias arracimadas sobre rocas batidas por el oleaje. Exteriormente es una especie de pequeña manga cilíndrica, de unos pocos centímetros de largo (cinco es el tamaño comercial) y alrededor de un centímetro de grosor, de color gris oscuro o negruzco, rematada por un conjunto de placas calcáreas similares a una pezuña caprina. Dependiendo del hábitat en el que se desarrollan, el cuerpo del percebe es más o menos largo y más o menos grueso. En el interior, destaca el pedúnculo musculoso, recubierto por la piel antes descrita como manga, que es la parte comestible. Se recolecta difícilmente por su ubicación en rocas donde rompen las olas. Se encuentra en la costa atlántica de la península ibérica y Marruecos y también en la costa atlántica canadiense. Los entendidos destacan la calidad superior de los percebes gallegos, generalmente reconocibles por ser los más oscuros. Se consumen ligeramente escaldados, templados de preferencia, aunque también fríos. Los amantes del marisco suelen ponderar las sensaciones gustativas proporcionadas por este crustáceo al que sitúan en la cúspide de la pirámide de sus preferencias.

En la costa chilena y peruana del Pacífico se cría otra variedad de crustáceo de la familia del percebe. Se trata del **picoroco** (*Austromegabalanus psittacus*). Su morfología se asemeja más a la de los moluscos, ya que cuenta con una protección tubular calcárea. El picoroco es consumido tradicionalmente en la gastronomía chilena, formando parte del elenco selecto de mariscos de aquel país.

De los miles de moluscos marinos que existen, muchos de ellos son comestibles y algunos pocos están considerados como mariscos de excepción. Pensemos en el caso de **las ostras**. Desde antiguo, el cuerpo blando de este molusco, encerrado en su concha de exterior pétreo e interior nacarado, ha constituido un bocado exquisito, presente en las mesas más selectas, símbolo de fiesta y exponente de la gastronomía de lujo. Considerada como un alimento afrodisíaco, la ostra se ha consumido en raciones pantagruélicas muy alejadas de la media docenita de los comensales actuales: El paradigma de los seductores, Giacomo Casanova, consumía diariamente cuarenta ostras para el desayuno; y el celebrado literato Honoré de Balzac le dio el sablazo a su editor en una comida donde consumió cien ostras de Ostende. La ostra europea (*Ostrea edulis*) es una ostra plana y redondeada que se encuentra a lo largo de la costa oeste de Europa desde Noruega a Marruecos en el Atlántico nordeste y en la cuenca del Mediterráneo. También se observan poblaciones naturales en el este de Norteamérica como resultado de introducciones intencionales en los años cuarenta y cincuenta del siglo xx. Debido a sucesivos episodios de plagas entre sus poblaciones, la ostra europea desapareció casi por completo de los mercados en 1920 y, a pesar de su recuperación posterior, en la década de los 70 y los 80 del pasado siglo volvió a sufrir enfermedades que diezmaron de nuevo sus criaderos. A pesar de los nuevos métodos de crianza en factorías y los programas intensivos de repoblación, la producción de la ostra europea ha permanecido baja desde ese tiempo. Como consecuencia de esas circunstancias, la ostra plana fue sustituida en los mercados por la llamada ostra japonesa o del Pacífico (*Cassostrea gigas*), estrecha y de concha abombada, menos fina y menos apreciada, por tanto, que la ostra europea que, consecuentemente, alcanza precios mucho más altos. La única ostra europea que se libró de enfermedades es la que se cría en la costa dálmata, en la ría donde se ubica el pueblecito de Mali Ston, cerca de Dubrovnik. En España son afamadas las ostras de Cambados en Pontevedra. Las ostras se consumen en general crudas, por lo que su frescura es capital. Aunque la ostra puede consumirse a lo largo del año, su ciclo reproductivo aconseja no consumirla durante los meses de verano ya que en esta época su carne se vuelve lechosa. De ahí que se recomiende su consumo durante los meses con R. Por procedimientos químicos o por hibridación, se ha conseguido desarrollar una ostra estéril que evita los inconvenientes organolépticos de su época de reproducción. Como todos los moluscos consumidos en crudo, unas gotas de limón son suficientes para aderezarlas, aunque hay quien las prefiere sazonadas con vinagre y escalonias, salsa picante Tabasco o salsa inglesa Worcestershire. Normalmente pueden permanecer vivas fuera del agua durante varios días, lo que facilita su disponibilidad en los mercados en óptimas condiciones. No obstante, existe una amplia culinaria para las ostras: pueden escaldarse y servirse con diversas salsas, gratinadas en su concha, o sobre corazones de alcachofa, o en tostadas; también pueden rebozarse, utilizarse como base de croquetas, como ingrediente de sopas o ahumadas en conserva. Gran predicamento tiene en los Estados Unidos la receta de las «ostras Rockefeller», inventada en un restaurante francés de Nueva Orleans. Se trata de ostras servidas en su concha cubiertas con una salsa verde, a base de berros y otros ingredientes, perfumada con absenta y gratinadas. Aunque las ostras de cultivo suelen ser todas de la misma especie, la manera como se maneja su crianza y el medio en el que se crían marcan diferencias en ellas según su procedencia. En la carta del afamado Oyster Bar de la estación Grand Central de Nueva York se especifica el origen de al menos quince variedades. En Francia, el país que más ostras per cápita consume en el mundo, este bivalvo es sinónimo de comida de lujo y manjar tradicional en las mesas de Navidad. Dependiendo del tratamiento aplicado al final del ciclo de producción, las variedades de calidad gastronómica se clasifican en *fines, spéciales, claires* o *affinées*, siendo estas últimas las de mayor calidad. El precio de las ostras varía según su tamaño. El sistema francés de calificación establece para la ostra plana categorías que van desde 000 a 6 y para la ostra cóncava de 0 a 5. Cuanto menor es el número de la categoría mayor es el tamaño de la ostra. En Oriente, la salsa de ostras, a base de ostras fermentadas y salsa de soja, es un condimento muy apreciado. Elaborada en la cocina, la salsa de ostras acompaña tradicionalmente ciertos platos, como el bacalao fresco cocido en la cocina inglesa.

Quizás la concha de molusco más pardigmática sea la perteneciente a **la vieira** (*Pecten jacobeus*) identificadora de los peregrinos del Camino de Santiago, utilizada por estos como utensilio para beber agua y como prueba de la culminación de la peregrinación. Se las suele llamar con la palabra gallega «vieira», porque en Galicia son abundantes. En castellano se llaman «veneras». Ambas palabras derivan de Venus, la diosa del amor, a la que Botticelli y otros pintores representan surgiendo de una concha de vieira. La carne de la vieira es muy apreciada por su finura en la gastronomía europea y americana. De las tres partes en que se compone, el músculo, el coral y las barbas, es la primera la que tiene valor gastronómico. El coral, comestible, es sin embargo poco apreciado y algunos *gourmets* prefieren prescindir de él a pesar de su atractivo color anaranjado en las hembras. Las barbas suelen aprovecharse para dar sabor a sopas y salsas, pero se retiran y desechan al final de la preparación. De tamaño mucho más reducido, las zamburiñas (*Clamys varia*) son similares a las vieiras.

Los moluscos bivalvos que viven enterrados en la arena o en los fondos fangosos son denominados en general **almejas**, aunque cada uno de ellos suele tener nombre propio en el lugar donde se crían. Se reserva sin embargo el nombre de almeja para especies muy determinadas. La variedad de mayor valor gastronómico es la almeja fina (*Ruditapes decussatus*). Las afamadas almejas de Carril que se ofrecen en las marisquerías para su consumo en crudo son de esta variedad que en el mercado ha perdido posiciones en favor de otras variedades de más fácil cultivo, pero manteniendo un precio ampliamente más alto. Esta almeja se mantiene viva fuera del agua mucho más tiempo que el resto de variedades. La almeja babosa (*Ruditapes pullastra*) es también de una calidad sobresaliente. La almeja japonesa (*Ruditapes philippinarum*) es la variedad de crecimiento rápido que se ha generalizado en los parques de cultivo de almejas por su ventaja comercial. Las almejas son muy apropiadas para la elaboración de caldos y sopas ya que comunican un sabor muy pronunciado. En la costa Este de los Estados Unidos es muy apreciada la llamada *clam chowder* (sopa de almejas).

El loco chileno no es en absoluto un demente de la República de Chile, sino un molusco univalvo que habita las costas de ese país andino y de su vecino Perú, donde se lo conoce con el nombre de chanque (*Concholepas concholepas*). Su concha es gruesa, ovalada, cóncava y calcárea y su cuerpo es blando, destacando su pie musculoso que es la parte comestible. Es un marisco noble, no solo porque su sangre es azul por su contenido en hemocianina (una proteína necesaria en el proceso de respiración celular), sino porque es quizás el marisco más apreciado en Chile, convertido en una rareza por su sobreexplotación, lo que ha obligado a establecer vedas y normas de captura muy restrictivas.

El **abulón** u oreja de mar (*Haliotis haliotis*) es una especie de lapa de gran tamaño —las variedades comerciales están en torno a los 15 centímetros de longitud de su concha ovalada— que coloniza fondos marinos no muy profundos en las costas asiáticas del Pacífico y en Australia y en menor medida en las del continente americano. También se encuentra en las costas atlánticas europeas, aunque las especies son más pequeñas que las del Pacífico y su carne necesita ser golpeada para ablandarla. Es un molusco apreciado por su carne, considerada una exquisitez del mar, y por su concha, cuyo interior nacarado e iridiscente se utiliza en joyería y decoración. Gastronómicamente, el abulón figura en el elenco de las *delicatessen* de la cocina china desde antiguo, formando parte de los platos servidos en los banquetes imperiales. Es muy apreciado en Japón y en la costa oeste de los Estados Unidos. En el mercado suele encontrarse enlatado o fileteado y congelado.

Las marisquerías suelen ofrecer otros moluscos muy populares, como las chirlas, mejillones, berberechos, navajas, tellinas, cañaíllas, bígaros... que si bien cuentan con el favor de los aficionados al marisco no pueden considerarse manjares de excepción como los descritos anteriormente.

«Si juzgásemos las cosas solo por su apariencia, jamás nadie hubiese pensado en comerse un erizo de mar» (Marcel

Pagnol). Sin embargo los **erizos de mar** u *oricios* (*Echinus esculentus,* la especie más común) comestibles —no todas las especies lo son— constituyen un manjar tanto en Europa como en Asia y en Sudamérica. En España se valoran especialmente en Asturias y otras regiones del Norte, aunque también se consumen y se aprecian gastronómicamente en la costa mediterránea y en Canarias. No resulta necesario describir a estos animales semejantes a bolas con púas, a los que hay que seccionar para acceder a su interior y obtener sus preciadas gónadas, llamadas coral, caviar o lenguas de erizo, que son su parte comestible. En general se suelen consumir crudas, servidas en la propia carcasa del animal, o presentadas en un plato. En Japón se consumen en sushi o en sashimi. En España se elaboran conservas de caviar de erizo al natural en Santander facilitando su consumo durante todo el año. Las lenguas de erizo son un ingrediente destacado en recetas de la cocina moderna de autor.

Las distintas clases de marisco pueden consumirse individualmente y, de hecho, así sucede ordinariamente. Sin embargo, en determinados países, entre ellos España y Francia, un conjunto de diferentes mariscos servidos en una misma fuente constituye la manera de disfrutar de las variadas sensaciones organolépticas de estos frutos marinos. En España la mariscada agrupa principalmente crustáceos cocidos. En Francia la fuente de mariscos (*plateau de fruits de mer*) combina con los crustáceos cocidos moluscos a degustar crudos, ostras, mejillones y almejas.

GANANCIA DE
PESCADORES

Los pescados, como recurso alimentario de los humanos, han sido durante mucho tiempo el fruto de una actividad extractiva limitada a las posibilidades de una tecnología poco desarrollada. Poco a poco, la tecnología de la pesca se fue perfeccionando hasta convertirse en una actividad que no se duda en calificar de industrial. Gastronómicamente, el pescado constituye un capítulo de características propias, tanto por sus cualidades organolépticas como por las técnicas culinarias que se le aplican. La frescura es un elemento esencial en la calidad gastronómica de este alimento, aunque técnicas tradicionales de conservación, como son el desecado, la salazón y el ahumado, consiguen productos derivados de gran valor gastronómico. La demanda de ciertas especies y su escasez, debida a la sobreexplotación, han propiciado el desarrollo de la piscicultura, es decir de la cría controlada de peces en granjas acuáticas. El *gourmet*, ante las circunstancias actuales de la oferta de pescado, dirige sus preferencias hacia las especies de pescado capturadas en el medio natural con técnicas tradicionales y vendidas en los mercados de origen sin manipulaciones tendentes a su conservación y transporte.

Las especies de pescado comestible son numerosísimas, tanto las procedentes del mar como las de agua dulce, siendo esta diferenciación un tanto equívoca ya que muchas especies habitan tanto mares como ríos en distintos momentos de su ciclo de vida. Otra diferencia tradicional es la que clasifica a los pescados en blancos y azules, dependiendo del contenido de grasa de su carne. Los pescados blancos son menos grasos y, por tanto, de sabor más suave. Dentro de esta categoría se encuentran los más apreciados gastronómicamente, sin que ello quiera decir que no existan pescados azules de calidad gastronómica. Hay una tercera categoría de pescados semigrasos, entre los que se encuentran, el besugo, la lubina la dorada el salmonete o la trucha. Una característica morfológica de los pescados se utiliza para determinar la categoría a la que pertenecen: los pescados azules tienen la cola o aleta caudal hendida y su borde superior ahorquillado, mientras que los pescados blancos la tienen plana o redondeada. En cualquier caso no es esta diferenciación entre blancos y azules un elemento para considerar la mayor o menor calidad gastronómica del pescado. Otra clasificación diferencia los pescados entre pescados planos y pescados redondos, sin que de nuevo la pertenencia a uno u otro grupo otorgue especiales cualidades en términos gastronómicos.

Resulta difícil establecer una selección de los pescados más apreciados gastronómicamente, ya que no existe una homogeneidad en los gustos de los *gourmets*, pues estos dependen mucho de la tradición gastronómica de sus países de origen o de su entorno habitual. Así, la merluza, que en España ocupa un lugar de privilegio en la pirámide de preferencias sobre el pescado, no es tan apreciada en otros países europeos o en América. El precio en el mercado puede ser un indicador válido para discernir la potencial calidad gastronómica de los pescados, pero no definitivo. La consideración que merecen a los profesionales de la restauración y que se refleja en las cartas de los restaurantes selectos puede ser otro indicador para identificar las especies más preciadas. Y, sin duda, la opinión contrastada de los gastrónomos nos ayuda también a perfilar la mencionada selección.

Los pescados de agua dulce, aquellos que habitan permanentemente en esas aguas, que no son objeto de cría en piscicultura, se capturan con métodos de pesca artesanal o deportiva. Por esta razón no son objeto de un mercado amplio, quedando este reducido a ámbitos locales o regionales donde se pescan estas especies. Ninguna de ellas es apreciada como una verdadera *delicatessen*. Lucios, percas, carpas y truchas salvajes pueden ser objeto de culto gastronómico entre pescadores deportivos y gentes afines, pero raramente los grandes cocineros se ocupan de su culinaria. No se consideran, en definitiva, pescados nobles. En algún momento de la historia gastronómica, sin embargo, la carpa si ha tenido la consideración de un pescado selecto, a condición de que su hábitat careciese de los fondos cenagosos que transmiten al pescado un desagradable regusto a cieno y que su tamaño fuese suficiente para varios comensales.

El salmón (*Salmo salar*), es un pez anádromo (vive en agua salada pero se reproduce en agua dulce), cuya pesca, antes del desarrollo de la acuicultura, no masiva y estacional, realizada en los ríos donde retorna para desovar, proporcionaba un pescado noble muy apreciado convertido en *delicatessen* al proceder a su ahumado. En los anaqueles de las tiendas especializadas, el salmón ahumado ha sido, y es, la estrella de los productos ahumados, una verdadera familia de *delicatessen* altamente apreciadas por los *gourmets*. Existen numerosas especies de salmón, en particular en el Océano Pacífico ya que en el Atlántico predomina solo una, el *Salmo salar*. La especie atlántica es de carne más consistente y sabrosa que la de las especies del Pacífico. El tratamiento con humo en frío, con un objetivo de proporcionar sabor más que de conservación, no garantizaba esta última por largo tiempo, por lo que resultaba obligado consumir tan exquisito producto rápidamente. Entre los *gourmets* se desarrollaron bancos de salmón ahumado en los que los afortunados propietarios de este producto lo depositaban, creando una cuenta acreedora a la que recurrían para retirar el salmón que en otro momento pudieran necesitar. La cría de salmón en piscifactorías a partir de 1970 ha terminado con la rareza del salmón y la de su versión ahumada. Es cierto que actualmente, debido al desarrollo de las piscifactorías, el salmón y su preparación como ahumado se han popularizado en los mercados occidentales, aunque el salmón ahumado se mantiene en el podio de las *delicatessen* gracias a productos selectos de calidad que destacan por encima de la amplia oferta existente. Aunque el salmón del Pacífico también se ahúma, el del Atlántico es de mayor calidad. Tres son los países que cuentan con acuicultura del salmón Atlántico: Noruega, Gran Bretaña (Escocia) y Canadá. Las industrias de ahumado son numerosas y se ubican en los países consumidores. A pesar de su constante y abundante presencia en el mercado, el salmón ahumado sigue manteniendo su etiqueta de producto *gourmet*, en especial el salmón ahumado de calidad. En general, el salmón ahumado se consume en finas lonchas cortadas de los lomos desprovistos de las partes menos apreciadas que son la carne de la ventresca y la cercana a la cola. Algunos productores ofrecen los lomos separados enteros con la recomendación de ser cortados en tacos como, al parecer, se estilaba en la corte del zar de Rusia.

El sargazo es un alga marina de color oscuro que se aglomera de manera impresionante en algunos mares, especialmente en el Océano Atlántico noroccidental entre el archipiélago portugués de las Islas Azores y las Indias Occidentales. A esta región oceánica se la llama Mar de los Sargazos y es el lugar predilecto de **las anguilas** (*Anguilla anguilla*) para desovar. La anguila es un pez de cuerpo largo y cilíndrico que puede medir hasta un metro. Vive en los ríos y lagos, pero se interna en el mar para su reproducción. Existe otra especie llamada anguila americana. Su carne es grasa y sabrosa y ha dado lugar a platos de la cocina clásica popular muy apreciados. Incluso es manjar navideño tradicional en algunas regiones (Nápoles, por ejemplo). La construcción de presas en los ríos ha provocado la desaparición de la especie en numerosos cursos de agua, habiéndose hecho rara en muchas de las regiones que anteriormente habitaba. Especialmente en países del centro y norte de Europa, la anguila ahumada es un manjar exquisito por su delicado sabor y suave textura; otro clásico de la familia de las *delicatessen* ahumadas. Los alevines de anguila son **las angulas** que viajan gregariamente desde el Mar de los Sargazos —o desde el océano Pacífico al norte de las islas Marquesas— a las costas remontando los ríos donde pasarán su vida adulta. En España las angulas se han convertido en un manjar, cada vez más escaso y en consecuencia cada vez más caro, símbolo de exclusividad y lujo, sin que esta demanda gastronómica tenga su correlato en otros países, salvo en una pequeña medida en Francia donde se pescan, según los gastrónomos, las de mayor calidad.

Otro pez anádromo, asociado a los grandes sistemas fluviales del hemisferio norte es el esturión (*Acipenser*), del que se conocen unas veinte especies. El esturión como pescado no es actualmente muy apreciado gastronómicamente, aunque hubo un tiempo en que se servía en las mesas más exigentes. Famosa es la anécdota de la comida del general napoleónico Cambacérès quien, para asombrar a sus invitados, planeó un accidente de sus criados al servir un enorme esturión entero, dejando inservible el pescado para, acto seguido, hacer entrar en el comedor otro equipo de sirvientes con otro esturión mucho más espectacular que el accidentado. Si la carne del esturión ha abandonado los lugares de prestigio que un día tuvo, las huevas de este pescado son, sin embargo, puro lujo. Hablando de *delicatessen*, al calificar así un producto, nos estamos refiriendo al **caviar**, definido como huevas de esturión en salazón. Es puro lujo por su escasez y precio. En la corte de los zares se puso de moda su consumo y de ahí, huyendo de la revolución rusa, pasó a la dulce Francia cultivadora del refinamiento gastronómico. En los años 1920, dos hermanos de origen armenio fundaron en París la casa Petrossian, dedicada a la importación de caviar, que sigue abierta actualmente siendo la primera empresa compradora de caviar del mundo. Posteriormente, los restaurantes de los grandes hoteles de lujo, de la mano de hotel Ritz de París, hicieron del caviar una oferta gastronómica permanente. En Rusia e Irán el caviar se obtiene de las cuatro variedades de esturiones existentes en el Mar Caspio y los ríos de su cuenca, que son los que proporcionan un producto de mayor calidad: el Beluga, el Osetra, el Sevruga y el Sterlet.

El esturión Beluga (*Huso huso*) es un pez majestuoso, de gran envergadura, alcanzando tallas de 3 a 4 metros y un peso de más de 1000 kg. en ejemplares viejos. Lamentablemente esos peces gigantes son muy raros. Actualmente los que se pescan no suelen exceder los 3 metros y los 200 kg. Sus huevas son las más apreciadas y también las más caras: son granos gruesos de color gris perla, muy untuosos, que transmiten sabores yodados y mantecosos. Era el caviar de las cortes del zar de Rusia y del sha de Persia. El caviar Beluga se envasa tradicionalmente en latas de color azul. Una variedad del Beluga es el llamado caviar Almas, elaborado con huevas de esturión albino, de color amarillo claro, casi transparente. Obviamente es un caviar raro al que se añade valor envasándolo en latas de oro de 24 kilates.

El Osetra (*Acipenser gueldenstaedtii*) es un esturión que puede llegar a medir 2 metros y pesar más de 100 kg. De el se obtienen huevas de tamaño mediano de color gris verdoso con aroma marino y un ligero sabor a nuez. Existe una variedad que se caracteriza por su color dorado; aunque su sabor es idéntico al de la variedad común por su rareza se vende más caro. Las latas de caviar Osetra son de color amarillo.

Sevruga es el nombre del caviar obtenido del esturión estrellado (*Acipenser stellatus*), el más común del Mar Caspio en otros tiempos. De tamaño mediano, alrededor de un metro, y de un peso medio de 60 kg., produce huevas de color gris no muy grandes y mantiene un buen equilibrio de aroma y sabor. Este caviar se presenta en latas de color rojo.

El esturión más pequeño del Caspio, de un peso medio de 20 kg., es el Sterlet (*Acipenser ruthenus*), del que se obtiene un caviar similar al Sevruga.

El 85 % aproximadamente de la producción actual de caviar procede de Rusia e Irán. Los Estados Unidos han sido tradicionalmente también productores de caviar, elaborado con las huevas de las variedades de esturión existentes en el Pacífico norte y en los ríos americanos. Debido a la amenaza de extinción de los esturiones salvajes y la consecuente limitación, o incluso prohibición, de su captura, la acuicultura del esturión se ha desarrollado en varios países de los tres continentes del hemisferio norte y algún que otro del sur (Uruguay y Australia). En España se produce caviar en piscifactorías de Sierra Nevada y del Pirineo catalán donde se crían esturiones de origen ruso y de origen europeo. Hoy día la práctica totalidad del caviar comercializado legalmente es de producción procedente de la acuicultura.

La elaboración del caviar es sencilla: las huevas se pasan por un tamiz para separar y seleccionar los granos, se les añade sal y se envasan. El caviar adquiere profundidad de sabor después de una cierta maduración en su envase. Cuando la adición de sal no supera el 5 % la calidad del caviar se denomina *Malossol* («poca sal» en ruso). Si el contenido de sal es mayor, se habla entonces de caviar semisalado. Para preservar los matices organolépticos del caviar, los de mayor calidad se envasan sin pasteurizar. Algunos caviares de menor calidad y precio sí son sometidos a pasteurización. Los granos de caviar defectuosos suelen prensarse para ser comercializados; evidentemente este es el caviar de calidad más baja aunque puede ser interesante para ciertas preparaciones culinarias. Existe también una clasificación atendiendo a la coloración del caviar: Los granos más claros, los de esturiones albinos o los que por otra razón tienen esa coloración, son raros y, por tanto, más caros, aunque ni mejores ni peores que los de su mismo origen con un color más oscuro. Este caviar se clasifica como 000 y se suele denominar Real o Imperial ya que en tiempos se reservaba a los monarcas. La escala hacia la coloración más oscura se completa con las clasificaciones 00 y 0. La denominación de caviar negro es solo una referencia genérica al verdadero caviar frente al llamado caviar rojo de salmón.

Los franceses tienen una expresión para referirse a situaciones de abundancia sin límites: *manger du caviar à la louche,* es decir: comer caviar con cucharón. La expresión cobra todo su sentido sabiendo que normalmente se calculan 50 gramos de caviar por persona. Más resultaría simplemente demasiado caro, aunque quien puede lo come a cucharaditas (de nácar) sin limitarse a los 50 gramos. La clásica combinación de champán y caviar de los ambientes glamorosos tiene su contrapartida en la más tradicional de vodka y caviar en Rusia y países del este europeo. En la cocina de autor el caviar enriquece—y encarece— algunos platos.

Descendemos varios peldaños en la escala de las *delicatessen* para hacer referencia al pariente pobre del caviar: **las huevas de salmón**. Y un escalón más abajo las huevas de trucha. Ambas son de color anaranjado con reflejos dorados. En los banquetes reales de los países escandinavos y en el ágape de la concesión de premios Nobel, se sirve un caviar rojo especial procedente de un pequeño salmónido salvaje pescado en el Mar Báltico durante los meses de septiembre y octubre. Se trata del llamado **caviar de Kalix**, al que la Unión Europea le ha concedido una denominación de origen protegida, el único producto con esta denominación existente en Suecia.

Las huevas de otros pescados son también objeto de salazón, seguida de procesos de prensado y curado. En el Mediterráneo occidental, donde desde antiguo se ha practicado la pesca del atún, la salazón y curado de las huevas de este pescado han dado lugar a un producto considerado como un manjar exquisito muy apreciado en las mesas regionales y etiquetado en el mercado como producto *gourmet*. La misma técnica aplicada a las huevas de mújol da como resultado **la botarga**, de gran tradición en la Italia insular y meridional, donde entre otras maneras de consumirla se desmenuza sobre los platos de pasta para condimentarla. En el mercado se encuentran otras huevas en salazón de pescados como la merluza o la maruca.

Los pescados de consumo más selecto, la mayoría de los cuales se califican como pescados finos y alcanzan precios superiores al resto de la oferta en las pescaderías, proceden de la pesca extractiva en el mar. Son generalmente pescados blancos o semigrasos, aunque entre los azules, por diversas razones, también se identifican especies muy apreciadas gastronómicamente. Las tradiciones regionales influyen enormemente en la consideración de las distintas especies como paradigmas de la exquisitez en materia de pescado y en su culinaria.

Dos pescados planos destacan por la unanimidad en cuanto a su finura y exquisitez: el lenguado y el rodaballo.

El puerto de Dover en Inglaterra adquirió fama por ser el puerto de desembarco de la pesca del **lenguado** (*Solea solea*) capturado en las aguas del Atlántico. Decir lenguado de Dover es hacer referencia a un pescado exquisito de carne delicada y sabrosa, de textura firme, mimado por los grandes de la cocina. Los lenguados de profundidad y de mares fríos son los más finos y se prefieren a los lenguados de aguas cálidas. Su forma es casi perfectamente ovalada, con los ojos sobre la parte de piel oscura, siendo la parte ciega de color blanquecino. Es un pescado apreciado desde antiguo pues era uno de los preferidos por los gastrónomos romanos. A finales del siglo XVII, el lenguado se convirtió en un «manjar real» en la corte francesa de Luis XIV. Durante el siglo XIX todos los grandes cocineros aplicaron su talento a la preparación del lenguado que, posiblemente, sea el pescado que más recetas conoce en la cocina clásica. Es raro el tratado de cocina profesional que, en el capítulo de pescados, no presente el procedimiento para limpiar un lenguado y levantar sus filetes.

Los gastrónomos no se ponen de acuerdo y no son pocos los que hacen pasar **el rodaballo** (*Psetta maxima*) por delante del lenguado como rey de los pescados planos, calificándolo de «faisán de los mares». Su forma romboidal —en italiano el rodaballo se denomina *rombo*— ha obligado a inventar un recipiente especial para su cocinado entero (la *turbotière*, del nombre del rodaballo en francés: *turbot*) que el gastrónomo francés Joseph Berchoux sitúa en tiempos del emperador romano Domiciano (s. I de nuestra era).

En el Evangelio según San Mateo se cuenta el episodio en que Jesús encarga a Pedro la pesca de un pez en cuya boca encontrará una moneda para pagar unos impuestos en Cafarnaúm. Se asegura que ese pez es el *Zeus faber*, llamado **pez de san Pedro**, que presenta dos manchas en sus costados que corresponderían al índice y al pulgar del apóstol que dejaron en el pez su marca indeleble para la eternidad. El problema es que el mar de Galilea, el lago Tiberiades, donde solían faenar los apóstoles, no aloja a la especie a la que pertenece el pez de San Pedro. Este pescado, de carne fina y sabrosa, es uno de los preferidos por los cocineros de la alta cocina. En ciertas regiones forma parte de recetas tradicionales, como la *bouillabaisse* del mediterráneo francés.

En el plato es un pescado blanco, consistente y sabroso, pero en el mar es un pez cabezudo y feo que se ha ganado el apelativo de pez sapo. Se trata del **rape** (*Lophius*) del que se conocen numerosas especies, siendo las más apreciadas el rape blanco (*Lophius piscatorius*) y el rape negro (*Lophius budegasa*). El segundo tiene mejor calidad de carne, aunque en los mercados es más habitual el primero, que alcanza tamaños superiores. Es un pescado sin espinas en su cola, que es la parte aprovechable, aunque las partes que se descartan, casi el 70 % de su peso, son excelentes para elaborar caldos de pescado. Su carne es compacta y fina y resiste bien la cocción por lo que integra sopas de pescado y guisos. Se la ha comparado a veces con la carne de la langosta por su consistencia y blancura, compartiendo con el noble crustáceo recetas como su preparación «a la americana». Es otro de los pescados más utilizados en recetas de alta cocina.

La familia de peces gadiformes incluyen dos especies de pescados blancos de gran tradición gastronómica: el bacalao y la merluza.

En Italia, Francia, España y Portugal **el bacalao** (*Gadus morhua*) es el pescado en salazón por antonomasia. Desde el siglo XVI, la pesca del bacalao ha tenido una importancia económica notable, provocando incluso disputas internacionales. De sus humildes orígenes como proteína barata y de apropiado consumo cuaresmal ha pasado a ser un producto cuyas partes nobles: lomos, lenguas (cocochas) y vejiga natatoria (callos) son cocinadas en reputadas y sabrosas preparaciones. No es un producto exclusivo, pero sus mejores calidades están excluidas de un consumo ordinario. El alto contenido en sal de las bacaladas—nombre dado a las piezas enteras de bacalao saladas—las hace incomestibles de forma directa. Es necesario rebajar el contenido de sal para consumirlas. Existe sin embargo una fórmula para su consumo directo, sin desalar: los trozos de bacalao pueden asarse o tostarse ligeramente y desmigarse para aliñarse con aceite y formar parte de ensaladas, por ejemplo. Una vez desalado, mediante un relativamente largo remojo, el bacalao debe tratarse como si fuese pescado fresco, aunque sus características organolépticas son distintas y muy especiales. No en vano los franceses designan con palabras diferentes al bacalao fresco (*cabillaud*) y al salado (*morue*). Efectivamente, el proceso de salazón hace que las proteínas de la carne del bacalao se transformen en aminoácidos que son los que proporcionan los sabores característicos del pescado fermentado, base del *garum* de los romanos y de las tradicionales salsas orientales del tipo *nuoc mam*. Las grasas del pescado también se transforman en ácidos grasos libres que actúan sobre el aroma. El proceso de salazón y desecación así como su rehidratado proporcionan a la carne del bacalao una textura especial.

Aunque los pescadores vascos han faenado tradicionalmente en los caladeros del bacalao, en la cocina, el pescado fresco que siempre han preferido ha sido **la merluza** (*Merluccius merluccius*), habiéndola convertido en un pescado icónico, sinónimo de buena cocina en toda España. Efectivamente, la merluza para los españoles es el paradigma del buen pescado, y si este es de gran tamaño y pescado con anzuelo, su cogote (cabeza con la parte inicial de los lomos), sus rodajas o sus supremas (lomos desespinados) son un manjar exquisito, a condición de que sea la especie de merluza europea. El «lucio de mar» como lo llamaban los romanos —de ahí su nombre «merluza»— tiene una carne con pocas espinas, un sabor suave y es frágil en la cocción, siendo apreciada tanto en caliente como en frío. No obstante, en otros países consideran que la merluza es un pescado relativamente neutro, por lo que su aprecio no es el mismo que el que se le otorga en España, prefiriéndose los pescados con más personalidad organoléptica. Al hablar de la merluza no se puede olvidar la cita de las cocochas, esas protuberancias gelatinosas en la parte baja de la mandíbula inferior del pescado a las que los vascos han puesto nombre y sublimado en la cocina.

La sabiduría popular ha dictaminado que «de la mar el mero y de la tierra el carnero». Una elección muy juiciosa ya que este pescado es, efectivamente, un selecto manjar, tanto más cuanto su captura se rarifica debido al agotamiento del recurso por la sobrepesca, especialmente en el Mediterráneo. Una sobrepesca que no es industrial sino deportiva o pretendidamente deportiva. **El mero** está presente en diferentes latitudes del planeta variando la especie en según qué zona. En el mar Mediterráneo y en el océano Atlántico, la especie más frecuente es el *Epinephelus guaza*, sin embargo en las zonas más tropicales es más habitual la presencia del mero negro, el mero pinto, el mero gigante o guasa, el mero australiano o el mero moteado. Las especies se diferencian en el tamaño y en el color o tonalidad de su piel así como en el tipo de alimentación que influye necesariamente en el sabor de su carne, generalmente muy gustosa.

La actual oferta en las pescaderías y restaurantes de muchos países de Europa incluye profusamente dos pescados de excelente calidad procedentes en su gran mayoría de la acuicultura: la dorada y la lubina. En su versión salvaje, la única considerada por los *gourmets*, **la dorada** (*Sparus aurata*) es un pez costero, común en el Mediterráneo y en la fachada atlántica europea, objeto de pesca deportiva con caña. Es un pescado semigraso, excelente gastronómicamente hablando, que puede alcanzar tallas importantes y hasta 10 kilogramos de peso.

Circunstancias parecidas se dan en **la lubina** (*Dicentrarchus labrax*) en cuanto a su distribución geográfica, la facilidad de su cría en granjas y a la diferencia de aprecio gastronómico de los ejemplares de pesca extractiva con respecto a los de acuicultura. En Francia los ejemplares pescados con anzuelo deben ser identificados con el nombre del barco y el lugar de su captura y, evidentemente, alcanzan precios muy altos en el mercado. También es un pescado semigraso del que se ha ocupado tradicionalmente la alta cocina, tomándolo como base para realizaciones culinarias de calidad.

Un tercer pescado dentro de la categoría de los semigrasos, es un invitado en las mesas navideñas españolas, especialmente en las de Madrid: **el besugo** (*Pagellus bogaraveo*), muy apreciado asimismo en Italia. Aunque dotado de no pocas espinas, su carne es sabrosísima. Su consumo en época navideña se explica porque su calidad, siempre presente, se potencia en los meses de invierno que es cuando el pescado se encuentra en su plenitud. Habita en el Atlántico y en el Mediterráneo. En el océano Pacífico el besugo pertenece a la especie *Pagrus major* y es considerado en Japón como el rey de los pescados, siendo objeto de regalo y comida obligada en las celebraciones del Año Nuevo, en los banquetes nupciales y en otros ágapes con motivo de celebraciones familiares. También es un pescado de lujo en otros países asiáticos. Los grandes ojos saltones del besugo, que son junto a su color rojo sus principales características, se consideran en Japón ahuyentadores de los malos espíritus por lo que en ciertas regiones suelen colgarse en las puertas de las casas por Año Nuevo. Posteriormente, el pescado seco se consume el primer día del sexto mes del calendario lunar. En Oriente es importante la piscicultura de esta especie

Los pescados azules suelen ser abundantes en el mercado, generalmente baratos y, en consecuencia, muy populares. Algunos de ellos, sometidos a diversos procesos de curación o conserva, se convierten, sin embargo, en manjares exquisitos. Los túnidos son los grandes representantes de los pescados azules, grandes por el tamaño de algunos de ellos y por su variedad. **El atún** (*Thunnus thynnus*), también llamado atún rojo o atún de aleta azul, presente en el Atlántico y en el Mediterráneo, donde acude anualmente a desovar, es uno de los mayores peces que habitan los océanos: puede llegar a medir más de tres metros y alcanzar un peso de 700 kilogramos. Ha sido objeto de pesca desde antiguo, siendo la técnica tradicional la de la almadraba, practicada en el Mediterráneo aprovechando la migración estacional de la especie dictada por su ciclo biológico. Es un pescado altamente apreciado en Japón donde se consume en forma de *sushi* y *sashimi*, ya que su carne es más sabrosa cuando se consume cruda, y donde se pagan cantidades astronómicas por aquellos atunes de calidad superior. La parte del atún más apreciada es la ventresca (*toro* en el vocabulario japonés). El atún rojo es pescado con mayor rapidez de la que necesita para reproducirse, por lo que las reservas de esta especie han sufrido una baja alarmante. La pesca estacional de este pescado de notable envergadura, capturado en grandes cantidades, aconsejaba utilizar métodos de conservación, siendo la salazón el método más seguido. En España e Italia, donde las almadrabas han sido tradicionales, ciertas partes del lomo de los atunes, cortadas en gruesas tiras, se salaban durante un par de días para posteriormente proceder a su curado desecándolas al sol y al viento marino. El producto obtenido es **la mojama**. En origen, la mojama se obtenía del atún rojo, aunque actualmente, debido al alto precio de este tipo de atún, se elabora con lomos de otros túnidos. Esta salazón ha pasado a formar parte de la familia de productos *gourmet* al haberse ampliado su oferta en el mercado a regiones y países donde no era conocida hacen algunos años.

Uno de los pescados más apreciados en el norte de Europa es **el arenque** (*Clupea harengus*) de gran tradición popular y considerado por los *gourmets* un manjar delicioso aunque no de lujo. Normalmente, los arenques son sometidos a un proceso de curado en sal o salmuera consumiéndose a los pocos días de iniciar dicho proceso: son los populares *matjes* de Holanda y otros países del Báltico. También en el norte de Europa y en los Estados Unidos la variante ahumada de los arenques es considerada como una delicia gastronómica. En Gran Bretaña especialmente los *kippers* (arenques abiertos, limpios de tripas y huevas y ahumados en frío) son apreciados en el desayuno. Otra variedad inglesa de arenque ahumado son los *bloaters*, parecidos a los *kippers* de los que se diferencian por estar ligeramente menos ahumados, enteros y sin vaciar. Los *bloaters* fueron inmortalizados por Van Gogh en uno de sus cuadros. Los *kippers* y los *bloaters* se consumen cocinados. Una tercera variedad la constituyen los *bucklings*, ahumados en caliente, por lo que pueden consumirse fríos o cocinados.

El boquerón (*Engraulis encrasicolus*), un pequeño pez azul, gregario, abundante en todos los mares, aunque la sobrepesca en algunos caladeros —como el del Golfo de Gascuña— ha obligado a paradas biológicas en su captura, es desde antiguo un pescado al que, junto a su consumo en fresco, se le ha dado tradicionalmente un tratamiento de salazón en países de Europa meridional convirtiéndose en **anchoa**, nombre que también se da al pescado fresco en algunas regiones. Evisceradas y descabezadas, las anchoas se conservan en sal durante varios meses, durante los cuales van adquiriendo su color marrón rojizo característico y su penetrante aroma en un proceso natural de descomposición de sus proteínas en aminoácidos. Después de su maduración en sal, se limpian, se desespinan y se filetean para volverlas a conservar en sal o en aceite. Los filetes de anchoa de más calidad son apreciados como un producto gastronómico de categoría especialmente en España. Dos son los orígenes de las más afamadas anchoas de la península ibérica: Santoña, en el norte, que procesa anchoas capturadas en el Atlántico; y L'Escala, en Cataluña, procesadora de anchoas del Mediterráneo. Las anchoas en salazón son utilizadas como base o condimento de muchos platos tradicionales en Francia (*tapenade*) e Italia (*vitello tonnato*), sirviendo para realzar el sabor en ensaladas (ensalada César) y en salsas aromatizantes (*Worcestershire sauce*) o para confeccionar condimentos como la pasta de anchoas británica conocida con el nombre de *Gentleman's relish*.

Uno de los pescados azules más consumidos y conocidos es **la sardina** (*Sardina pilchardus*), un pescado humilde que puede convertirse en un producto exquisito al enlatarlo para su conserva. Portugal se especializó desde el siglo XVIII en la salazón, primero, y en la conserva de sardinas después manteniendo, incluso por decreto, el proceso artesanal de enlatado, lo que le ha proporcionado la fama que aún conserva de calidad de sus sardinas enlatadas. Muy apreciadas son las sardinas sin piel ni espinas de algunas marcas portuguesas que procesan el mejor pescado capturado en su mejor momento (julio y agosto), cuando el pescado tiene su mayor proporción de grasa. Los *gourmets* de Francia, Italia y otros países europeos, aprecian las conservas de sardinas maduradas por el paso del tiempo, consumidas años después de la fecha de consumo preferente impresa en los envases. Efectivamente, las conservas de sardina con varios años desde su confección permiten que el pescado se impregne de una mezcla de su propia grasa y del aceite (de oliva) en el que se envasan adquiriendo unas características organolépticas singulares que no se encuentran en las conservas recientes. Algunas conserveras portuguesas y españolas maduran sus latas de sardinas dos o tres años antes de sacarlas al mercado, y los entendidos las atesoran para degustarlas algunos años más tarde. Este tipo de conserva suele denominarse con el término francés *millésimé*, que indica el año de captura y envasado del pescado. La fecha de consumo preferente es obviamente solo indicativa. Las primeras conservas de sardina se fabricaron en Francia en el siglo XIX, realizándose el envasado después de una ligera fritura del pescado, técnica que actualmente se conoce como conserva de sardinas a la antigua. Actualmente, las sardinas *millésimées* francesas se fabrican en cantidades limitadas y suelen envasarse en latas singulares, que se ilustran cada año con diseños de diferentes artistas, lo que anima a considerarlas como piezas de colección.

Aunque es un pescado azul, la **lamprea** (*Petromyzum marinus*) ocupa un lugar de excepción en la gastronomía del pescado. Efectivamente, la lamprea es un pez sin mandíbulas, con una boca circular, dentada, que el animal utiliza como ventosa para adherirse a otros peces y mamíferos marinos de cuyos fluidos corporales se alimenta parasitariamente, es anguiliforme y suele rondar el metro de longitud y los 2 kilos de peso. Se dice que es un fósil viviente del Jurásico. Es una especie anádroma, es decir: vive en el mar pero se reproduce en los ríos. En ellos se captura con métodos ancestrales en determinadas épocas del año, por tanto no se encuentra normalmente en la oferta ordinaria del mercado. Teniendo en cuenta la limitación temporal de su pesca, la lamprea puede curarse, salándola ligeramente, ahumándola y desecándola untada con aceite. La carne de la lamprea es muy estimada desde antiguo —los romanos la consideraban una exquisitez—, pero es consumida solo esporádicamente, en parte por su estacionalidad y rareza, siendo especialmente apreciada por los *gourmets* avisados y rechazada por los que la desconocen. Es tradicional guisar la lamprea utilizando su propia sangre, que se obtiene seccionando su cola para facilitar el desangrado, y con vino tinto, al estilo de los *civets* de caza. En Galicia también se utiliza para la elaboración de empanadas. El hígado del animal puede utilizarse en la salsa del guiso o consumirse solo, incluso crudo.

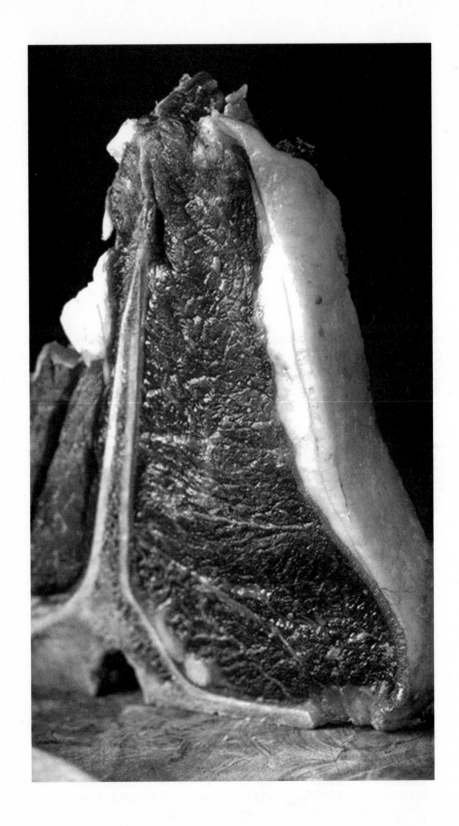

EL GOCE
DE LA CARNE

Varios milenios antes de nuestra era, los humanos domesticaron el uro euroasiático, el bovino del que proceden todas las especies de ganado vacuno de la ganadería actual. Lo mismo hicieron con el muflón del que proceden las actuales ovejas y con el jabalí, origen de las razas porcinas. El uro se extinguió en el siglo XVII pero el muflón y el jabalí siguen existiendo en la actualidad. La actividad ganadera tiene como objetivo el aprovechamiento de los animales domesticados para proporcionar a los humanos las proteínas animales esenciales en su correcta alimentación.

El sector de la ganadería bovina es uno de los principales y, cuando nos referimos a la carne como alimento, generalmente nos referimos a **la carne vacuna**. Para el resto, añadimos siempre el animal de origen como calificativo. Las razas bovinas se aprovechan bien para carne bien para leche y carne. Por supuesto que las razas de carne han sido seleccionadas por ofrecer una mayor proporción de músculo y una mayor calidad de la carne que puede mejorarse básicamente mediante el sistema de cría y la alimentación. En general, la carne ofrecida en el mercado con un mínimo de calidad suele ser de animales jóvenes, machos o hembras, en una horquilla que va desde los seis meses mínimos de una ternera sin destetar, ternera de leche, hasta los 48 meses máximo de un novillo. La ternera de leche proporciona una carne rosada, también definida como carne blanca, muy tierna y de sabor suave y delicado. La carne de la ternera entre 8 y 12 meses de edad participa de las características de la ternera de leche aunque con un color y sabor más pronunciado. Ambas carnes contienen mucha agua y poca grasa. El vacuno de entre 12 y 24 meses de edad se denomina añojo; su carne ya ha adquirido más sabor aunque sigue siendo tierna y con poca grasa. Los novillos, o novillas, entre 24 y 48 meses de edad, proporcionan una carne más roja, más sabrosa pero menos tierna que la de los animales más jóvenes. Los machos castrados con menos de 48 meses se denominan cebones. La carne de cebón es roja, más prieta y, para muchos *gourmets*, una de las carnes más sabrosas. A partir de los 48 meses de edad del animal, su carne se denomina de vacuno mayor. Puede ser de macho o de hembra. El macho castrado se denomina buey y el sin castrar, toro. La hembra, como todos sabemos, es la vaca. Esta carne es roja, con mayor contenido relativo de grasa y, por tanto, con más sabor, aunque la mayoría de los cortes necesitan de cocciones prolongadas y los más jugosos resultan mejor poco cocinados.

Ciertas razas bovinas han sido seleccionadas para su aprovechamiento como ganado para carne, destacando algunas europeas que posteriormente se han aclimatado en otras latitudes. Quizás la raza más extendida sea la Hereford, originaria del condado de Herefordshire en el oeste de Inglaterra, de característico color rojo con la cabeza y el pecho blancos. Se estima que existen unos 200 millones de cabezas repartidos en más de 25 países. La carne de la Hereford es grasa y por tanto muy sápida, diferenciándose la de animales criados en el campo (carne argentina, por ejemplo) y la de los estabulados. Otra de las razas británicas más extendidas es la Aberdeen Angus proveniente del noroeste de Escocia. Se caracteriza por su pelaje y mucosa negros, aunque la variedad colorada también está hoy muy difundida. Se ha impuesto como raza mayoritaria de la ganadería argentina por su fácil adaptación a aquellas tierras. Con ella se logra un producto de calidad, con el sabor matizado y la terneza que caracteriza a la ganadería argentina. Es asimismo una raza muy apreciada en los Estados Unidos donde la carne de Angus está protegida por una marca registrada. Una tercera raza vacuna británica es la Shorthorn, originaria del noroeste de Inglaterra, aclimatada en países ganaderos como Argentina donde ha contribuido a la fama de calidad de la carne de ese país. En Francia, tres son las principales razas bovinas de carne: la bien conocida Charolesa, la Limusina y la Rubia de Aquitania. La primera es apreciada por su capacidad de desarrollo de sus cuartos traseros que proporcionan cortes de alto sabor cárnico. Las otras dos razas producen excelente calidad de carne, como lo prueba la garantía de calidad IGP (Indicación Geográfica Protegida) del buey de Chalosse (comarca del sudoeste francés) perteneciente a estas dos razas y a una tercera, la Bazadaise, que en palabras del expresidente Chirac es «la más pequeña de las razas de carne francesas pero la mejor». En Italia destaca la raza Piamontesa, de buen desarrollo muscular y carne magra, y la Chianina que destaca por su exagerada altura y por una calidad de carne que se ha hecho famosa por ser la base de la tradicional *bistecca alla fiorentina*, de la que hablaremos más adelante. Suiza es el país del que procede la raza Simmenthal, la segunda en importancia entre las razas bovinas de carne, aclimatada en numerosos países ganaderos y con fama de excelencia de su carne, especialmente la de sus terneras.

Quizás merezca una consideración aparte la vaca japonesa Wagyu, reconocida por la excelencia de su carne, sublimada en el famoso buey de Kobe. Wagyu —que quiere decir simplemente «vaca japonesa»— es una etiqueta de calidad y garantía de origen de cuatro razas resultantes del cruce de ganado autóctono japonés con razas europeas. Existen cuatro tipos principales de Wagyu: Japonesa Negra, la más numerosa, ya que el 90 % del ganado wagyu criado y engordado en Japón es de esta raza. La Japonesa Colorada, resultante del cruce de una raza autóctona con la Simmenthal. La Japonesa de Cuerno Corto, híbrido de una raza local con la Shorthorn. Y la Japonesa Mocha, cruce entre la Japonesa Negra y la Aberdeen Angus. La herencia genética de las razas Wagyu hace que su carne se caracterice por una importante infiltración de grasa que, además de darle un aspecto muy veteado, le proporciona un sabor delicado. Los japoneses tienen establecido un sistema de calificación de las canales de Wagyu basado en la proporción de carne con respecto a la totalidad de la canal, asignándole una letra (A, B o C, siendo A la calificación más alta) y en el grado de veteado, de la consistencia de la carne y de su coloración, que se califican de 1 a 5, siendo 5 la calificación más alta. Junto a la calificación cualitativa, el mercado japonés valora el sexo de la res, su raza y su procedencia. Según la zona de cría del ganado, la carne de Wagyu adquiere el nombre del lugar, como por ejemplo Kobe, capital de la prefectura de Hyogo, obteniendo una especie de denominación de origen que debe cumplir con determinados requisitos. El buey de Kobe es, quizás, la carne Wagyu más conocida fuera de Japón, aunque el mercado japonés prefiera posiblemente el buey de Matsusaka y algunos *gourmets* completen el trío con el buey de Omi. Estas tres denominaciones prestigiosas tienen en común el origen de las reses, que son de la raza Japonesa Negra procedente del valle de Tajima, las mejor valoradas genéticamente. En Japón, durante siglos, el ganado ha formado parte de las familias campesinas de alguna manera. En general, cada familia criaba solo unas pocas cabezas de ganado. Siempre se cuidaba que los establos estuviesen bien ventilados, que los animales tuviesen una cama limpia de aserrín y agua fresca disponible. Aunque no se propiciaba el ejercicio, las reses eran cepilladas con cepillos de cerdas duras para estimular la circulación en la creencia de que, además, el cepillado lograba una distribución homogénea de la grasa. Asimismo, para desentumecer los músculos y liberar el estrés de las reses, se practicaban sesiones periódicas de masaje. En verano se les proporcionaba cerveza de arroz para estimular su apetito. Estas prácticas tradicionales, imposibles de mantener en explotaciones ganaderas a gran escala, se mantienen sin embargo en explotaciones familiares de donde surgen los escasos ejemplares que consiguen la máxima calificación (A5) y los precios exorbitantes. Hasta hace algunos años, la exportación del ganado Wagyu ha estado prohibida en Japón. En la actualidad, sin embargo, existen ganaderías de reses de raza Wagyu en numerosos países, incluida España, aunque la pureza de la raza y las condiciones de cría hacen totalmente ociosa la comparación con las vacas criadas en Japón.

La cría de ganado vacuno con destino a la lidia está extendida por países que practican los festejos taurinos, pero no todos los ejemplares de la raza terminan en los ruedos, hembras y desechos de tienta están destinadas al matadero y su carne se integra en los circuitos comerciales de productos cárnicos. Francia y Portugal han singularizado la carne de vacuno de la raza de sus toros de lidia y logrado la garantía de calidad europea con sendas denominaciones de origen para el toro de la Camarga (*Toreau de Camargue*) y para la *Carne de Bravo do Ribatejo*.

Otras muchas razas vacunas de ámbito regional en Europa cuentan con denominación de origen protegida que garantizan ciertas cualidades apreciadas por el mercado. No obstante, las técnicas de selección, cría y engorde son primordiales para obtener carnes vacunas de calidad con independencia de las cualidades genéticas que, claro está, son la garantía de ciertas características fundamentales de la carne.

En los Estados Unidos, los ganaderos pueden someter sus reses a controles de calidad voluntarios por parte del Departamento de Agricultura para obtener el certificado de buey de calidad extraordinaria (*Prime Beef*), que difícilmente se encuentra en los mercados, ya que dicha carne suele ser acaparada por restaurantes y hoteles de lujo.

Cuando hablamos de la carne vacuna como un alimento gastronómico nos referimos obligatoriamente a determinados cortes de las canales de las reses. Efectivamente, no toda la carne tiene el mismo valor gastronómico. En realidad solo determinados músculos tienen la terneza requerida para ser considerados como bocados exquisitos: son los solomillos y los lomos, músculos dorsales del animal. Los cortes que proporcionan estos músculos pueden ser con hueso y sin hueso, dependiendo de que el carnicero conserve una porción de vértebra y costilla. La chuleta, o el chuletón en el caso de un vacuno mayor, es la porción de lomo que conserva el hueso. Si se elimina este, el corte se denomina con la palabra francesa *entrecôte*. El corte con hueso que tiene forma de T e incluye una porción de lomo bajo y de solomillo es muy popular en los Estados Unidos, donde recibe el nombre de *T-bone steak* si la porción de solomillo es pequeña y de *Porterhouse steak* si dicha porción es mayor. Las características del corte de esta última denominación coinciden con las de la chuleta a la florentina (*bistecca alla fiorentina*). El lomo bajo deshuesado es el corte típico de Nueva York (*New York strip steak*). El solomillo es un músculo cilíndrico situado a lo largo de la espina dorsal en la región lumbar. Se compone de tres partes: la cabeza, el centro y la punta. La cabeza es una pieza ideal para asar tipo rosbif, debidamente albardada; de la cabeza y del centro salen filetes para *chateaubriands* —de 2 a 4 cm de espesor— y, sobre todo, para tournedós —de 1 a 1 1,5 cm de espesor—, mientras que de la punta se obtiene el *filet mignon* —la pieza se prepara abriendo un corte longitudinal sin separar las dos partes—. El solomillo es el corte más tierno de un vacuno, aunque no sea el más sabroso, y es ideal para preparar *steaks* tártaros y carpachos.

Del vacuno se aprovecha, además de la carne, otras partes comestibles, vísceras y despojos, que no forman parte de la canal de carnicería. En principio, estos productos de casquería, la pariente pobre de la carnicería, conforman una gastronomía calificada de «canalla», en el sentido de pobre y popular aunque placentera. No obstante, dentro de la casquería vacuna, ciertos productos son apreciados gastronómicamente al mismo nivel que otros reputados como selectos: el hígado, los riñones y las mollejas de ternera lechal son bocados exquisitos reconocidos por la culinaria más sofisticada desde los tiempos de la cocina clásica francesa. **El hígado** de ternera es un manjar delicado que en Francia, que cuenta con un extenso recetario, o en Gran Bretaña, donde se cocina ligeramente, alcanza precios altos, similares a los mejores cortes de carne. La culinaria italiana ha consagrado recetas muy conocidas, como la del hígado a la veneciana (con abundante cebolla frita) o la del hígado a la florentina (salteado con ajo y salvia). **Los riñones**, siempre de ternera, tienen asimismo un lugar de excelencia en las preferencias de los *gourmets*. Su aspecto se caracteriza por los múltiples lóbulos que lo diferencian de los mismos órganos de otros animales. Su sabor es menos agresivo que el de las reses de más edad y en la cocina se preparan aromatizados con vinos generosos como el jerez, el oporto o el madeira. **Las mollejas** solo se encuentran en animales jóvenes en fase de crecimiento, ya que se trata del timo, glándula que desaparece en los animales adultos. Es un producto de casquería noble, tierno y de sabor delicado, y que se presta a preparaciones de cocina fina. **El tuétano**, la médula ósea de los bovinos, también cuenta con el aprecio de cocineros y *gourmets*. Debido a la sospecha de que la médula puede transmitir enfermedades a los humanos, solo se autoriza la venta de la médula de ternera. En la cocina popular se consume cocida, o asada, con un poco de sal y sobre pan tostado, pero en los fogones de prestigio el tuétano forma parte de ciertos platos de tradición clásica como la salsa bordelesa (con vino, escalonias y tuétano) que acompaña *entrecôtes* a la brasa o a la plancha.

La salazón el desecado y el ahumado son técnicas empleadas desde antiguo para la conservación de la carne, habiendo dado lugar a productos que, actualmente, solo se elaboran por su valor gastronómico ya que existen otras técnicas más adecuadas para la conservación de los alimentos. Con respecto a la carne de buey, **la cecina** es el producto que, sometido a un corto salado, especiado y ahumado y a un proceso más o menos largo de maduración en oreo, conserva la carne dándole unas características organolépticas especiales. Esta técnica ha sido practicada en Europa tradicionalmente, dando lugar a cecinas que han alcanzado, y mantienen actualmente, fama gastronómica. En Italia la *bresaola* es una cecina vacuna que se presenta en el mercado moldeada cilíndricamente en piezas no muy grandes. En Suiza, su equivalente es la carne seca de los Grisones, también moldeada, generalmente en paralepípedos rectangulares. También existe en el cantón del Valais una carne seca similar que ha obtenido una IGP (Indicación Geográfica Protegida). En Francia se elabora el *brési* en la región del Franco Condado, presentado en piezas prensadas para facilitar su corte. En Bélgica el filete de Amberes es una cecina elaborada con el solomillo de la res. En España, la cecina vacuna se elabora con los cuartos traseros del animal, babilla, cadera, tapa y contra, procesando los cortes enteros y se presenta en el mercado en trozos irregulares cortados de las grandes piezas. Astorga, capital de la Maragatería, en la provincia de León, concentra la mayor parte de secaderos de cecina. La *suho mieso* (carne seca) de Bosnia y Serbia es similar a las anteriores cecinas. En Turquía, Armenia y otros países de Oriente Medio se elabora una cecina vacuna, llamada *pastirma* o *basterma*, muy especiada externamente con una gruesa capa de ajo, comino y pimentón picante Las cecinas europeas suelen ser tiernas, muy lejos de las carnes vacunas curadas de otras latitudes, como el charqui sudamericano, el tasajo, la *carne do sol* brasileña, el *jerky* norteamericano o el *biltong* sudafricano, que resultan demasiado secas, ya que se elaboran troceando la carne en tiras o filetes antes de iniciar el proceso de deshidratación. En Nueva York es muy popular el **pastrami**, carne de vaca —pecho, falda o aleta— en salazón, cocida y, posteriormente, ahumada, especiada y curada. En origen es una *delicatessen* de la gastronomía judía y, actualmente, se ofrece en Europa como producto *gourmet*.

LOS ANDARES
DEL CERDO

Hace 10.000 Años el jabalí (*Sus scrofa*) fue domesticado y se convirtió en **cerdo** (*Sus scrofa domesticus*). Desde entonces, la selección y los cruces han dado lugar al desarrollo de diversas razas y los avances de de las técnicas ganaderas han reducido a unas pocas las más adecuadas para su explotación como animales de carne. El cerdo de raza Duroc, por ejemplo, una raza procedente de los Estados Unidos, surgida en el siglo XIX del cruce de la Old Duroc y la Red Jersey que, a su vez, tienen su origen en cerdos europeos entre los que se encuentran los de raza ibérica, se utiliza en cruces para mejorar la infiltración de grasa en los cerdos blancos de la ganadería intensiva que son los que proporcionan la mayor parte de la carne fresca del mercado y la carne utilizada para la elaboración de embutidos industriales. Entre los cerdos blancos destacan el Landrace, de origen danés, y el Large White, de origen británico. En Europa, existen razas locales en numerosas regiones amenazadas por el desarrollo de la ganadería intensiva, habiéndose realizado esfuerzos notables para conservarlas. En general son razas que desarrollan mucho tejido adiposo por lo que, con excepciones, no son valoradas por la industria cárnica. Hay que tener en cuenta que en circunstancias de tiempos pasados, el tocino era más valorado que la propia carne del cerdo. Sin embargo, los productos elaborados con la carne y la grasa de estos cerdos perderían sus características singulares de ser sustituida la raza local por el cerdo blanco de la ganadería intensiva. La raza Mangalica, ese cerdo de pelo rizado que asemeja al vellón de una oveja, típico de Hungría, era el responsable de la calidad del *salame* húngaro hasta su casi extinción a mediados del siglo xx. La sobrasada mallorquina debe su singularidad al cerdo negro balear. Y el ejemplo más notable es el del cerdo ibérico indispensable para la existencia del mejor jamón del mundo.

El consumo de carne de cerdo se encuentra en constante progresión en una gran cantidad de países. Es la carne más popular, por lo que difícilmente puede considerarse como algo excepcional en términos gastronómicos. Pero su preparación y, sobre todo, su procesamiento para la elaboración de productos derivados, especialmente jamones y embutidos, sí puede dar lugar a exquisiteces. La carne de cerdo consumida en fresco suele centrarse en el lomo, el solomillo y los cuartos traseros del animal, que son los cortes relativamente magros, pero no suele constituir la base de creaciones culinarias de cocina selecta o de alta cocina. Especial referencia ha de hacerse, sin embargo, por su jugosidad a los cortes de cerdo ibérico utilizados para su consumo en fresco: la cabezada de lomo, el solomillo y la presa entraña, además de otras piezas menores de nombres tan sugerentes como el secreto, la pluma, la castañuela, el lagarto o la sorpresa. La presa entraña es una pieza en abanico, con mucha grasa intermuscular y se sitúa en el área cervical entre los músculos serratos. El secreto es otra pieza con mucha grasa intermuscular, y está integrada por el latísimo o músculo dorsal. La pluma es la parte anterior del lomo y tiene forma triangular. Las castañuelas son las glándulas mandibulares. El lagarto es una pieza estrecha que está conformada por el músculo iliocostal. Y la sorpresa está formada por la musculatura temporal. Hay platos tradicionales que han conseguido situarse en el podio de las delicias gastronómicas: El cochinillo, lechón asado o tostón de Segovia —y otros lugares de Castilla— es un manjar indiscutiblemente delicioso. El lechón es el cochinillo que todavía mama; se sacrifica con 1 o 2 meses y su peso oscila entre 6 y 12 kg. Se asa al horno en cazuela de barro sin más ingredientes que agua y sal. La *porchetta* romana es un producto típico de la Italia central: se trata de un cerdo joven de tamaño medio que se deshuesa y se asa después de embridarlo y se consume como un fiambre. Se elabora exclusivamente con hembras de las razas Landrace, Large White, Pietrain e híbridos de ellas, criadas en Italia. La *porchetta* de Ariccia (localidad de la comarca de los Castillos Romanos (*Castelli Romani*), cuenta con una Indicación Geográfica Protegida (IGP) europea.

En el registro de las *delicatessen*, el cerdo figura sobre todo representado por los productos elaborados que tienen su origen en las tradicionales técnicas de conservación. A la cabeza de estos productos se sitúa **el jamón**. Es el nombre que se da a las patas traseras del animal procesadas mediante salado y posterior curado o cocimiento. En todos los países y regiones occidentales donde el cerdo es uno de los pilares de la alimentación de sus poblaciones, existe de alguna manera la tradición del jamón. Como otros productos procesados para su conservación, su elaboración en la actualidad no se realiza con ese fin de preservar el alimento en el tiempo, sino por razones gastronómicas, ya que los cambios de sabor y textura lo convierten en muchos casos en una verdadera delicia. Como ya se ha referido, el jamón puede ser curado o cocido, constituyendo en cada caso un producto diferente con características organolépticas propias. En realidad el jamón cocido que se encuentra en el mercado es un producto industrial que procede de la receta de la cocina inglesa del jamón de York que, en principio, es un jamón curado que después de salado y ahumado se madura durante algunos meses. Si se cuece antes de alcanzar una curación definitiva, se obtiene un fiambre que en Inglaterra se consume tradicionalmente con una salsa al vino madeira y en España, en días de fiesta, con huevo hilado. Parecido procedimiento se sigue con los jamones de Praga y Westfalia, el jamón de Virginia (jamón de Smithfield) o el genérico francés *jambon à l'os* (jamón con hueso), este sin embargo partiendo de un jamón semisalado y sin ahumado pero, a veces, con una terminación en el horno para darle color y matizar su sabor. La industria cárnica produce sucedáneos que no pueden competir en excelencia con las elaboraciones artesanales.

No cabe duda que el jamón por antonomasia es el jamón curado, es decir: el sometido a un proceso de desecación más o menos largo. Las técnicas utilizadas en los distintos países y regiones son similares: salado, ahumado o especiado, y secado durante meses o años. Siendo jamones de calidad que, normalmente, dependen de la raza y alimentación de los cerdos y de las técnicas de curado, los producidos tradicionalmente en distintos lugares geográficos han adquirido fama y notoriedad habiendo traspasado en muchos casos las fronteras. En China es reputado el jamón de Jinhua. En Europa: el jamón de York en Gran Bretaña, el jamón de las Árdenas en Bélgica, el de Westfalia y el de la Selva Negra en Alemania, el jamón de Eslovenia, Montenegro o Croacia, el jamón de Praga en la República checa, el jamón ahumado de Chipre, el jamón de Bayona y el de Bigorre en Francia, el jamón San Daniele, el de Parma, el del valle de Aosta, el de Carpegna y el toscano en Italia, el jamón serrano y el ibérico en España y Portugal. Entre ellos existen diferencias de preparación tanto en lo que se refiere a la terminación de la pieza en fresco como en el proceso de curado. La mayoría de los jamones prescinde de la pezuña y del hueso de la cadera (isqueón). En España, sin embargo, la mayoría de los jamones conservan parte de la cadera con el citado hueso y los de más calidad conservan también la pezuña. En cuanto al proceso de curado, es común el salado previo y el oreo y secado prolongado, pero muchos jamones tradicionales se someten complementariamente a procesos de ahumado más o menos intensos o a especiado (pimentón).

En España **el jamón serrano** ha sido el exponente de la tradición de jamón curado más extendida en el país. Desde 1992 su elaboración está regulada por un reglamento comunitario que garatiza su especialidad tradicional. Suele ser un jamón de cerdo blanco curado naturalmente en localidades situadas por encima de los 800 metros de altitud. En el mercado se encuentran tres calidades: jamón de bodega, con una curación de 9 a 12 meses; jamón de reserva, de 12 a 15 meses de curación; y jamón de gran reserva, de más de 15 meses de curación. Dentro de la categoría de los jamones serranos, el jamón de Teruel tiene una Denominación de Origen Protegida (DOP) de la Unión Europea. Es un jamón de calidad elaborado a partir de cerdos de cruce entre razas Landrace y Large White por línea materna y de raza Duroc por línea de padre, madurado en ambiente natural durante un mínimo de 14 meses. Otro de los jamones serranos de calidad es el jamón de Trevélez, en la sierra granadina, que cuenta con una Indicación Geográfica

Protegida (IGP) europea. Al jamón de Trevélez se le califica como de los más «dulces», por el escaso grado de salazón, inferior al 5 %. Tiene un exquisito sabor y un magnífico aroma debido a la calidad de las carnes —solo se permiten los cruces de las razas Landrace, Large White y Duroc— y, también, al clima de Trevélez, al pie de Sierra Nevada, con inviernos muy fríos y secos y veranos calurosos. Una atmósfera permanentemente limpia completa el conjunto de factores privilegiados de esta comarca única, que permite el desarrollo de cultivos microbiológicos autóctonos que caracterizan a estos jamones. Para que el jamón alcance la máxima calidad, es necesario alargarle el proceso de curación hasta el envejecimiento. La maduración suele ser de 14, 17 o 20 meses. En Portugal es famoso el *presunto* (jamón) de Chaves. Su período de curación natural, maduración y envejecimiento es de 18 a 24 meses. El jamón de Chaves no se cura al estilo español, sino añadiéndole especias y vino. Posteriormente se ahúma ligeramente. Por esta razón, este jamón tiene un sabor muy peculiar que recuerda a la cecina. De producción muy escasa.

La estrella de los jamones curados es **el jamón ibérico**, único por su textura y sabor, debido a la raza de los cerdos a partir de los que se elabora el jamón, a su tradicional crianza realizada de forma extensiva en las dehesas de la península ibérica y a su proceso de curación. Bajo la denominación de cerdo ibérico se agrupa una serie de variedades de una raza autóctona de las que la más extendida es la Retinta o colorada. Los animales de raza ibérica tienen tendencia al almacenamiento de grandes depósitos lípidos, los cuales, se infiltran en las masas musculares, dando lugar a esa característica infiltración grasa, no necesariamente apreciable a simple vista, que proporciona a su carne una incomparable untuosidad, textura y aroma. Desde sus orígenes, el cerdo ibérico ha estado asociado a los sistemas productivos en régimen extensivo que aprovechan los recursos del bosque mediterráneo del tipo dehesa arbolada, donde crecen varias especies de la familia de los *quercus*, encinas, quejigos y alcornoques, cuyos frutos, las bellotas, son la base de la alimentación de las piaras. Debido a este tipo de alimentación, la grasa del jamón ibérico es rica en ácido oleico, cardiosaludable, por lo que se ha definido al animal como un «olivo con patas».

El jamón ibérico está clasificado oficialmente en tres categorías:

Ibérico de bellota, cuando el jamón procede de cerdos alimentados exclusivamente en régimen de pastoreo y sacrificados después de su engorde en montanera (periodo en el que solo se alimentan de bellotas). Esta categoría se divide a su vez en bellota 100 % ibérico, cuando el animal es de raza pura —etiquetado en negro—, y en bellota ibérico cuando el animal tiene cruce con otra raza, generalmente con la Duroc, —etiquetado en rojo—.

Ibérico de cebo en campo —etiquetado en verde— es el jamón procedente de cerdos criados en libertad pero alimentados con piensos de cereal y legumbres.

Ibérico de cebo —etiquetado en blanco—, jamón de cerdos estabulados alimentados con piensos de cereal y legumbres.

Existen varias denominaciones de origen europeas de jamones ibéricos: en España están reconocidas las DOP de Huelva, más conocida por la denominación comercial de jamón de Jabugo; la de Los Pedroches en el norte de la provincia de Córdoba; la de Guijuelo en la provincia de Salamanca; y la de la Dehesa de Extremadura, en las provincias de Cáceres y Badajoz, destacando los jamones de la tierra de Montánchez. En Portugal el jamón ibérico puro de Barrancos es un jamón ibérico de la zona del Alentejo, con Denominación de Origen Protegida por la Unión Europea. Es considerado como el mejor jamón que se produce en Portugal, sobre todo por la pureza de la raza del cerdo alentejano, considerada actualmente una de las razas más puras de cerdo ibérico, y por su alimentación en sus poco explotadas dehesas de la región, colindantes con las de Extremadura y Huelva. La denominación comercial «pata negra», en referencia al color de las pezuñas de los cerdos ibéricos, no es en absoluto oficial y se presta a fraudes y engaños.

El jamón ibérico conserva su pezuña y el hueso de la cadera, y la piel, o corteza, está recortada en forma de V. Su figura es más estilizada que la de los jamones serranos y, generalmente, es de menor peso.

Gastronómicamente, el jamón ibérico es una delicia sin igual. Sus características organolépticas lo convierten en un manjar exquisito: su aroma es característico y al paladar se muestra fundente y con un pronunciado y persistente sabor umami (el quinto sabor), provocando la sensación de estar comiendo, como así es, algo delicioso. Pero para apreciar estas características, el jamón ibérico debe degustarse en finas lonchas recién cortadas y a temperatura ambiente. El corte de este jamón es una especie de ritual, siendo frecuente la organización de concursos en los que se admira el arte de los cortadores profesionales que terminan su labor dejando el hueso del jamón perfectamente mondo. El jamón ibérico se marida bien con el vino manzanilla o con el fino con los que conforma combinaciones ideales gastronómicamente hablando.

De los músculos de las extremidades posteriores del cerdo deshuesadas se elaboran productos curados que siguen básicamente un procedimiento similar al de la elaboración del jamón. De entre estos productos destacan dos de la tradición chacinera italiana. Se trata del *culatello* y del *speck*. Ambos presentes indefectiblemente en las tiendas de especialidades italianas junto a los jamones con DOP y a otras delicias del país. El *culatello* es una especialidad de Parma. Se elabora con la parte magra del jamón a la que se da forma de pera para lo que se brida adecuadamente; después de salado, se introduce en una vejiga porcina y se vuelve a bridar, esta vez con pasadas del bramante longitudinales y, acto seguido, horizontales, formando una red que al final de la curación de la pieza queda floja. Se madura en bodega, donde permanece una media de 14 meses. Existe una DOP europea para el *culatello di Zibello*. Una variante del culatello es la *culaccia* o *culatello con cotenna* (con corteza) elaborada con la pierna deshuesada sin prescindir del tocino ni de la piel, sin embutir en vejiga y sin bridar. El *speck* es una especialidad del Alto Adigio (Tirol del Sur) que cuenta con una IGP europea. El magro del cerdo viene extendido y sometido a un proceso de salado seguido de un ligero ahumado y de una maduración de 22 semanas, siguiendo la regla de «poca sal, poco humo y mucho aire fresco».

Las extremidades anteriores del cerdo suelen tener un parecido tratamiento al de los jamones, alcanzado cotas de perfección gastronómica en el caso de las paletas de cerdo ibérico.

La conservación del resto de las carnes del cerdo también ha tenido un tratamiento tradicional que ha dado lugar a productos que en la actualidad se siguen elaborando por su calidad gastronómica. En España, el lomo, que es el músculo ileoespinal del cerdo, cuando se prepara para su curación se suele embuchar, es decir: se embute en una tripa que actúa de aislante de la carne, que ha sido generalmente adobada con pimentón, ajo y otras especias para, posteriormente, someterla a una lenta deshidratación. **El lomo embuchado** siempre se ha considerado un manjar selecto por su carácter magro y su delicado sabor, especialmente la caña de lomo elaborada con carne procedente del cerdo ibérico, que soporta curaciones más largas por su típica infiltración de grasa en la masa muscular, lo que además potencia su sabor. En Italia una elaboración similar, sin las especias típicas del adobo español, es el *lonzino*. La parte alta del lomo, o aguja, también es objeto de curación específica dando lugar a la tradicional coppa o *capocollo* en Italia, donde el *capocollo di Calabria* y la *coppa piacentina* cuentan con una denominación de origen protegida, y la *coppa* de Parma con una IGP. En Francia también cuenta con una DOP la *coppa* de Córcega. En España se embucha el cabecero de lomo con el típico adobo de su pariente el lomo embuchado.

El tocino, por su alto contenido calórico, fue tradicionalmente un preciado producto entre campesinos y trabajadores con duras y prolongadas tareas físicas, siendo preferido por dichas clases sociales a los cortes de carne magra por evidentes razones prácticas. Las técnicas de conservación eran similares a las practicadas con los cortes más nobles: salado y posterior curación con o sin ahumado. Así nació el *bacon*, cuya presencia en las mesas de las clases altas alcanzó cotas importantes. No se concibe el desayuno inglés sin este tocino curado o ahumado de consumo muy extendido en todo el mundo anglosajón y también en el germánico. El *bacon* se obtiene de la masa grasa de la barriga del cerdo aunque también se elabora con mayor proporción de carne magra cuando se obtiene del dorso del animal incluyendo parte del lomo, por lo que difícilmente puede entonces calificarse de tocino. En los Estados Unidos también se obtiene de los carrillos del cerdo denominándose *jowl bacon*. En Gran Bretaña, el *bacon* sin ahumar se denomina *green bacon*, mientras que el ahumado es sencillamente *smoked bacon*. Siendo el *bacon* un producto de consumo popular, las modas gastronómicas han provocado en los Estados Unidos en los últimos años una verdadera «baconmanía», convirtiendo este producto en un indispensable ingrediente de las recetas más insólitas, incluyendo combinaciones tales como *bacon* y chocolate. En España el equivalente al *bacon* no ahumado es la panceta y en Francia la *ventrèche*. En Italia el tocino salado, especiado y curado, denominado *lardo*, se consume finamente loncheado sobre tostadas de *polenta* (masa de harina de maíz cocida) o sobre tostadas de pan de centeno untadas con miel, fórmula que se denomina «bocado del diablo». El lardo producido en Arnad, en el valle de Aosta, disfruta de una denominación de origen europea (DOP) que garantiza su autenticidad. También en Italia destaca el *guanciale*, tocino magro obtenido de los carrillos del cerdo, cuya parte grasa es de textura y sabor diferente al tocino obtenido de la parte ventral o dorsal del animal. Se prepara mediante salado, especiado y oreo durante unas tres semanas y es ingrediente inexcusable en las preparaciones a la *amatriciana* y a la *carbonara*. Se diferencia del *jowl bacon* americano en que no se somete a un proceso de ahumado. En dos regiones españolas, Galicia y Cataluña, la grasa que recubre los riñones del cerdo se prepara en salazón y se somete a un proceso largo de curación que finaliza con un enranciamiento que la convierte en un condimento apreciado en caldos y sopas tradicionales. Se trata del *unto* gallego y del *sugí* catalán, siendo el primero ligeramente ahumado.

La carne de cerdo triturada o molida, combinada con el tocino, especiada, salada, oreada o ahumada y madurada para obtener el deseado grado de curación ha dado lugar a embutidos tradicionales que alcanzan cotas de calidad y alto valor gastronómico. La mayoría de las chacinas tienen su origen en Europa, donde la cultura gastronómica del cerdo ha sido tradicional durante siglos, herencia de la cultura romana extendida por las legiones del imperio en los territorios conquistados. La región de la Lucania —región histórica— en el sur de la península itálica parece ser el origen de las preparaciones de carne de cerdo picada, salada, aromatizada y embutida en tripa. Precisamente, el nombre vasco para la salchicha seca es *lukinke,* y la palabra longaniza procede asimismo de un derivado gentilicio de Lucania: *lucanicia.* El avance tecnológico y la difusión del conocimiento contribuyen a la imitación de determinados embutidos y a su industrialización, falseando a veces su autenticidad pero también mejorando a veces la calidad de los auténticos. Afortunadamente procesos artesanos o semiartesanos mantienen la producción de chacinas calificables de verdaderas *delicatessen.*

Un paseo gastronómico por Italia, Francia o España nos abre la puerta a las excelencias de los embutidos de la familia del **salchichón,** con variantes en cuanto a la composición de la masa de base, a su tamaño o forma y, en consecuencia, a su sabor. En cualquier caso nos referimos a salchichones secos.

En Italia reina el *salame* —más conocido en otros países por su denominación en plural: *salami* —. De Norte a Sur de la península itálica se elaboran *salami* singulares que merecen una referencia como productos de calidad, una seña de identidad de la gastronomía italiana: En Lombardía encontramos el *salame di Varzi* que cuenta con una denominación de origen protegida. Se trata de un salchichón curado cuya masa está compuesta de tocino y carne magra, incluyendo el solomillo del animal, cortada en pedazos no muy pequeños y en alta proporción respecto al tocino. Al corte, este salchichón, que debe ser compacto aunque tierno, presenta un granulado grueso con la carne de color rojo vivo combinada con el blanco de la grasa. En Liguria, tiene fama el *salame genovese di Sant'Olcese* que mezcla la carne magra del cerdo y el tocino con carne bovina. Se especia con pimienta en grano, ajo, vino blanco y sal; se embute en tripa, se brida a mano, se ahúma ligeramente con leña de roble y se orea durante tres meses en locales con temperatura y humedad controladas. Se comercializa en diferentes calibres, los más grandes de 2,5 y 4,5 kilogramos. En el Véneto, exactamente en Vicenza, se elabora un salchichón con el nombre de *soprèssa vicentina* que cuenta con la garantía de una denominación de origen protegida europea. La masa de carne grasa y magra, picada a tamaño medio, se adoba con sal, pimienta y una combinación de especias: canela, clavo de olor y romero. Se embute en tripa gorda y se brida manualmente oreándose durante unos días antes de pasar a las cámaras de maduración. El salchichón con ajo es una especialidad de la región de Ferrara, embutido en tripa cular y embridado. Si en vez de ajo se utiliza la semilla del hinojo silvestre para aromatizar el salchichón, este adquiere el nombre de *finocchiona* —en italiano hinojo se dice *finocchio*—. Es una especialidad de Chianti en la Toscana. La utilización del hinojo tiene su razón de ser en la carestía en tiempos pasados de la pimienta, que fue sustituida por una semilla aromática abundante en la región. El hinojo no tiene las mismas propiedades antisépticas de la pimienta por lo que el manejo de la *finocchiona* en su proceso de maduración era delicado. Aunque este salame cuenta con muchos adeptos —se dice que Maquiavelo lo apreciaba sobremanera— tiene el inconveniente de que, siendo el hinojo ligeramente anestésico, neutraliza las papilas gustativas, circunstancia que los mercaderes de vino deshonestos aprovechaban para confundir a los compradores ofreciéndoles este salchichón antes de probar el vino —práctica equivalente a la de ofrecer queso curado en la Mancha, origen de la expresión «dárselas con queso»—. La *finocchiona* puede consumirse con una corta curación de un mes, pero entonces la masa no ha llegado a cohesionarse y se desmiga, por lo que adquiere el apelativo de *sbriciolona* —*sbriciolare* = desmigarse —. En mucha menor proporción, el hinojo también entra, junto con la pimienta y otras especias y condimentos, en la sazón de otro salchichón italiano con una IGP europea, el *ciàuscolo* de la región de las Marcas. Se trata de un *salame* embuchado en tripa cular cuya masa compuesta por carnes magras y grasas del cerdo se tritura tres veces; está ligeramente ahumado y se somete a una breve curación. Es un salchichón muy tierno susceptible de ser untado sobre rebanadas de pan caliente. En la región de los Abruzos se elabora un salchichón típico de nombre y factura singulares: comercialmente se denomina *mortadella di Campotosto* pero, popularmente se le llama *coglioni di mulo* (cojones de mulo). Tiene forma ovalada y un peso aproximado de 400 a 500 gramos. La masa está compuesta de carne magra y grasa picada muy fina, especiada con sal, pimienta y vino blanco y, durante las 24 horas de adobo, se amasa varias veces añadiéndole una infusión de canela y clavo. Su seña de identidad más evidente es la tira de tocino en el centro que recorre el embutido longitudinalmente. Un poco más pequeño, con la forma de un puño, se elabora en la Campania, cerca de Nápoles, el *salame Mugnano del Cardinale*, curado en un clima de viento constante, que históricamente sirvió de moneda de cambio para remunerar ciertos servicios. Un poco más al sur, en la provincia de Salerno, el tocino entero centrado en la masa del salchichón aparece en la *sopressata cilentana*. En toda Italia existen otros salchichones locales o comarcales con garantía DOP o IGP entre los que citaremos el *salame piacentino*, de Piacenza en la región Emilia-Romaña, el *salame Brianza*, al norte de Milán, el *salame mantovano*, de Mántua, el *salame Sant'Angelo di Brolo*, de Sicilia, y el *strolghino*, de Parma y Piacenza, un salchichón delgado, tipo longaniza, y con forma de herradura, que tiene su origen en el aprovechamiento de los recortes que se hacen al jamón que se emplea en la elaboración del *culatello* para darle la tradicional forma de pera. En todo el centro y norte de Italia se elabora el *salame cacciatore* (salchichón cazador) con denominación de origen protegida (DOP). También se admite el nombre de *salamini italiani alla cacciatora*. Su denominación procede de la costumbre de los cazadores de llevar en el zurrón estos pequeños salchichones para matar el hambre durante las partidas de caza. En el Piamonte, el *salame della duja* es un salchichón a base de carne magra selecta y tocino, especiado con sal, pimienta y ajo majado remojado con vino que se embute en tripa, se cura al oreo y, posteriormente, se introduce en una vasija, la *duja*, que le da nombre, cubriéndose con manteca y manteniéndose así de tres meses a un año antes de consumirse. En el Piamonte tiene fama el *bollito misto*, un cocido de carnes diversas que incluye un embutido emparentado con el *salame*, aunque no se trata de un embutido curado sino fresco, preparado para ser cocido. Se trata del *cotechino*, nombre que deriva de la presencia en la masa de relleno de una cantidad importante de corteza de cerdo (*cotica*). Cuando la masa se embute en un pie de cerdo, toma el nombre de *zampone*. Tanto este como el *cotechino* se consumen tradicionalmente en la cena de Fin de Año acompañados de lentejas. Existen otros embutidos denominados *salami* que, sin embargo, no responden exactamente a lo que entendemos comúnmente como salchichón.

Con el nombre de *Téliszalámi* (salchichón de invierno) es conocido, y celebrado entre los *gourmets* amantes de las chacinas, el salchichón húngaro, introducido en ese país por un carnicero italiano durante la época del imperio austrohúngaro. Es un salchichón tipo vela que se caracteriza por su sabor ligeramente ahumado, debido a un proceso de curación que incluye una larga exposición al humo antes de ser oreado para su deshidratación, por el granulado fino de la carne y el tocino, en origen de cerdo Mangalica, y por su especiado con pimienta blanca y pimienta de Jamaica. El salchichón de Szeged cuenta con una garantía de denominación de origen protegida (DOP) y el de Budapest con una indicación geográfica protegida (IGP).

En Francia, el salchichón se denomina *saucisson*, siguiendo la misma semántica de aquel, es decir el aumentativo de salchicha (*saucisse*, en francés). La elaboración de salchichón es una práctica tradicional en varias regiones de Francia, especialmente en el Este del país. Los más afamados son las especialidades de Lyon, el *saucisson de Lyon*, el *jésus* y la *rosette*. El primero de ellos se elabora con una mezcla de carnes de cerdo y de bovino, aunque en origen la carne utilizada para acompañar a la de cerdo era de equino. La masa, con la carne cortada muy fina, contiene pequeños dados de tocino de la parte dorsal del cerdo. Se presenta bridado y se vende generalmente al corte. No es fácil de encontrar. El *jésus* debe su nombre al hecho de haber sido en origen una elaboración navideña, cuidándose de seleccionar los mejores cortes de cerdo. Su característica principal es su tamaño, ya que suele pesar entre 5 y 6 kilos aunque, actualmente, por razones comerciales se elabora en tamaños de menos de 1 kilo. Se presenta en piezas bridadas. La *rosette de Lyon* es de origen campesino. Se trata de un salchichón especiado con sal, ajo y pimienta, embutido en tripa cular, embridado y curado durante al menos un mes. El *saucisson d'Arles* es un pequeño embutido (300 gramos) elaborado en unas pocas carnicerías de la ciudad de Arlés en la región de Provence, a base de una mezcla de carnes de porcino, bovino y equino. Tiene fama asimismo el *saucisson de Lacaune*, una pequeña localidad del departamento de Tarn en la región Mediodía-Pirineos, curado al aire de montaña. Otras elaboraciones similares al salchichón pero más delgadas y que, por tanto, reciben el nombre de salchicha seca, son también dignas de mención, como la elaborada en la citada localidad de Lacaune y la *lukinke* de la comarca de la Sola en el país vasco francés.

En España es Vich, en la provincia de Barcelona, la ciudad que da nombre al salchichón. Durante mucho tiempo la mención del origen en Vich, de los salchichones despachados en las tiendas de ultramarinos de toda España era garantía de calidad. Este embutido, con su característica piel blanqueada por el moho típico de la zona, comercializado bajo un envoltorio serigrafiado, se elabora con carnes de cerdo blanco, castrados antes de su fase de engorde, y tradicionalmente se sazona con sal y pimienta, aunque actualmente se autoriza la adición de ciertos aditivos, lo que ha provocado las críticas de los puristas. El periodo de curación en cámaras de secado natural es de tres a seis meses, a lo largo del cual se cepillan un par de veces para eliminar los mohos. Su tamaño suele ser de 1,2 kilogramos, aunque también se elabora en piezas más pequeñas (300 gramos). Cuenta con una indicación geográfica protegida (IGP) europea bajo la denominación *Llonganissa de Vic*. En el Pirineo leridano se elabora el *Xolís del Pallars*, un salchichón prensado durante su proceso de curación que le da una forma típica. En Menorca encontraremos el *Carn i Xua* (carne y tocino), salchichón tradicional de la isla, de masa semigruesa, presentado en piezas de 300 gramos aproximadamente. En los últimos años, los productores de jamón ibérico han ampliado su oferta a embutidos tradicionales, entre ellos el salchichón, elaborados con carnes de cerdo ibérico. En general son salchichones cuya masa es de grano semigrueso, sazonada con sal, pimienta y orégano, y madurados en secaderos naturales. Obviamente, las características organolépticas de la carne grasa del cerdo ibérico le confieren una personalidad singular. El salchichón elaborado en el País Vasco se conoce con el nombre de salchichón cular, en referencia a la tripa usada para embucharlo. Los cronistas gastronómicos suelen citar el salchichón aragonés, refiriéndose a lo que los habitantes de esa autonomía conocen con el nombre de hígado de Calamocha, localidad turolense notoria por sus bajas temperaturas en invierno, que es un embutido elaborado como el salchichón pero con el complemento en su masa del hígado del cerdo. Al parecer se trata de un producto tradicional en regresión. Con masas similares a las preparadas para el salchichón pero con alguna variante en el especiado existen en España longanizas secas (curadas) que se caracterizan por su delgadez y que son de consumo regional tradicional pero que el desarrollo de los canales de comercialización han convertido en productos apreciados en todo el país. Quizás la más conocida sea el *fuet* (látigo) catalán, de gran consumo en la actualidad, muy apreciado el procedente de la comarca de Osona cuya capital es Vich. En la vecina comarca de Berga, la *llonganissa del Berguedá* tiene asimismo su predicamento regional. En Aragón la longaniza de Graus, en la provincia de Huesca, se caracteriza por su alta proporción de carne magra y el especiado, que incluye orégano, nuez moscada, tomillo, clavo e incluso vinos olorosos. Se presenta en herradura de una longitud de alrededor de 30 centímetros. En Valencia, durante la época de Pascua se elaboraba una longaniza típica, la longaniza de Pascua, presente en las meriendas organizadas durante esta celebración para comerse la «mona» o *pa cremat*. Este embutido, de gran aceptación popular, se elabora actualmente sin interrupción estacional. Se diferencia de otras longanizas por ser más estrecha, presentar una tonalidad rosada y ser de textura firme y carnosa.

Una variante del embutido elaborado a base de carne de cerdo picada y tocino que, a partir de la llegada a Europa del pimiento americano y la consecuente aparición del pimentón, conquistó Castilla y otros reinos hispanos, es el carpetovetónico **chorizo**. Aunque la base del picadillo, carne magra de cerdo y tocino, y del adobo, sal, ajo, orégano y pimentón, suele ser la misma a lo largo y ancho de la península ibérica —salvo en Cataluña, donde no se elaboran embutidos con pimentón— la calidad de la carne y del tocino, que también cuenta, el grado de picado, la proporción de los ingredientes del adobo, la calidad del pimentón, la adición de otras especias y vino, el tamaño de la tripa, su tratamiento al humo o solo al aire para su curado, el grado de deshidratación pretendido, los mohos presentes en el ambiente, y otras variables nos regalan una amplia panoplia de chorizos. Estos se presentan básicamente en tres formatos: ristra, sarta y vela. El chorizo de ristra es el de menor formato: la tripa se embute sin solución de continuidad y luego se porciona mediante ligaduras con bramante, dando lugar a los chorizos individuales que permanecen, sin embargo, unidos en una ristra. Este tipo de chorizo se consume en fresco, con media curación o curado completamente. El chorizo en sarta es el característico chorizo en herradura, que se consume con media curación o curado. El chorizo vela es el embutido generalmente en tripa cular y se consume curado. Desde hace décadas, el mercado ha reconocido la calidad de los chorizos de Cantimpalos, en la provincia de Segovia, que cuentan con una indicación geográfica protegida (IGP). Los chorizos de carne de cerdo ibérico cuentan con la garantía de las características organolépticas de dicha carne. En Navarra, el chorizo de Pamplona se presenta con una personalidad propia: se trata de un chorizo que puede incluir carne porcina y bovina, cuya masa se pica muy fina, y que al corte se identifican separados el granulado de la carne y el del tocino, circunstancia que no se da en otros chorizos. Se presenta en formato vela. El chorizo se incluye como ingrediente en numerosos platos tradicionales a lo largo y ancho de la geografía española y portuguesa y se consume crudo como aperitivo, como fiambre, en meriendas o en bocadillos. Teniendo en cuenta su carácter típicamente hispano-portugués, en las tiendas de *delicatessen* de otros países suelen aparecer como embutido exótico ya que no es de consumo corriente fuera de la península ibérica.

Emparentada a la vez con el chorizo y con la salchicha fresca se elabora en Navarra la popular chistorra y en la Comunidad Valenciana y Murcia la longaniza roja, esta última con un especiado diferente, ya que incluye en su sazón semillas de comino y matalahúva.

Compartiendo con el chorizo los ingredientes básicos, especialmente el pimentón, **la sobrasada** mallorquina es un embutido curado singular cuya masa se compone de carne de cerdo, magro y tocino, pimentón, sal y pimienta. Dicha masa se pica tan fina que podría hablarse de molienda lo que le proporciona una de sus principales características, la untabilidad. Este embutido goza de una indicación geográfica protegida (IGP) de la Unión Europea. En origen, la sobrasada, cuyo nombre procede de Italia donde existen varios embutidos con el nombre de *sopressata* (prensada) pero sin parecido con ella, se elaboraba con carne de cerdo autóctono balear, un cerdo negro criado en libertad y con una alimentación basada en higos y algarrobas, complementadas con cereales y leguminosas. No es el caso actualmente, aunque existe sobrasada elaborada exclusivamente con carne de cerdo negro de Mallorca que se identifica mediante una etiqueta de garantía.

Atendiendo a las características de las tripas utilizadas, la sobrasada de Mallorca podrá denominarse:

a) Longaniza: sobrasada de diámetro no superior a treinta y cuatro milímetros en forma de collar o herradura, cuyos extremos se mantienen unidos mediante un cordel o hilo.

b) Risada: sobrasada embutida en intestino grueso.

c) Bisbe: sobrasada embutida en estómago de cerdo. Es la presentación más espectacular de todas, ya que puede pesar entre 4 y 30 kilos. Su comercialización es poco corriente.

d) Poltru: sobrasada embutida en intestino ciego de cerdo.

e) Culana: sobrasada embutida en intestino recto de cerdo.

f) Bufeta: sobrasada embutida en vejiga urinaria de cerdo.

Las chacinas embutidas cuentan con otra familia con numerosos miembros, la familia de **las salchichas**. En todos los países donde el consumo de carne de cerdo es habitual, se elaboran salchichas, carne de cerdo picada, especiada y embutida en tripa, que se consumen habitualmente en fresco y, en consecuencia, cocinadas. La salchicha es un producto de carnicería que responde a los gustos y hábitos de consumo locales siendo, además, un alimento generalmente barato. Las salchichas también pueden someterse a un proceso de ahumado y desecación, lo que permite conservarlas y consumirlas en crudo. Cuando las salchichas se ofrecen lejos de sus lugares de origen, adquieren un carácter exótico, de rareza, que las convierte a veces en productos *gourmet*. Sucede con las auténticas salchichas germanas, habituales en los mercados locales, pero extrañas en otras latitudes. Entre las salchichas más notables por su singularidad se encuentran las salchichas polacas (*kiełbasy*). Suelen ser salchichas ahumadas en caliente, lo que facilita su consumo en crudo después de un periodo de curación, aunque también se cocinan. Se presentan en formatos diferentes según la procedencia. La llamada salchicha de Liszki (*kiełbasa lisiecka*), sazonada con pimienta y ajo, cuenta con una indicación geográfica protegida (IGP) de la Unión Europea. Referencia especial ha de hacerse a la variedad de salchicha llamada *kabanos*, que se caracteriza por su delgadez, similar a la de las longanizas, especiada con semillas de alcaravea, y que se consume en crudo. Las salchichas alemanas, algunas de cuyas variedades se producen en numerosos países, como las salchichas de Fráncfort (*Frankfurter Würstchen*), suelen elaborarse con una masa muy molida compuesta de carne de cerdo, tocino y especias y sometidas a un proceso de escaldado y ahumado. Parecidas a las mencionadas salchichas de Fráncfort, destacan las salchichas de Viena, elaboradas con carnes porcina y bovina. Otras salchichas similares son la *cervelas*, de formato más corto y más ancho, muy consumida en Suiza y su variante, la *cervelas de Lyon,* en Francia. Los mostradores de *delicatessen* alemanas pueden desplegar una amplia variedad de salchichas escaldadas (*brühwurst*) con formatos y sabores diferentes.

Emparentadas con las salchichas escaldadas existen numerosas preparaciones embuchadas y cocidas, como las butifarras catalanas, el morcón y el blanco murciano y valenciano, el salchichón de París (*saucisson à l'ail*), el *salame cotto* del Piamonte, la Liguria y el Lazio, en Italia, y, en capítulo aparte, la *mortadella di Bologna.*

Nadie puede negar que uno de los signos de identidad de la gastronomía italiana es ese enorme embutido, alargado o redondo, con su característico corte rosado salpicado de cuadraditos de tocino y con su característico e inconfundible aroma, que identificamos inmediatamente como **mortadela**. Este singular preparado cárnico, imitado pobremente en varios países y constitutivo de humildes bocadillos, es en su versión genuina una exquisitez garantizada por una indicación geográfica protegida (IGP) europea. En Italia la mortadela se denomina simplemente Bolonia, aunque su ámbito reconocido por la garantía de origen, se extiende a otras regiones limítrofes de la Emilia-Romaña de la que Bolonia es la capital. Curiosamente, las normas que rigen su producción no pueden considerarse como garantes de una calidad determinada de la materia prima utilizada pues, en efecto, la carne porcina puede tener cualquier procedencia tanto de raza como de zona de cría. Además la carne utilizada para elaborar la masa no procede de los cortes nobles del animal. A la carne molida mediante el paso sucesivo de esta por la picadora, reduciendo progresivamente el grosor de las rejillas, se añade tocino de papada cortado en dados y escaldado, sal y pimienta en grano y molida. Pueden añadirse otros ingredientes naturales como pistachos, por ejemplo. La mortadela, cuyo formato varía según el fabricante, puede incluso elaborarse en piezas de más de 15 kilos, se cuece cuidadosamente antes de su salida al mercado. No se ahúma nunca y no se somete a procesos de curación. Se degusta cortada tanto en rodajas finas como en tacos y se utiliza en la cocina regional para rellenos de los *tortellini* locales y en otras preparaciones de carnes rellenas, aves, *involtini* (arrollados), etc.

Las chacinas incluyen también ejemplares de «raza negra». Son **las morcillas**. Posiblemente se trata del embutido más humilde, destinado a aprovechar hasta la última gota de sangre del animal sacrificado. Dependiendo de la tradición local, la sangre se mezcla con tocino, pan, arroz, cebolla, otras verduras, especias y, haciendo un exceso, a veces con algo de carne. La filosofía de la morcilla se practica en todas las sociedades donde el cerdo constituye una fuente importante de alimento, es por ello quizás el embutido más universal. Los historiadores de la gastronomía sitúan en Grecia el origen de los embutidos con sangre, quizás porque las fuentes documentales más antiguas de las que disponemos donde aparecen las morcillas son las griegas. A pesar de su rusticidad y de ser un humilde condumio, los *gourmets* aprecian el acierto de sabores complejos que se obtienen con las sabias mezclas de la masa de las morcillas.

La península ibérica es un verdadero mosaico de morcillas, debido a las distintas versiones tradicionales de las regiones de España y Portugal. Algunas de ellas destacan por su singularidad y su aceptación en el mercado. Otras son ingrediente necesario de afamados platos regionales. La morcilla de Burgos es el paradigma de las morcillas de arroz que se elaboran en Castilla y Aragón. La cebolla, que es otro de sus ingredientes, suele ser de la variedad horcal, cultivada en Castilla, que es carnosa y dulce y que, junto a la manteca, proporciona suavidad a la masa. Una variedad prestigiada es la morcilla de Aranda que suele especiarse con comino, pimienta negra y un punto de canela. Estas morcillas se cuecen después de embutirse y se enfrían inmediatamente antes de su empaquetado. En el País Vasco es tradicional la morcilla cuyo relleno está compuesto de puerro, cebolla, especias, sangre y grasa de cerdo. La más apreciada es la que se hace en Guipuzcoa, en la zona de Beasaín. Se consume acompañada de alguna verdura como complemento de potajes, alubias y platos similares. Gran personalidad tiene la morcilla tradicional asturiana, elaborada con cebolla, tocino, sangre y pimentón y, según los puristas, puesta a secar al humo de leña sin cocción previa. Es ingrediente indispensable del *compango* utilizado en la fabada asturiana. En León, la morcilla, de la amplia familia de las morcillas de cebolla, se compone solo de sangre y cebolla, por lo que tiene una consistencia blanda. Se suele orear al aire frío de la montaña o ahumar y se consume frita, liberándola previamente de la tripa que la envuelve. En Cataluña la butifarra negra es un embutido cocido que combina carne de cerdo y sangre por lo que se distancia de las morcillas clásicas al tener la carne como principal ingrediente. En Levante, se elaboran ristras de morcillas de sangre, tocino, cebolla y piñones, que se consumen en fresco cocinadas o se dejan secar al aire y se consumen crudas. Son ingrediente de algunos platos de cocido o arroz. En Andalucía son famosas las morcillas de Jaén, también de sangre, cebolla y piñones. La morcilla serrana es una morcilla curada que se elabora con pimentón y carne, tocino y sangre de cerdo ibérico en sus mejores versiones.

En Portugal la morcilla (*morcela*) se elabora en varias regiones. Tienen fama las de Guarda y también las de las Azores y la de Portalegre. Se elaboran mezclando carne entreverada con sangre y se condimentan con cominos, clavo de olor y otras especias. Se consumen fritas, cocidas o frías y son ingrediente de platos tradicionales.

En Francia se dice que cada carnicero tiene su fórmula de morcilla (*boudin noir*), y a ella se hace referencia en el himno de la Legión Extranjera —aunque, según interpretaciones, el *boudin* al que se refiere sea el petate—. Anualmente, en la baja Normandia (Mortagne au Perche) se celebra un concurso de morcillas al que acuden más de 500 charcuteros. Tienen fama las gruesas morcillas del Béarn, región del Sudoeste de Francia, donde la masa de la que están compuestas también se vende sin embuchar. En su elaboración se emplea la cabeza, los pulmones, la papada y la piel del cerdo, verduras, especias y condimentos, además de la sangre del cerdo que liga el conjunto. Los ingredientes se cuecen lentamente, se deshuesan, se pican junto con las verduras y se mezclan con la sangre y las especias; se embute la masa en tripa gorda y se escaldan. Se consumen frías o fritas. Los charcuteros alsacianos confeccionan la morcilla de Estrasburgo que, además de sangre, tocino y cebolla, contiene pan remojado en leche. La morcilla de Paris tiene la característica singular de utilizar los tres ingredientes básicos: sangre, tocino y cebolla, a partes iguales. En Lyon los ingredientes de la morcilla incluyen, junto a la sangre y el tocino, nata, cebolla cruda, hoja de acelga o espinacas y harina de trigo, algunos carniceros añaden escalonias, cebollino, perejil y coñac. En la región se considera un producto noble. La tradicional matanza del cerdo en la región de Poitou, en el Este de Francia, incluía la «comida de la morcilla» que compartían familiares y amigos. Para esa ocasión se elaboraba la morcilla que ha llegado hasta nuestros días, compuesta por: sangre, tocino, sémola de trigo, espinacas cocidas, nata, leche, bizcochos (soletillas) desmigados, huevos, azúcar, cebolla, aguardiente, agua de azahar, sal y pimienta.

Los italianos, que obviamente comparten con otros europeos costumbres surgidas de la tradicional matanza del cerdo, han ido poco a poco abandonando la morcilla (*sanguinaccio*) o potenciando los preparados dulces realizados con sangre de cerdo en detrimento del embutido. Actualmente, el *sanguinaccio* se identifica más con un dulce chocolateado elaborado en Nápoles en época de Carnaval y regiones aledañas a la Campania. De las pocas morcillas supervivientes en la península itálica es de destacar el *buristo*, una gruesa morcilla, embutida en el estómago del cerdo, cuya masa se compone de partes blandas de la cabeza del cerdo, cocidas con limones, piel de naranja, salvia, ajo pimienta y sal y trituradas, a la que se añade tocino cortado en dados y sangre, escaldando el conjunto una vez embuchado. Su forma es irregular y sobrepasa fácilmente el kilo y medio. Es un producto muy local y, en consecuencia, difícil de encontrar fuera de estación (invierno) y de la provincia de Siena, aunque en la región, Toscana, se elaboran otras morcillas similares llamadas *biroldo* y *mallegato*.

El nombre genérico en alemán para la morcilla es el de *Blutwurst* (literalmente: salchicha de sangre). Generalmente, además de la sangre, las *Blutwurst* contienen carne de cerdo, cebada y otros ingredientes. La morcilla de lengua (*Zungenwurst*), típica del norte de Alemania, combina los trozos de lengua con la masa tradicional de la morcilla de sangre. La morcilla de Turingia (*Thüringer Rotwurst*) está amparada por una denominación de origen protegida (DOP) europea. Se compone de carne ligeramente curada con sal, cocida y cortada en dados, hígado y sangre de cerdo. El conjunto se escalda una vez embuchado.

Si para desayunar nos encontramos con un copioso plato de alubias estofadas, champiñones y rodajas de morcilla, no cabe duda de que nos encontramos ante un clásico *breakfast* británico. En general, la morcilla británica (*black pudding*) se compone de sangre de cerdo y de una alta proporción de avena o cebada. Son notables las de Cork en Irlanda y las de Bury en Inglaterra. La morcilla de Stornoway, en la isla de Lewis en Escocia, cuenta con una indicación geográfica protegida (IGP) de la Unión Europea. Su masa está compuesta por sebo de vaca, grasa vegetal, sangre de cerdo, avena y especias, Pertenece a la familia de embutidos escaldados antes de su salida al mercado. En crudo es compacta, por lo que puede cocinarse con y sin piel y, una vez cocinada, es tierna sin que por ello se desmenuce.

El trigo sarraceno, consumido en los países del Este europeo, se denomina en polaco *kasza* y su empleo para la elaboración de morcillas da nombre a la conocida morcilla polaca (*kaszanka*). Junto a la sangre de cerdo y el trigo sarraceno, dependiendo del charcutero, esta morcilla puede contener hígado, riñones, pulmones y otros órganos del animal debidamente cocidos y convertidos en una masa que se sazona con cebolla y mejorana. Se come acompañada de col fermentada (*sauerkraut*).

En el sur de Finlandia, la ciudad de Tampere es la patria de la morcilla finlandesa llamada *Mustamakkara* que, al menos desde el Renacimiento, hace las delicias de los habitantes de este país nórdico. Se compone de sangre fresca de cerdo, centeno picado y especias. Se come en fresco, caliente recién asada, aunque en el mercado se puede encontrar también curada.

En otros países de Europa, en América, del Norte y del Sur, en Asia y en Oceanía se elaboran variedades de morcilla heredadas en el caso de América, Australia y Nueva Zelanda de las originales morcillas de sus antiguas metrópolis.

Aunque algunos aprensivos practiquen el refrán de «carne en calceta, que la coma quien la meta», lo cierto es que los embutidos ofrecen un amplio elenco de preparaciones que satisfacen la gula bien entendida de los amantes de la buena mesa.

DE LA TIERRA
EL CARNERO

La trilogia de los animales de carnicería se completa con **el cordero**. Los hábitos gastronómicos actuales han cambiado el tradicional dicho «de la mar el mero y de la tierra el carnero» rejuveneciendo a este último y sustituyéndolo por su hermano menor, el cordero. En aquel olvidado «lugar de la Mancha», el famoso hidalgo se alimentaba de una «olla de algo más vaca que carnero», deduciéndose que la carne del ovino era más preciada que la del bovino, ya que el ingenioso caballero no gozaba, precisamente, de una posición económica holgada. En los tiempos que corren, y ya desde mucho atrás, se ha superado el aprecio por el carnero y se prefiere el cordero joven por ser, obviamente, más tierno y de sabor más delicado. En las culturas judía, musulmana y cristiana, el cordero es el animal que se sacrifica en las fiestas más señaladas. En la alimentaria occidental actual, el cordero es una carne de excepción, casi de lujo.

Existen numerosas razas de ovejas, siendo Gran Bretaña el país donde existe más diversidad de ovinos. En España se reconocen 52 razas autóctonas o aclimatadas. Una gran mayoría de estas razas se crían con el objetivo de obtener carne, otras se explotan para la producción de leche, que se convierte posteriormente en queso, y otras para el aprovechamiento de su lana. Obviamente el aprovechamiento de la lana y la leche no está reñido con la explotación del ganado para carne.

La ganadería ovina tradicional ha ido individualizando zonas de producción donde los animales, de una o varias razas, se han adaptado particularmente a las características de su flora. La raza, su alimentación y su comportamiento para obtenerla dotan a la carne de los corderos de características organolépticas diferenciadas. Las denominaciones de origen y las indicaciones geográficas protegidas reconocen las singularidades de la cabaña de una zona o región y garantizan su calidad. Hay ovejas que pastan y se alimentan en prados de hierba abundante, sin estar obligadas a largos desplazamientos, salvo en épocas de una corta trashumancia para explotar los pastos de altura. En el lado contrario, hay rebaños que pastan en rastrojos y zonas de secano desplazándose continuamente obligados por la escasez de hierba en los pastos y realizando largas trashumancias.

En España, la Unión Europea ha concedido varias indicaciones geográficas protegidas:

El cordero segureño IGP es una raza española adaptada a la vida en las Sierras de Segura y de La Sagra (Granada) y las zonas altas de la ribera del río Segura, de donde toma su nombre. Su zona de cría abarca las provincias de Granada, Jaén, Almería, Murcia y Albacete. Son animales prolíficos que soportan duras condiciones ambientales y rinden una carne de calidad.

El ternasco de Aragón IGP es el cordero joven, menos de 90 días, criado en el territorio aragonés perteneciente a alguna de las siguientes razas ovinas autóctonas: raza Rasa Aragonesa —muy extendida en Aragón—, Ojinegra y Roya Bilbilitana.

El lechazo de Castilla y León IGP denomina a corderos de raza Churra, Castellana y Ojalada criados en todas las comarcas cerealistas de Castilla y León, sacrificados antes de 35 días con un peso en vivo al sacrificio de 9 Kg. a 12 Kg.

El cordero de Extremadura IGP es un animal, de raza Merina o de su tronco, criado en las dehesas extremeñas, sacrificado antes de los 100 días de vida.

En la Mancha, la raza manchega, especie autóctona, es la más extendida. Adaptada desde antiguo a esta región constituye el principal aprovechamiento de los recursos naturales, flora y prados, forrajes, barbechos, rastrojos y monte bajo. Sus corderos cuentan con una garantía IGP.

Los corderos amparados por la IGP Cordero de Navarra son nacidos, criados y sacrificados en Navarra y pertenecen a las razas Navarra y Lacha. El Cordero de Navarra puede ser lechal o ternasco (recental) dependiendo de su peso y alimentación.

Salvo en el caso del lechazo de Castilla y León, cuya IGP solo contempla corderos lechales, las demás IGP suelen distinguir entre corderos lechales, sacrificados antes de los 35 días de vida y con un peso en canal de 4,5 Kg. a los 7 Kg., y corderos recentales, sacrificados entre los 60 y 90 días de vida y un peso en canal entre los 10 Kg. y los 15 Kg.

Los corderos de entre cuatro meses y un año se denominan corderos pascuales porque, antiguamente, eran los nacidos en fechas cercanas a la Pascua de Navidad, época normal de la paridera de las ovejas, y se consumían bien entrada la primavera con cinco meses o más.

Por encima del año, el cordero pierde su nombre para denominarse oveja o carnero.

En Portugal, donde las razas ovinas son las mismas que en otras zonas de la península ibérica, y el sistema de cría es el pastoreo, la Unión Europea reconoce mediante indicaciones geográficas protegidas los lechales de Beira, los corderos de Barroso, del Bajo Alentejo, del Nordeste alentejano, y de Montemor-o-Novo.

En Francia el rey de los corderos es el llamado de *pré salé* (prado salado), criado en las marismas del Noroeste del país donde crecen hierbas halófilas que le comunican un gusto especial. La raza de estos corderos es un híbrido de razas de origen británico que proporciona una carne grasa y sabrosa, que se cotiza generalmente al doble del precio de otras carnes de cordero. Existen dos denominaciones de origen protegidas que amparan a los *pré salé* del Mont Saint Michel (Normandía) y a los de la bahía de la Somme (Picardía). Los corderos se crían con leche materna de 60 a 90 días. A continuación deben pastar 75 días en las zonas de marisma y un mínimo de seis semanas en zonas del interior. La edad mínima para el sacrificio es de 135 días y el peso mínimo en canal es de 16 Kg.

Existen otras zonas cuyos corderos cuentan con una IGP europea: el cordero de Pauillac (Aquitania, región sudoccidental de Francia) es un cordero de granja, criado con leche materna durante 75 días, comercializado con un peso en canal de 11 Kg. a 15 Kg. El cordero del Perigord (Aquitania), el cordero del Borbonés (Centro), el cordero de Quercy (centro-sur de Francia), su vecino de Aveyron, el de Poitou-Charentes (Oeste de Francia) el del Limusin, el de Sisteron (Alpes del sur), el de Lozère (región del Macizo Central), son de características similares. Mención especial merece el cordero de leche de los Pirineos, estacional, del 15 de octubre al 15 de junio, alimentado única y exclusivamente con leche materna, sacrificado antes de los 45 días y con un peso máximo en canal de 11 Kg.

El País de Gales en Gran Bretaña se caracteriza por un paisaje campestre que atesora cristalinas aguas de manantial, hierba fresca abundante, arbustos aromáticos y un saber hacer de sus ganaderos que proporcionan a los corderos de razas locales una calidad universalmente reconocida garantizada por una IGP europea.

En Italia, la isla de Cerdeña es el hábitat de los corderos cuya carne ha adquirido una fama reconocida en todo el país. Los corderos sardos se crían extensivamente sin que en su alimentación tengan cabida los piensos. Se identifican cuatro calidades: cordero de leche, de 5 a 7 Kg. en canal, cordero *leggero* (liviano), de 7 a 10 Kg. en canal, y cordero *da taglio* (para cortar) de 10 a 13 Kg. en canal. La campiña romana proporciona un reputado cordero lechal llamado *abbacchio* romano. En el mismo campo romano y en las zonas altas del Apenino central, las razas autóctonas proporcionan un cordero, oficialmente denominado cordero del Centro Italia, altamente apreciado, que se comercializa en tres versiones: *leggero*, entre 8 y 13 Kg. en canal, *pesante* (pesado), de peso superior a 13 Kg., y *castrato* (castrado), que puede llegar a los 35 Kg. Los corderos de Cerdeña, de Centro Italia y el *abbacchio* romano cuentan con una IGP europea.

En Argentina las grandes extensiones dedicadas a la ganadería ovina en la Patagonia producen corderos alimentados naturalmente que han adquirido una merecida reputación.

Los cortes nobles del cordero son las piernas (patas traseras) y los lomos, generalmente incluyendo el hueso. En el cordero lechal, las paletillas también son un corte noble. En España, la carne de cordero considerada una verdadera *delicatessen* es la de cordero lechal, especialmente cuando este es asado en horno de leña a la manera tradicional castellana. En Portugal, Italia y Grecia también el cordero lechal es una carne de excepción. En Francia, sin embargo, la cocina del cordero, siempre con un carácter de alimento selecto, está liderada por el *gigot*, es decir: la pierna de cordero, que se prepara para celebrar comidas familiares extraordinarias. En los restaurantes es más frecuente ofrecer elaboraciones del *carré*, corte de varias costillas de palo. En los países anglosajones, se prefiere el cordero de rendimiento cárnico elevado y su carne recibe un tratamiento de carne roja. En el Norte de África, el cordero entero asado a la brasa (*mechui*) es el plato de fiesta por excelencia, está reservado para homenajear a los mejores invitados en las bodas, en la celebración del nacimiento del primogénito varón, o en otras ocasiones festivas.

Los amantes de la casquería fina aprecian los sesos de lechal, las lechecillas o mollejas de cordero (glándula del crecimiento o timo) y los riñones, considerados por muchos gastrónomos los más delicados, en comparación con los de otros animales también apreciados, como los de ternera lechal.

EL ENCANTO
DEL QUESO

Uno de los objetivos de la cría de bovinos y ovinos es la producción de leche, y gran parte de esta se destina a la fabricación de un producto que encaja perfectamente dentro de la familia de las *delicatessen*, **el queso**. A vacas y ovejas se suman las cabras, cuya leche proporciona quesos singulares de gran atractivo gastronómico.

Las prácticas culturales de las distintas regiones donde se elabora queso han dado lugar a técnicas diversas que arrojan como resultado una variedad inmensa de quesos que hacen las delicias de los *gourmets* de todo el mundo. La refrigeración y las facilidades de transporte ponen al alcance de los amantes del queso especialidades a las que difícilmente se habría tenido acceso hace unos años. En la actualidad, las tiendas especializadas despliegan una oferta increíble y los restaurantes incluyen en sus menús la tabla de quesos selectos como integrante de una buena comida gastronómica.

La materia prima para la elaboración del queso, la leche, condiciona no solo la calidad de este sino parte de sus características organolépticas. Según su procedencia, vaca, oveja o cabra, la leche proporciona al queso un determinado sabor primario que se completa con matices sápidos derivados de la alimentación del animal. La utilización de la leche cruda introduce asimismo elementos de olor y sabor que pueden desaparecer utilizando leche pasteurizada. Las técnicas subsiguientes aplicadas a la cuajada (parte sólida de la leche que se convertirá en queso) y su maduración también determinan las características organolépticas del queso.

La fabricación del queso puede ser artesana o industrial, sin que ello condicione necesariamente la calidad de los productos elaborados. El primer paso de la elaboración del queso es la obtención de la cuajada: la leche se somete a un proceso de separación de los elementos sólidos mediante la aplicación del cuajo, bien sea animal (obtenido del estómago de los rumiantes), vegetal (contenido en ciertas plantas como el cardo) o de síntesis. La cuajada, alojada en moldes, se deja escurrir por gravedad o por presión, se sala eventualmente, y así se obtiene el queso fresco que, si se somete a determinadas manipulaciones (lavado, oreado, inseminado o espolvoreado con esporas) y a un proceso de maduración, más o menos largo, alcanza las características propias de cada variedad.

Aunque se elabore queso tradicional e industrialmente en muchos países, su geografía es básicamente europea. Francia es el país con más clases de queso individualizadas. Bien es cierto que muchos de ellos pertenecen a una misma familia y las características diferenciadoras son muy escasas. Actualmente, se elaboran en ese país entre 350 et 400 clases de queso. Famosa es la exclamación del general De Gaulle, presidente de Francia, que se preguntaba como podía gobernarse un país donde existían 246 variedades de queso. En las queserías de cualquier ciudad francesa se pueden encontrar decenas de quesos diferentes, quizás más de los que pueden ofrecer queserías especializadas de otros países. La razón estriba en la afición gastronómica de los franceses al queso, que consumen en sus distintas variedades de manera habitual. El queso ha sido, tradicionalmente, un plato inexcusable en la comida familiar de Francia, degustado antes del postre o sustituyendo a este. Algunos quesos son incontestablemente franceses: toda la familia de quesos de leche de vaca de pasta blanda, de corteza natural, blanca o lavada, raramente se elaboran en otros países de manera tradicional; o el ejército de pequeños quesos de cabra frescos o poco madurados. Italia cuenta también con una gran tradición quesera, habiendo contribuido a la cultura gastronómica del queso con la introducción de la leche de búfala en la elaboración de ciertas variedades. Suiza no necesita presentación en materia de quesos. Tampoco Holanda, que elabora particulares versiones. España cuenta con numerosas variedades regionales individualizadas con el reconocimiento de la denominación de origen protegida. Y, finalmente, el Reino Unido también contribuye ampliamente a la tradición quesera europea.

Los **quesos frescos**, al no haber sido sometidos a procesos de maduración y, en consecuencia, no haber sufrido transformaciones derivadas de la fermentación, de la deshidratación y de la acción de hongos y bacterias, son de sabor lácteo suave, muy apreciado para combinar con otros alimentos dulces o salados. La manipulación básica de la cuajada para eliminar la mayor cantidad de suero que contienen, el tenor graso de la misma y, sobre todo, el tipo de leche utilizado, confieren a los quesos frescos sus características diferenciadoras en textura y en sabor. Hay quesos frescos singulares entre los que es obligado destacar el queso **Feta** griego, individualizado por una denominación de origen protegida. Se trata de un queso fresco salmuerizado imprescindible para utilizar en ensaladas combinando con productos mediterráneos como las aceitunas, el tomate, los pepinos, las hierbas aromáticas y el aceite de oliva. El feta se elabora generalmente con leche de oveja aunque pueden encontrase variedades con leche de yegua. Actualmente, se utiliza también leche de vaca y su sabor ya no es tan definido. El auténtico feta se distribuye en cajas de madera o, en su defecto, en envases de hojalata. Grecia es posiblemente el país con mayor número de quesos frescos, elaborados con leche de oveja o cabra o con la mezcla de ambas y también con leche de vaca. Se dice que los dioses bajaron del Olimpo para enseñar a hacer los quesos a los griegos. Destacan con denominación de origen protegida el **Anevato**, queso tradicional de pasta blanca con textura granulosa, resultando suave su sabor y un aroma ascendente y agradable; el queso de Creta; el **Katiki Domokou**; y algunos más.

La región italiana de la Campania cuenta con una cabaña de búfalos (*Bubalus bubalis*) que se aclimataron hace siglos en el territorio destinados a trabajos agrícolas en zonas pantanosas. La leche de búfala es más grasa y contiene más caseína que la leche de vaca por lo que su rendimiento para la obtención de queso es más alto. La leche de búfala campana se destina a la elaboración de **la Mozzarella**, uno de los quesos frescos más famosos del mundo. La cuajada, muy desmenuzada, se trabaja con agua muy caliente, obteniendo una pasta elástica que se estira y con la que se forman trenzas y piezas ovoides, más o menos grandes, que se salan ligeramente en salmuera y se enfrían y conservan en un líquido de gobierno elaborado con el líquido en el que se ha realizado la hilatura. La mozzarella, gustosa y aromática, compacta y elástica, sin exagerar, y algo porosa, es como leche para masticar. La mozzarella di buffala campana está amparada por una denominación de origen protegida. Cuando se elabora queso hilado, tipo mozzarella, pero con leche de vaca, este se denomina **Fior di latte** (Flor de leche). En Apulia, el queso hilado formando un envoltorio, tipo bolsa anudada, relleno de trozos del propio queso hilado y nata da lugar a la **Burrata** (mantecosa). En Sicilia se consume un queso fresco de cabra llamado **Padduni** de forma esférica al que se añade pimienta negra y guindilla triturada.

De las razas de cabra existentes en España, la cabra murciana, o murciano-granadina, de color negro característico, tiene una aptitud claramente lechera. Con su leche se elabora el queso de **Murcia fresco**, un queso graso, de pasta ligeramente prensada y no cocida, no madurado, que cuenta con una denominación de origen protegida. En la Rioja, el queso **Camerano fresco** está elaborado con leche de cabra pasteurizada, es de coagulación enzimática y pasta blanda. No sufre proceso de maduración. Tiene un sabor entre dulzón y ácido, muy desarrollado y definido. También está amparado por una denominación de origen protegida. Igual sucede con el queso de **Cebreiro**, elaborado con leche de vaca de las montañas de Lugo. Tiene una forma característica de gorro de cocinero y su textura es granulosa y muy friable. Quizás, a nivel nacional, debido a su fabricación en industrias lecheras potentes y a la capacidad de distribución de estas, el queso fresco más conocido sea el queso de **Burgos**, elaborado con leche de vaca, aunque también con leche de oveja. Es un queso muy húmedo, blando y elástico.

Un queso fresco, de pasta cocida, con denominación de origen protegida, es el que se elabora en Poznan, Polonia, con leche de vaca llamado **Wielkopolski ser Smażony**. Este producto presenta un sabor y un aroma típicos, relativamente picantes, debido a la cuajada sometida a maduración durante dos días. En México, en el Estado de Chiapas, se elabora un queso fresco doble crema, es decir: de más de 60 % de materia grasa, el queso de **Cuadro**. Es un queso blanco, la textura es cremosa y de sabor ácido, lechoso, salado y muy fresco, su pasta se asemeja al queso de cabra en cuanto a la textura.

Los amantes del queso fresco pueden encontrar innumerables elaboraciones, dada la facilidad de su fabricación. A estos quesos, sin embargo, les suelen hacer la competencia los **requesones**, elaborados con cuajadas obtenidas del suero separado de las cuajadas de la leche en el proceso de elaboración del queso. La **ricotta** italiana, un producto que identifica a la gastronomía italiana, es un ejemplo paradigmático de los requesones.

Cuando el queso fresco se somete a maduración, su aspecto y sabor evolucionan a causa de la acción de las bacterias existentes en la leche y en el propio ambiente donde se produce la maduración. Progresivamente, el queso pierde humedad y adquiere distintas texturas. El tiempo de maduración varía desde unos pocos días a varios meses o incluso años. El tamaño de las piezas condiciona el tiempo de maduración. Una de las clasificaciones tradicionales de los quesos divide a estos en quesos de pasta blanda o pasta dura, y estos últimos en quesos de pasta cocida o no, que según el tiempo de maduración pueden ser a su vez tiernos, curados o viejos.

Como he apuntado más arriba, los **quesos de pasta blanda** son una especialidad francesa. Suelen ser de tamaño reducido, aunque hay excepciones, como el queso Brie, y suelen madurarse unas pocas semanas. Existen numerosos quesos de leche de cabra con estas características, pero también de vaca y alguno de oveja. Una extensa familia de estos quesos suelen estar cubiertos por un moho blanquecino sembrado por los productores y otro grupo importante se presenta con la corteza lavada, adquiriendo generalmente un color anaranjado. El queso **Camembert** de la región francesa de Normandía es, posiblemente, el más conocido de los quesos de pasta blanda, junto con el queso Brie, más antiguo que aquel y del que se dice que es su predecesor: Un cura de la región de Brie, refugiado en Normandía huyendo de los excesos de la revolución francesa, confió la receta de fabricación del queso **Brie** a la granjera que lo acogía, quien siguiendo las pautas aprendidas, inventó el Camembert. El verdadero Camembert debe estar fabricado con leche cruda de vaca, su corteza es blanca y aterciopelada y su punto óptimo de maduración se alcanza a las seis u ocho semanas. Los más apreciados son los quesos de granja o artesanos frente a los numerosos de fabricación industrial que pululan en el mercado. En su punto óptimo de consumo, es un queso suave, de corteza ligeramente picante, de consistencia semilíquida en su interior. La Unión Europea lo ampara con una denominación de origen protegida. Con la corteza lavada, proceso que tiene lugar durante la maduración del queso, existen varios quesos franceses de reconocida calidad y aprecio. Suelen tener también un tamaño reducido, una corteza de color anaranjado y muchos de ellos un característico aroma penetrante. Ejemplos de este tipo de queso son los denominados **Munster**, **Maroilles**, **Époisses**, **Pont-l'évêque**, **Reblochon**, todos ellos de leche de vaca. El **Niolo** de Córcega es de las mismas características pero de leche de oveja.

En Italia, con denominación de origen protegida, se elabora el **Taleggio**, similar a los quesos franceses de pasta blanda y corteza lavada, de característica forma cuadrada. Es un queso de vaca originario de la provincia de Bérgamo en la región de Lombardía. En Suiza, compartido con Francia, el **Vacherin Mont-d'Or** es un queso de leche de vaca de pasta blanda y corteza lavada, muy fluido en su estadio de óptima maduración. De similares características son la **Torta del Casar** en España y el queso **Serra da Estrela** o el de **Azeitão** en Portugal, pero estos de leche de oveja cuajada con cuajo vegetal.

Los quesos más extendidos en la mayoría de países productores son los **quesos semiduros o duros**. Estos últimos son los de mayor complejidad organoléptica, alcanzando su cénit con una maduración de varios meses o años. A partir de una maduración mínima, los quesos pasan sucesivamente de tiernos a curados y viejos a lo largo de los meses. Los tamaños son dispares, desde piezas de 500 gramos a ruedas de queso de más de 100 kilogramos.

Los **quesos de leche de cabra** de pasta dura son quesos madurados, muy típicos en distintas regiones españolas. Algunos de ellos cuentan con denominaciones de origen protegidas. Suelen ser de tamaño medio, menos de 10 kilogramos. El queso **Majorero**, por ejemplo, es un queso canario, de la isla de Fuerteventura, de forma cilíndrica, elaborado en piezas que oscilan entre uno y seis kilogramos. La superficie se frota con pimentón, aceite o gofio (harina tostada). La pasta es compacta, de textura cremosa a semidura y de sabor fuerte y algo picante cuando está curado. En la isla de La Palma el queso de cabra que se elabora con la leche de la raza caprina autóctona, el **Palmero**, cuenta con una denominación de origen protegida. Este queso puede presentarse ahumado, o cubierto de pimentón o harina tostada. En cuanto al tamaño, este puede variar de 750 gramos a, incluso, 15 kilos. Los quesos superiores a 8 kilogramos son denominados «quesos de Manada», elaborados en zonas altas de la montaña. Los palmeros pueden llevar la mención de «artesano» cuando son elaborados por los propios ganaderos exclusivamente con la leche de sus rebaños. El queso extremeño de los **Ibores**, elaborado de forma cilíndrica en piezas de 650 gramos a 1,2 kilogramos, untadas de pimentón o aceite, es un queso graso de leche cruda de cabra, de pasta homogénea y mantecosa de color blanco marfileño y de sabor caprino franco. Los quesos de cabra madurados de **Murcia** tienen una maduración mínima de 120 días para las piezas de más de 500 gramos. Los tamaños pueden llegar a los 2,6 kilogramos. Existe una variedad al vino tinto: los quesos son lavados frecuentemente con vino de la región y adquieren una tonalidad violácea que al corte contrasta fuertemente con la blancura de la pasta. Los quesos de Murcia son compactos, con pequeños ojos, suaves y con notas lácteas torrefactadas en los más viejos. El queso **Camerano** se elabora en piezas de 200 gramos a 1,2 kilogramos, madurándose 15 días para el tierno, 30 días para el semicurado, y un mínimo de 75 días para el curado. Es de textura firme con muy pocos ojos o ninguno y de sabor intenso y definido.

En Portugal El queso de cabra **Transmontano** es un queso curado, elaborado en la región de Braganza con leche de cabra Serrana, raza resistente y fuerte. El sistema de producción de los animales es el extensivo tradicional, siendo su base alimentaria exclusivamente natural, con gran predominio de plantas silvestres, autóctonas de la región, que aportan a la leche y, consecuentemente, al queso unas características diferenciadas. De pasta extradura blanquecina y con algunos ojos, se obtiene por coagulación con cuajo de origen animal. Los quesos son lavados y secados periódicamente durante la maduración, que tiene un período mínimo de 60 días. Su forma es cilíndrica, baja, regular y sin bordes definidos, con un diámetro de 12 a 19 centímetros. El peso oscila entre 600 y 900 gramos. Posee un aroma fuerte y el sabor es el típico de los quesos de cabra, con un ligero sabor picante y un trasfondo a tierra. Está amparado por una denominación de origen protegida.

En Italia, en la isla de Sicilia, se elabora el **queso de cabra siciliana**. Son quesos de forma cilíndrica de un peso de 3 kilogramos con una maduración de al menos 3 meses. A la cuajada se le añade pimienta negra y guindilla picada. La corteza, lavada con aceite, es amarillenta. Al corte, presenta una pasta blancoamarillenta, compacta, de sabor picante.

Los **quesos de leche de oveja** son excelentes en el área mediterránea. Suelen ser quesos de tamaño mediano que responden a las denominaciones clásicas de tiernos, con poca maduración, semicurados, curados y viejos. Los primeros son compactos y cremosos; los semicurados y curados son menos cremosos y desarrollan aromas y sabores más pronunciados; los viejos, pueden ser friables, potentes de sabor y picantes.

En España, el paradigma de los quesos de oveja es el queso **manchego**. La leche de la oveja manchega, una raza que mantiene su pureza, está en la base de este queso de pasta prensada, elaborado tradicionalmente en la extensa región de la Mancha que ofrece a los rebaños alimentos naturales variados: hierbas silvestres, rastrojos de cereal, de leguminosas, hojas de vid... El reglamento de la denominación de origen protegida que ampara al queso manchego establece que este es un queso graso, elaborado exclusivamente con leche de oveja manchega, madurado durante un mínimo de 60 días. Puede ser artesano, elaborado generalmente con leche cruda, o industrial, con leche pasteurizada. Las piezas cilíndricas, con una corteza dura que lleva en los laterales las características marcas de las cinchas de esparto (pleitas) utilizadas para moldear las piezas, se elaboran en pesos de 1 a 3 kilogramos. Es tradicional conservar el queso manchego en aceite de oliva para una curación de dos a tres meses. También existe una variante de queso manchego curado al romero: el queso se unta con manteca y se recubre con hojas de esta hierba durante su curación que quedan adheridas a su corteza.

Similar en su elaboración y aspecto al queso manchego es el queso **zamorano**, amparado por una denominación de origen protegida, elaborado con leche de ovejas de raza Churra y Castellana en la provincia de Zamora. En Extremadura, en la provincia de Badajoz, se elabora el queso con denominación de origen protegida que toma el nombre de la comarca donde se produce, **la Serena**. La leche utilizada es la procedente de las ovejas merinas de la región. En su versión de queso de pasta dura —existe la versión «torta», similar a la torta del Casar, es decir de pasta blanda— es un queso discoidal de entre 750 gramos y 2 kilogramos de peso. La corteza es semidura, o dura en los más curados, de color amarillento u ocre y superficie lisa. La pasta es de color blanco marfileño pudiendo presentar ojos pequeños repartidos desigualmente. Su curación es de un mínimo de 60 días para los elaborados con leche cruda, y de 30 días para los fabricados con leche pasteurizada.

En el Pirineo navarro, concretamente en el valle del Roncal, en cuyos pastizales se crían rebaños de ovejas de la raza Rasa y Latxa, se elabora el queso DOP del **Roncal** con la leche de estas ovejas. Se presenta de forma cilíndrica, con un peso de uno a tres kilogramos, después de una curación mínima de cuatro meses. Su pasta es dura, con poros pero sin ojos. En el resto de Navarra y en el País Vasco, el queso de oveja DOP **Idiazábal** se elabora con leche de ovejas de raza Latxa y Carranzana. Es un queso graso, prensado y no cocido, con una maduración mínima de 60 días, que se presenta en tamaños de entre 1 y 3 kilos. En algunas zonas es tradicional su ahumado.

En la isla de Gran Canaria, el queso DOP **Flor de Guía y queso de Guía**, se elabora con leche de oveja canaria o con mezcla de leche de oveja con leche de vaca y cabra. En este último caso, la proporción de leche de oveja tiene que estar por encima del 60 % y la de cabra no debe sobrepasar el 10 %. Existen tres variedades de este queso dependiendo del cuajo utilizado para cuajar la leche: Flor de Guía es el queso elaborado con leche cuajada exclusivamente con cuajo vegetal; queso de media Flor de

Guía, debe utilizar al menos el 50 % de cuajo vegetal; y el queso de Guía puede ser elaborado con cualquier clase de cuajo autorizado. Los quesos de esta denominación semicurados presentan una corteza blanquecina, mientras que los curados, con un mínimo de 60 días de maduración, tienen una corteza marrón. Las piezas oscilan entre los 2 y los 5 kilogramos de peso. La mención «artesano» en el queso identifica a aquellos elaborados por los ganaderos con la leche de sus propios rebaños.

En Portugal, la cría de ovejas está ampliamente extendida y en casi todas las regiones se elaboran quesos de oveja, muchos de los cuales han obtenido la denominación de origen protegida. Por ejemplo los quesos de **Beira Baixa** en el centro del país, el de **Evora** en la región del Alentejo, el también alentejano de **Nisa**, el de **Rabaçal** en el distrito de Coimbra, el **Serpa** de los distritos de Beira y Setúbal y el **Terrincho** de la zona de Braganza. Los reglamentos de las correspondientes denominaciones de origen difieren obviamente en cuanto a la raza de las ovejas y la naturaleza del cuajo que, en algunos quesos es vegetal y en otros animal. Algunos de estos quesos admiten mezcla de leches.

La vertiente francesa de los Pirineos occidentales (Pirineos atlánticos), que comprende las regiones del Béarn y del País Vasco francés, ofrece sus pastos a una cabaña ovina, la segunda más importante de Francia, integrada por tres razas locales de ovejas: la Manech de cabeza negra y largos cuernos retorcidos, la Manech de cabeza rojiza y mocha, y la oveja Vasco-Bearnesa de aspecto robusto y también con una retorcida cornamenta. Las tres con una capa de largos mechones de lana que dejan descubiertas cabeza y patas. Con su leche se elabora un queso característico que se comercializa bajo la denominación de origen protegida **Ossau-Iraty**. Su elaboración, en la que no se utiliza más que leche entera de oveja, cuajo y sal, es la común para la mayoría de los quesos de pasta prensada y no cocida; se sala en salmuera y se madura sobre estantes de madera, a temperaturas entre 6° y 15° con un grado de humedad no menor del 75 %, volteándolos y cepillándolos periódicamente. Se elaboran piezas de 4 a 7 kilos y otras más pequeñas de entre 2 y 3 kilogramos. La corteza es dura. Su color exterior es grisáceo en los quesos artesanos. Los industriales pueden tener una coloración algo anaranjada. El Ossau-Iraty es un queso de pasta dura, firme y mantecoso, de color amarfilado, con escasos ojos, y de sabor suave, sin renunciar a los aromas y sabores de la leche de oveja. Suele consumirse con una maduración de un mínimo de cuatro meses, algo menos si son de pequeño formato. Son preferibles los quesos artesanos, especialmente los de *estive*, es decir: los producidos en las cabañas de pastor de los pastos de verano en las zonas altas del Pirineo.

Pecorino es el nombre que identifica los quesos de oveja en Italia. Como país mediterráneo, la ganadería ovina se ha desarrollado tradicionalmente en muchas de sus regiones, dando lugar a la elaboración de queso de leche de oveja asimismo de forma tradicional. El queso DOP **Pecorino Romano** es el más antiguo y conocido de los quesos de oveja italianos. Procede, como su nombre indica, de la región de Roma. Es un queso de pasta dura, cocida o semicocida. Las piezas, de 8 a 22 kilos, siendo la media de unos 12 kilos, son de forma cilíndrica y se comercializan con 8 meses de maduración. Su principal característica es la gran cantidad de sal que contiene, fruto de un procedimiento largo y complejo: tras un paso por la salmuera, el queso se agujerea en superficie y se frota con sal varias veces durante el primer mes de maduración. Por esta razón, el consumo del *pecorino* romano es sobre todo culinario ya que para su consumo directo resulta demasiado salado. Más al sur, en la región de la Basilicata, se produce el queso DOP **Pecorino di Filiano**, en piezas de 2.5 a 5 kilos de peso, comercializado con una maduración mínima de 180 días. La isla de Cerdeña acredita uno de los quesos de oveja más populares en Italia, el **Pecorino Sardo** DOP, también conocido como **Fiore Sardo** (Flor sarda), en referencia a la utilización originaria de cuajo vegetal, lo que no sucede actualmente. Los quesos son de forma cilíndrica con un peso de 3,5 kilos aproximadamente y distintos grados de maduración. En el centro del país, en la Toscana, se produce otro famoso *pecorino* DOP, el **Pecorino Toscano**. Un clásico de forma cilíndrica en formatos de 1 a 3,5 kilos, diferentes grados de maduración y diferentes tratamientos externos: puede presentarse con corteza natural o tratado con tomate, ceniza o aceite, comunicando entonces distintos sabores al queso. El procedimiento de maduración del queso en las regiones de Emilia-Romaña y las Marcas, en el Nordeste del país, le ha valido una DOP al llamado «queso de fosa», una de cuyas variedades es el elaborado con pura leche de oveja, el **Pecorino di fossa**. El citado procedimiento de maduración consiste en introducir el queso, parcialmente madurado, envuelto en un paño o bolsa, en una fosa excavada en la roca porosa del lugar, sobre una tarima, en la que permanece durante 90 días en ambiente absolutamente estanco. La fosa transforma las características organolépticas del queso dotándolo de un aroma y sabor inconfundibles. Con nombres distintos al de *pecorino*, existen otros quesos de oveja de calidad reconocida. El queso DOP **Canestrato Pugliese** es un queso ligado a la trashumancia de los rebaños de merinos de la montaña de los Abruzos hacia la meseta de la Apulia donde permanecían durante el invierno. Su nombre deriva de la cesta de junco que se utilizaba como molde para desuerar la cuajada. Son quesos redondos, grandes, de 7 a 14 kilos de peso, con corteza marrón dura y pasta compacta y friable. Su maduración se extiende desde 2 meses a más de un año. El **Canestrato di Moliterno**, con IGP si se madura en bodegas típicas del lugar, es un queso de mezcla oveja/cabra con un mínimo de leche de oveja del 70 %. Se elabora en la región de la Basilicata en piezas que varían de 2 a 5 kilos.

De la leche de vaca se obtienen excelentes quesos de pasta dura. Entre ellos destacan los grandes formatos. Las vacas de la raza frisona Holstein y las pardo alpinas de Suiza están en el origen de la fama de los quesos holandeses y de los quesos suizos. Pero no solo en estos países se producen **quesos de leche de vaca** con alto valor gastronómico, en Gran Bretaña, en Italia, en Francia y, en menor medida, en otros países numerosas variedades contribuyen a completar el mapa de los grandes quesos.

El queso holandés por excelencia es el **Gouda**. Este queso toma el nombre de una ciudad, situada en la parte meridional de Holanda, famosa por su mercado semanal de queso. Su éxito ha sido tal que el Gouda se fabrica en varios países del mundo y es una referencia para describir características de un determinado estilo de queso. El original holandés tiene una forma cilíndrica con bordes redondeados, la corteza encerada de color amarillo, o rojo, y un peso de entre 2,5 y 30 kilogramos. El queso Gouda difiere mucho organolépticamente dependiendo de su maduración de la que se suelen reconocer seis grados: queso joven (4 semanas); queso joven madurado (de 8 a 10 semanas); Maduro (de 16 a 18 semanas); Extra maduro (de 7 a 8 meses); Viejo (de 10 a 12 meses); y Muy viejo (más de 12 meses). El Gouda de Holanda Septentrional y el Gouda de granjero (*Boerenkaas*) cuetan con una IGP europea que los identifica frente a los quesos que usan el nombre de Gouda como genérico. El queso tipo Gouda también se elabora ahumado y especiado con clavo de olor o con cominos. El otro queso típico de los Países Bajos es el queso **Edam**, el famoso queso de bola, ya que se presenta con esta forma envuelto en una corteza de parafina de color rojo, o amarillo. También se elabora en piezas rectangulares. Es originario del Norte de Holanda pero su nombre define a quesos de las mismas características elaborados en cualquier parte del mundo. El Edam de Holanda Septentrional cuenta con una IGP europea. La pasta de este queso, que se consume a partir de las 5 semanas de maduración, es firme, de color amarillento y de corte fácil. El queso holandés amparado por una DOP europea es el **Boeren – Leidse**. Se trata de un queso de pasta semidura o dura, especiada generosamente con cominos. La corteza se tiñe usando colorante natural, resultando así una cubierta de color marrón rojizo muy distintiva. Es un queso artesano que se elabora en cantidades limitadas a partir de la leche producida en la propia explotación. Requiere mucha atención y mano de obra y por su calidad y escasez alcanza precios superiores al resto de quesos holandeses.

Suiza es la patria de extraordinarios quesos de vaca. Los pastos alpinos y de su meseta central otorgan a la leche de las vacas suizas matices organolépticos singulares. Las técnicas de producción de queso, por su parte, añaden elementos de singularidad a este producto. **Gruyère** es una comarca del cantón de Friburgo que da nombre a uno de los quesos más conocidos, e imitados, mundialmente. El Gruyère suizo es un queso de leche de vaca entera y cruda, pero de pasta prensada cocida. Se presenta en forma de rueda de entre 25 y 40 kilos de peso y con maduraciones que oscilan entre 5 y 12 meses. La elaboración de este queso se realiza no solo en el cantón de Friburgo sino en comarcas de cantones aledaños (Berna, Jura, Vaud y Neuchâtel). Hay un Gruyère de *alpage*, producido de abril a octubre con la leche de las vacas que pacen en los pastos de montaña, que concentra en su sabor los matices adquiridos de la hierba de altura. Fuera de esta variedad, el Gruyère es normalmente un queso industrial de cooperativa. Aunque en la cultura popular de muchos países se identifica al queso de Gruyère por sus supuestos agujeros, la realidad es que estos no existen. El queso Gruyère es compacto y homogéneo. En el cantón de Berna, el valle del río Emme da nombre a otro queso que compite con el Gruyère en fama e imitación. Se trata del **Emmental**. Es un queso parecido al Gruyère pero este sí tiene agujeros. Los agujeros se forman gracias al ácido carbónico que se forma a lo largo del lento proceso de maduración. El sabor particular del Emmental, que recuerda las avellanas, se desarrolla durante este proceso. Otra de sus características propias es el peso de las piezas, que suele ser de 90 kilos. En la misma zona de fabricación del queso Gruyère se elabora el **Vacherin Fribourgeois** que es el típico queso utilizado para la *fondue* suiza, en ocasiones mezclado con el Gruyère. Es un queso de leche cruda de pasta prensada no cocida. Se fabrica de septiembre a abril en piezas de 6 a 10 kilos de peso. Su pasta es amarilla con algunos ojos pequeños. Tiene una textura semidura y un sabor resinoso algo ácido. No hay que confundirlo con el Vacherin Mont-d'Or del que hemos hablado al referirnos a los quesos de pasta blanda. En las montañas del Jura suizo se produce el queso **Tête de Moine** (Cabeza de Fraile), un pequeño queso, de 700 a 900 gramos, de leche cruda, con un sabor profundo obtenido con la calidad de la leche y la maduración de 3 o 4 meses. La invención de la *girolle*, un instrumento para sacar virutas del queso en forma de flor (clavel), ha contribuido a la difusión de este queso suizo. En los confines de la Suiza alemana, en el cantón de Appenzell, donde los pastos prealpinos proporcionan al ganado un alimento excepcional, se elabora el reputado queso Appenzell o **Appenzeller** que recibe un tratamiento especial durante un periodo de maduración de tres meses: dos o tres veces por semana, el queso es cepillado y frotado con una solución salina a base de plantas, unas cuarenta, y otros ingredientes, cuya fórmula permanece secreta, y guardada en una caja de seguridad bancaria, y solo es conocida por dos personas por generación. Este tratamiento comunica al queso un sabor especial, fuerte y aromático, que lo hace uno de los preferidos por los *gourmets*. Las piezas de Appenzell son cilíndricas con un peso de 6 a 8 kilogramos. Hay tres variedades de Appenzell: el «clásico», madurado entre 3 y 4 meses; que se identifica con una etiqueta azul y roja; el «selección» (*surchoix*), madurado de 4 a 6 meses, cuya etiqueta es dorada; y el «extra», de 6 a 8 meses de maduración y comercializado con etiqueta negra. En la Suiza central se elabora el **Sbrinz**, un queso de pasta extradura que bien puede ser el antecedente del queso Parmesano. Se fabrica en ruedas de 25 a 45 kilogramos que maduran un mínimo de 18 meses. El **Etivaz** es un queso alpino elaborado con la leche de las vacas que pastan en altura durante los meses de mayo a octubre. Es de pasta cocida dura y cuenta con una curiosa variedad, el Etivaz para virutas: a las ruedas de queso, de 10 a 20 kilogramos de peso, después de 7 meses de maduración, se les corta la parte superior de la corteza, se frotan con aceite vegetal y se dejan secar en ambiente natural durante 30 meses mínimo. El queso se corta en láminas para su consumo.

Hay quesos que inequívocamente trasladan al gastrónomo a registros específicos, geográficos y organolépticos. Tal sucede con el queso Parmesano (**Parmigiano Reggiano**). La cocina italiana rebosa de sabor a queso Parmesano y esa cualidad de cuasi especia que tiene este queso no es alcanzable por otros quesos curados hasta volverse viejos aunque se utilicen de la misma manera. El Parmesano es un estandarte de la gastronomía italiana y un queso singular a nivel mundial. Se elabora con leche cruda y se madura un mínimo de 18 meses hasta, incluso, 3 años. Por supuesto que cuenta con una DOP europea. Su elaboración es artesanal controlada por el consorcio de la DOP. Es una estampa clásica la presencia en las queserías de un queso Parmesano, de 24 a 40 kilos, con su típica forma de lados abombados con las marcas obligatorias punteadas, abierto por su parte superior, desmenuzado con la lanceta típica para obtener los trozos para degustar o para rallar sobre los platos de pasta u otras especialidades. El parmesano es friable y de gran complejidad en su sabor y aroma. Para muchos, sería el «rey de los quesos».

El **Grana Padano** es un queso muy similar al Parmesano, siendo la tecnología de producción de ambos casi idéntica. Sin embargo, existen algunas diferencias en la alimentación de las vacas que producen la leche utilizada y en el proceso de elaboración. El ganado que proporciona la leche para el queso Parmesano no puede alimentarse nunca con forrajes ensilados, que sufren determinados procesos bacteriológicos, mientras que la normativa DOP que ampara el Grana Padano sí permite este tipo de alimentación de las vacas, lo que puede suponer diferencias organolépticas en la leche y por ende en el queso. En cuanto a la elaboración, el Parmesano se elabora con la leche de dos ordeños, mientras que el Grana puede elaborarse con la leche de un solo ordeño. Una tercera diferencia es el tiempo de maduración, ligeramente inferior para el Grana que el requerido para el Parmesano. Por lo demás las similitudes son notables y su uso también similar.

En el valle de Aosta, otro queso DOP italiano, de leche de vaca y pasta semidura, el **Fontina**, tiene características muy similares al Vacherin Fribourgeois. Es un queso de alrededor de 10 kilos de peso, de corteza rojiza y pegajosa, de pasta semidura debido a su corto periodo de maduración (3 meses), de sabor avellanado que recuerda la hierba de los pastos.

Las tiendas de ultramarinos italianas, las *salumerie*, suelen estar decoradas con quesos atados con rafia que con distintas formas (pera, calabaza, cilindro) y tamaños cuelgan de perchas sobre los mostradores. Son los *provoloni*, otro de los signos de identidad de la gastronomía italiana. *Provolone* es el aumentativo de *provola*, un pequeño queso de leche de vaca, de pasta hilada, madurado. Es un queso originario de la región de Nápoles donde se elabora el **Provolone del Monaco**, con denominación de origen protegida, un queso de pasta semidura, fabricado obligatoriamente con un 20 % de leche de vacas agerolesas, una raza menor italiana, para conservar sus características organolépticas. Se madura un mínimo de 180 días y su peso varía entre 2,5 y 8 kilogramos. Es un queso sabroso, de un agradable sabor picante y un aroma láctico suave. El sabor y el aroma evolucionan con la maduración haciéndose más complejos y evidentes. En el valle del Po también se elabora otro *provolone* con DOP, el **Provolone Valpadana**. Su forma clásica es la de un grueso cilindro, aunque también se elabora con forma de mandarina. Los quesos tiernos se elaboran en piezas de menos de un kilo hasta 10 kilos, y los madurados en piezas de pocos kilos hasta más de 100. La leche procede de vacas frisonas criadas en la llanura padana. La pasta es hilada, es decir de cuajada estirada mecánicamente, a la que se da la forma deseada cuidando de eliminar las bolsas de aire que puedan formarse. Los quesos se salan en salmuera y se maduran un mínimo de 10 días y hasta más de un año, dependiendo del tamaño de las piezas y de la textura deseada. Existen dos variedades de Provolone Valdostana, el dulce y el picante. El primero suele madurarse un mínimo de 3 meses pero nunca demasiado más. El picante tiene que curarse durante al menos 16 meses.

En la vecina Francia, los quesos de Saboya, región alpina por excelencia, junto con los de las regiones montañosas del Macizo Central y del Jura, son los que representan a la familia francesa de los quesos de vaca de pasta dura o semidura, generalmente de gran formato. El queso **Abondance**, amparado por una DOP, recuerda por la fortaleza de su sabor al Appenzell suizo, aunque de aroma mucho más pronunciado. Comparte nombre con un valle alpino y con una raza de vacas que, obviamente, son autóctonas del lugar. Tiene una textura semidura, flexible y ligeramente granulosa, de sabor complejo y distintivo, manteniendo el equilibrio entre la acidez y la dulzura frutal de nuez, con un regusto prolongado. Las piezas, circulares con las caras cóncavas, son de un tamaño de aproximadamente 10 kilogramos. Pero el gigante de la zona es el **Beaufort**, también titular de una DOP, elaborado en piezas de 40 kilos a base de leche cruda y pasta prensada cocida. Los quesos, con los laterales cóncavos, lo que al parecer facilitaba su transporte, tienen un aspecto amarillento tirando a marrón, presentan una pasta marfileña, lisa y fundente, de sabor complejo, floral, afrutado, con matices animales y recuerdo de frutos secos tostados. Desprende un fuerte olor. La duración óptima de su maduración es de 6 a 9 meses. En el Macizo Central, tres son los exponentes de los quesos de vaca de pasta dura y gran formato: el **Cantal**, el **Salers** y el **Laguiole**. Suelen ser cilíndricos, con pesos de alrededor de 40 kilogramos. Los tres cuentan con una DOP europea, pero la normativa del Salers y del Laguiole es más exigente, en cuanto a la procedencia de la leche, que la del Cantal. Suelen tener un periodo de maduración de 6 a 12 meses. Para la elaboración del queso Salers, la leche debe recogerse obligatoriamente en una especie de barril cuya madera aloja una flora bacteriológica indispensable para la obtención del gusto característico de este queso. El Jura es la región del **Comté**, el queso de mayor producción en Francia, amparado por la correspondiente DOP. Es un queso de leche cruda, descremada parcialmente, de pasta prensada cocida flexible y untuosa. Su corteza puede ser de color amarillo dorado o parda. Las piezas en forma de rueda tienen un peso de 38 a 40 kilogramos. El control de calidad de los quesos es muy estricto, denegándose la DOP a aquellos que no hayan alcanzado un mínimo de 15 puntos sobre 20. El sabor del Comté varía según la estación en la que se haya fabricado. Suele ser un queso de cooperativa, no existiendo quesos Comté artesanos de granja. Cuando la fabricación del Comté era artesana, los granjeros aprovechaban el excedente de cuajada cubriéndola con hollín y completándola al día siguiente con una segunda capa de cuajada excedentaria. De esta forma se obtenía un queso para consumo familiar, de pasta prensada cruda, el **Morbier**, que actualmente se elabora con una fina capa de ceniza en el centro de su pasta en recuerdo de aquella característica de su fabricación artesanal. Está amparado por una DOP y se comercializa en piezas de unos 7 kilogramos. En la ciudad de Lille se elabora un queso redondo, el **Mimolette**, con una característica corteza dura y rugosa de un color grisáceo que es el resultado de la acción de los ácaros del queso que se adicionan a propósito para obtener determinadas características organolépticas. Su pasta, anaranjada por la adición de colorante vegetal (achiote) es compacta, de sabor parecido al queso parmesano cuando es joven, aunque se aprecia casi más en su estado de larga maduración cuando adquiere una notable dureza. Suele pesar unos 2 kilogramos. Recientemente, su importación en los Estados Unidos ha sido prohibida precisamente por la presencia de ácaros en cantidades consideradas por los americanos inaceptables. Francia elabora asimismo quesos Emmental y Gruyère, con las mismas características que los originales suizos, que siempre se acompañan del adjetivo «francés».

El queso más consumido en el mundo es el queso tipo **Cheddar**. El original británico es un queso nacido en el pueblo de Cheddar, sudoeste de Inglaterra, en donde existen cuevas naturales con una humedad y una temperatura constantes que resultan ser ideales para la maduración del queso. Al igual que sucede con el queso holandés Gouda, el Cheddar se ha convertido en una denominación genérica para quesos que, sin embargo, son de procedencia muy diversa y de elaboración irregular. La calidad del Cheddar se resiente por esta circunstancia. No obstante, el queso Cheddar, elaborado en el condado de Somerset, en un radio de 30 millas alrededor de la catedral de Wells, utilizando leche entera, cuajo animal y una envoltura de tela, debe considerarse como el auténtico y, bajo el nombre de *West Country Farmhouse Cheddar* (Cheddar de granja del Oeste), está amparado por una DOP europea. Su forma tradicional es el «ladrillo», aunque también se elabora en piezas cilíndricas, y puede estar coloreado con colorante vegetal, adquiriendo un uniforme color anaranjado. Varios quesos del Reino Unido se identifican por el nombre del condado del que proceden originariamente. El queso de **Lancashire** es un queso de vaca que se elabora con un método tradicional original consistente en utilizar cuajadas de diferentes ordeños para, una vez mezcladas, elaborar el queso. Este se madura por un periodo de 4 a 12 semanas y entonces se denomina *creamy* (cremoso). Si la maduración se prolonga más allá de las 12 semanas hasta 24 meses, el queso se denomina *tasty* (sabroso). Desde los años 1950 existe un Lancashire industrial que consigue con una corta maduración un queso de pasta friable. Esta variedad se conoce con el nombre de *crumbly* (friable). El queso Lancashire elaborado en la comarca de Beacon Fell cuenta con el amparo de una DOP europea bajo la denominación de Beacon Fell Traditional Lancashire cheese. El condado inglés de **Cheshire** da nombre a otro queso de pasta compacta, cremoso pero desmenuzable y algo salado. Puede estar teñido con colorante natural (achiote) y presentar así una pasta anaranjada. El queso **Swaledale**, elaborado con mezcla de leche de vaca, oveja y cabra, de los rebaños del norte del condado de Yorkshire en Inglaterra, cuenta con una DOP europea, aunque es de escasa producción. Se presenta en piezas cilíndricas de 1 y 2,5 kilogramos con corteza natural o encerada. Existen otros quesos de vaca y de pasta dura menos conocidos que los referidos en este párrafo. El Consejo Británico del Queso (British Cheese Board) afirma que en Gran Bretaña se fabrican unas 700 marcas de queso.

En España hay pocos quesos de vaca de pasta dura, y ninguno en formato gigante. Es más, la mayoría son de formato pequeño, menos de 5 kilogramos, salvo alguna excepción. Galicia, Cantabria y Cataluña son las regiones donde se pueden encontrar quesos tradicionales elaborados con leche de vaca aunque, quizás, el de más personalidad sea el de Mahón, elaborado en la isla balear de Menorca.

Los quesos gallegos son quesos pequeños, de poca maduración, poco salados y muy cremosos. La leche utilizada procede del ordeño de vacas de raza Rubia Gallega, Frisona o Pardo Alpina. La leche puede ser cruda o pasteurizada. Tres son las denominaciones de origen protegidas existentes: Arzúa-Ulloa, Tetilla y San Simón da Costa. El **Arzúa-Ulloa** es un queso de forma lenticular o cilíndrica, con los bordes redondeados, con un peso que oscila entre 500 gramos y 3,5 kilogramos. Su corteza es fina y elástica, de color amarillo medio a oscuro, brillante, limpia y lisa. La pasta es de color uniforme, entre blanca marfil y amarillo pálido. Su aroma es lácteo, recordando el olor de la mantequilla y del yogur, con matices de vainilla, nata y nuez, de intensidad débil. Su sabor es elemental de leche. Puede consumirse tierno a partir de seis días de maduración. Existen dos variedades: el Arzúa-Ulloa de granja, elaborado con leche de vaca procedente en su totalidad de vacas de la propia explotación que elabora el queso. Sus características físicas y analíticas coinciden con las genéricas del queso Arzúa-Ulloa. Y el Arzúa-Ulloa curado, con un período de maduración de seis meses, como mínimo. El sabor de este queso es algo picante. Su textura es dura, de corte difícil, pudiendo presentar fracturas, principalmente hacia los bordes, que estarán más secos. Al tacto es homogénea y muy compacta. Se presenta en formatos de entre 500 gramos y 2 kilogramos. El queso de **Tetilla** se reconoce por su forma característica que le da nombre al recordar una mama o tetilla. Dicha forma es debida a los embudos en los que se deja desuerar la cuajada al inicio de su elaboración. Las piezas suelen pesar entre 500 gramos y 1,5 kilogramos. Su corteza es fina y elástica, de color amarillo paja natural y sin moho. La pasta es blanda, cremosa y uniforme, con pocos ojos y regularmente repartidos, de color blanco-marfil, amarillento. Su olor es característico de la leche de la que procede. Su sabor es lácteo, mantecoso, ligeramente ácido y suavemente salado. Es quizás el queso gallego más conocido fuera de la región. El queso **San Simón da Costa** comparte la forma cónica con el queso Tetilla, pero se presenta con una corteza dura y ahumada que es una de sus principales características. Se elabora en dos formatos: el grande, con una maduración mínima de 45 días, un peso final del mismo que oscila entre 800 gramos y 1,5 kilogramos; y el formato pequeño, o *bufón*, que tiene una maduración mínima de 30 días y un peso de entre 400 y 800 gramos. La pasta tiene textura fina, grasa, semidura, semielástica y espesa, con un color entre blanca y amarilla, suave al corte, con aroma y sabor característicos. En la zona de producción del queso de San Simón da Costa abunda el abedul, cuya madera es utilizada en el proceso de ahumado, proporcionando al queso un color y un aroma inconfundibles.

Los prados de montaña de Asturias sostienen una ganadería bovina, con razas como la Casina, la Asturiana de los Valles, la Frisona o la Pardo Gallega, cuya producción de leche se utiliza para la elaboración de quesos de fuerte personalidad, aunque muy pocos entran dentro de la categoría de quesos de vaca de pasta dura. El más famoso de estos quesos, amparado por una DOP, es el **Afuega'l Pitu**, un queso de pequeño formato, de 200 a 600 gramos, de forma troncocónica o cilíndrica alargada (calabacín). Su corteza es natural, de consistencia variable dependiendo del grado de maduración del queso y de la adición de pimentón. La textura de la pasta, dependiendo de su maduración, es más o menos blanda, a medida que su maduración es más notoria destaca la imposibilidad de realizar un corte limpio, ya que se desmenuza con gran facilidad. Su color puede ser blanco con tendencia al amarillento, dependiendo de su grado de maduración, o bien rojo anaranjado si se le añade pimentón. El sabor de los quesos es ligeramente ácido, poco o nada salado, cremoso y bastante seco, en los quesos rojos se acentúa el sabor fuerte y picante. Resulta pastoso y astringente a su paso por la garganta —*pitu* es término coloquial asturiano con el que se conoce a la faringe—, dando fiel cumplimiento a su denominación. Su aroma es suave, característico y aumenta con la maduración. El queso **Casín**, también amparado por una DOP, es de formato cilíndrico, discoidal, de un peso entre 250 gramos y 1 kilo. De corteza lisa y muy tenue, marcada por sellos del productor. Su pasta es firme, friable, semidura o dura, de color amarillento, sin ojos, pero bien puede tener pequeñas grietas; es desmenuzable al corte y de textura mantecosa al paladar. Tiene un aroma fuerte y potente. Tiene un sabor acre, picante, fuerte, difícil para paladares no habituados, y posee el penetrante y rústico aroma de la mantequilla vieja. La característica principal de este queso radica en el proceso de fabricación. Es un queso amasado, es decir: la cuajada se orea durante varios días, hasta dos semanas, amasándola con frecuencia hasta obtener el grado de textura deseado. A mayor número de pasadas por la amasadora (máquina de rabilar), el queso será más fino y homogéneo, curará mejor y tendrá un sabor más fuerte.

Siguiendo la cornisa cantábrica, la región de Cantabria aporta su queso con DOP **Queso Nata de Catabria**. Es un queso formateado en paralepípedo, o cilíndrico, con un peso de entre 400 gramos y 2,8 kilogramos. La corteza es fina, de color hueso como la pasta, desprovista de ojos y de textura sólida y cremosa. Su sabor es suave, poco salado, con recuerdos a mantequilla. No tiene olor fuerte.

La Denominación de Origen Protegida Queso de L'Alt Urgell y la Cerdanya, en catalán *Formatge de l'Alt Urgell i la Cerdanya*, es un queso de pasta prensada, graso, curado, elaborado a partir de leche de vaca pasteurizada, procedente exclusivamente de este territorio enclavado en la vertiente sur del Pirineo centro-oriental. Las vacas son de raza frisona y en su alimentación básica están muy presentes los abundantes pastos y forrajes de dichos valles. La leche es recogida diariamente, sin excepción, para así optimizar la calidad. En la elaboración de este queso se utilizan como materias primas la leche entera pasteurizada, fermentos lácteos y sal. Cabe destacar como peculiaridades propias de este queso la utilización de fermentos de cultivo propio; el drenaje del suero antes del moldeado que dará lugar a los ojos característicos de la pasta; y la siembra en la corteza, durante los primeros días de maduración, con fermentos aromáticos específicos de superficie. Su forma es cilíndrica con bordes ligeramente redondeados, de 2,5 Kg. de peso aproximadamente. Se madura en cavas un mínimo de 45 días. Su pasta es de color crema o marfil, con característicos ojos de origen mecánico, pequeños y distribuidos de forma irregular. Es de textura cremosa. Tiene un aroma dulce y penetrante y su sabor es suave, franco y agradable.

Con leche de vaca de las razas frisona, mahonesa o menorquina y/o parda alpina, se elabora el queso con DOP **Mahón-Menorca** en la isla de Menorca. Se trata de un queso de pasta prensada, con característica forma de paralepípedo cuadrado con las aristas redondeadas, de un peso entre 1 y 4 kilogramos. Su corteza es de consistencia compacta, grasienta y color variable entre amarillo y pardo amarillento, presentando marcas de los pliegues del en la cara superior de los quesos artesanos. La pasta es de textura firme, corte entero y color amarillo marfil. El sabor presenta los matices de acidez mitigados, un leve recuerdo láctico y preponderancia del picante en los curados, que se va haciendo más acusada en los de mayor maduración. Tiene algunos ojos de forma más o menos redondeada, distribuidos irregularmente y en número escaso, de tamaño variable que no supera el de un guisante. Existen dos variedades: el genérico, que es de tipo industrial, y el artesano. Los dos se elaboran por los mismos procesos básicos, pero con ciertas diferencias que repercuten en las características del producto final. Atendiendo al grado de maduración el Mahón-Menorca puede ser: Tierno, de color blanco-amarillento, con una corteza poco desarrollada, blanco y elástico. De aromas lácticos con leve recuerdo a mantequilla y un ligero toque agrio. Tiene un tiempo de maduración entre 21 y 60 días. Semicurado, con la corteza de color anaranjado o pardo si es artesano. De pasta firme y corte fácil, de color marfil amarillento, en su interior tiene un número variable de ojos de tamaño pequeño, repartidos de forma irregular. Con sabor y aromas lácticos más evolucionados, cierto toque a mantequilla y a avellanas, su sabor es persistente. Tiene un tiempo de maduración entre 2 y 5 meses. Curado, madurado más de 5 meses. Ideal para los amantes del queso, que lo consideran una *delicatessen*. Tiene una textura firme y dura, es menos elástico y en estados avanzados de curación es quebradizo y se hace escamas al cortarlo. El sabor y los aromas están muy evolucionados, son complejos e intensos. Suele ser algo picante y su sabor deja un regusto muy pronunciado.

El microscópico hongo *Penicillium*, en su especie *Penicillium roqueforti*, es el elemento característico de una conocida familia de quesos: **los quesos azules**. En el proceso de elaboración de estos quesos de leche de vaca, oveja, cabra, o mezcla de ellas, la pasta es inoculada con cultivos de este hongo que colonizan más o menos el queso y le proporcionan características organolépticas particulares. Existen quesos azules tradicionales en varios países europeos y muchos de ellos cuentan con el amparo de una denominación de origen protegida. Prácticamente, Francia, Italia, Gran Bretaña y España cuentan con un paradigmático queso azul.

El más conocido y, posiblemente, el más apreciado de los quesos azules es el queso francés de **Roquefort**, elaborado con leche de oveja de la raza Lacaune y obligatoriamente afinado durante al menos 14 días en las cuevas del pueblo de Roquefort-sur-Soulzon, en la región de Mediodía Pirineos (centro-sur de Francia). Es un queso cilíndrico, de unos 2,7 kilogramos de peso, madurado 5 meses. Viene envuelto en una fina hoja metálica (estaño o aluminio) que, al privarlo del contacto con el aire, detiene la proliferación del moho que se forma en su interior. La pasta es de color blanco con mohos azul verdosos de *Penicillium*, cremosa pero al mismo tiempo friable. Es algo salado, más en los quesos destinados a la exportación. El queso Roquefort es mayoritariamente industrial. Solo dos fabricantes lo elaboran de forma artesanal bajo las marcas «Le Vieux Berger» (El viejo pastor) y «Carles».

Otro queso azul francés amparado por una DOP es el **Bleu d'Auvergne**. Se trata de un queso elaborado con leche de vaca, inoculado con *Penicillium roquefortis*, afinado en cuevas naturales durante 4 semanas. Se presenta en cilindros de 2 a 3 kilogramos de peso. Su corteza es blanda enmohecida naturalmente. La pasta es cremosa, poco salada, con mohos verde azulados. Su sabor es fuerte y aromático debido a la calidad de la leche, sobre todo en los meses de verano. También de leche de vaca, y de la misma región que el anterior, son los quesos azules **Fourme d'Ambert** y **Fourme de Montbrison**. Tienen una típica forma de cilindro alto, de unos 2,5 kilogramos. Es de destacar también, aunque es un queso desarrollado industrialmente hace unas décadas, el **Bleu de Bresse** que tiene la particularidad de ser un queso de pasta blanda de corteza enmohecida con *Penicillium camembertis* e, interiormente, sembrado de *Penicillium roquefortis*, por lo que desarrolla los mohos típicos de este hongo.

El **Gorgonzola** es el queso azul que completa la panoplia de quesos italianos. Se trata de un queso de leche de vaca, elaborado en la región de Milán, en formatos grandes (de 6 a 12 kilogramos), inoculado con el hongo *Penicillium glaucum*, aunque también se utiliza el *P. roquefortis*. Puede calificarse de dos maneras distintas: el Gorgonzola dulce, que presenta una pasta cremosa, blanda, con sabor característico ligeramente picante; y el Gorgonzola picante, de pasta dura, friable, con un sabor más fuerte y pronunciado. El primero tiene un periodo de maduración netamente inferior al segundo.

Si mencionamos el queso **Stilton**, nos situamos inmediatamente en la órbita de los grandes quesos británicos. Aunque puede ser un queso «blanco», de pasta dura, el Stilton más conocido es el «azul». Amparado por una DOP, el Stilton se elabora en tres condados de Inglaterra: Derbyshire, Leicestershire and Nottighamshire, a partir de leche del lugar, pasteurizada. Tiene una forma cilíndrica tradicional y un peso de alrededor de 8 kilogramos. Se inocula con hongos *Penicillium roquefortis* y se madura durante un mínimo de nueve semanas, aunque si se madura por más tiempo adquiere una textura más mantecosa.

En el área montañosa de Asturias y León se concentran los quesos azules españoles. El **Cabrales** es el más conocido. Es un queso de forma cilíndrica que varía desde el kilo y medio a los dos kilos y medio, elaborado con una mezcla de leche de vaca, cabra y oveja, siendo la leche de vaca la de mayor proporción por ser la más abundante localmente. Su pasta presenta un fuerte veteado de *Penicillium*, es de consistencia cremosa a temperatura ambiente, de textura blanda no granulosa. Su maduración es de de 60 a 90 días. Muy apreciado por los entendidos, el queso **Gamonedo** o Gamoneu es un queso graso, elaborado en los caseríos de la montaña asturiana, madurado, de corteza natural, elaborado con leche de vaca, oveja y cabra, ligeramente ahumado y con leves afloraciones de penicilliun en los bordes. La consistencia de la pasta es dura o semidura, firme y friable, ojos irregularmente repartidos y de pequeño tamaño. El color en su interior, blanco o blanco-amarillento, con leves afloraciones verde-azuladas en los bordes. El ahumado confiere a su corteza un color siena tostado, que posteriormente durante su estancia en cuevas o bodegas al poblarse de hongos adquiere tonalidades rojizas, verdosas y azuladas. El humo le proporciona un sabor característico y un punto ligeramente picante. En boca es mantecoso, con regusto persistente a avellana. Existen dos variedades: el Gamoneu del Puerto, elaborado en las cabañas de los puertos altos de Onís y Cangas de Onís. La leche proviene de razas autóctonas y su elaboración es estacional, limitándose a los meses de primavera y verano. Y el Gamoneu del Valle, elaborado en pequeñas queserías de las aldeas situadas en las zonas bajas de ambos concejos. De menor tamaño que el Gamoneu del puerto, su elaboración se mantiene a lo largo de todo el año.

En la provincia de León, en el corazón de los Picos de Europa, el valle de Valdeón es la cuna de un queso azul, el queso con DOP de **Valdeón**, elaborado con leche de vaca y cabra, madurado en cuevas naturales durante largos periodos de tiempo. Se trata de un queso de pasta ligeramente amarilla, textura blanda y de sabor fuerte y picante. En Cantabria, amparado por una DOP, se elabora el queso **Picón Bejes-Tresviso**, un queso azul de mezcla de leche de vaca, cabra y oveja de razas aclimatadas en la región. Se trata de un queso cilíndrico, de 700 gramos a 2,8 kilos de peso, con una corteza delgada, gris moteada de verde amarillento. Su pasta es blanca, compacta, untuosa, con ojos y vetas azul verdoso características. Su sabor es ligeramente picante.

Los gastrónomos y los incansables buscadores de las sensaciones organolépticas ligadas al queso nos dicen que, a lo largo y ancho del mundo, queserías artesanas, y algunas industriales, elaboran quesos singulares inspirados en aquellos tradicionales de lejanas regiones, dándoles una personalidad propia, sin pretender más que hacer un buen queso, sea de pasta blanda, azul, de vaca, de oveja, de cabra, utilizando técnicas consagradas para los quesos reconocidos en su singularidad o procedencia. Algunos fabricantes, aun teniendo posibilidades de enmarcarse en una denominación de origen protegida, se desmarcan de esta por considerar que las exigencias del regulador perjudican su particular forma de entender la elaboración de su producto. Ello no significa merma de la calidad de este, ni mucho menos. Los mercados locales en zonas de producción ganadera proporcionan sin duda la oportunidad de descubrir quesos, verdaderos tesoros, que nunca cruzarán las fronteras de su región de origen: quesos alpinos, pirenaicos, de pastor, que contribuyen a mantener la expectativa del aficionado por descubrir lo que el mercado organizado nunca le podrá ofrecer.

En los tiempos actuales, todo el mundo conoce el significado de una tabla de quesos: la presentación de una selección de variedades de queso de naturaleza y procedencia dispar para su degustación, apreciando las distintas características organolépticas que nos ofrecen productos elaborados con leche de animales distintos y técnicas diferentes. La tabla de quesos es otra consecuencia de la globalización, de la eliminación de fronteras impuestas por la distancia y los retos de la conservación de los alimentos perecederos. Es una manera original de acceder a la declinación gastronómica de un producto que bajo una misma definición, leche cuajada y madurada, adopta infinitas morfologías de las que se derivan infinitos matices de textura, aroma y sabor. En Francia, donde la tradición gastronómica incluye el queso como alimento en toda comida, una amplia campaña de publicidad recomendaba no limitarse a una sola clase de queso en la oferta familiar. Excelente hallazgo gastronómico para disfrutar de un producto tan versátil.

Lo normal, sin embargo, es consumir el queso como un alimento singular, bien como aperitivo, como elemento principal de una comida, como complemento de esta, o bien como ingrediente o condimento de un plato. Acompañando una bebida en el aperitivo o en un momento de distensión, ciertos quesos son muy apreciados. Generalmente se trata de quesos curados, de pasta dura, plenos de sabor, o quesos semicurados especiados. El queso Parmesano, el Grana Padano, el Mimolette, o el queso de Mahón, madurados hasta alcanzar el estadio de queso viejo, desmenuzables y de textura compacta, son ideales para acompañar bebidas de aperitivo. También resultan un adecuado complemento los quesos especiados con pimienta, clavo o comino. Los quesos de oveja curados aportan asimismo un valor gastronómico al aperitivo.

Las ensaladas, platos fríos que combinan diversos ingredientes, admiten el queso a veces como elemento sustancial. Así sucede con la italiana ensalada *caprese* (de Capri) en la que la

Mozzarella combinada con tomate fresco y hojas de albahaca es el ingrediente principal. La internacionalmente extendida ensalada César incluye, en algunas versiones, trozos, o raspaduras de queso parmesano. El parmesano, en lascas o virutas, combina perfectamente con la ensalada de rúcula. Las «flores» de queso suizo Tête de Moine, obtenidas con un cortador especial, la *girolle*, se complementan con una crujiente ensalada verde. Tomates y aceitunas conforman una excelente ensalada en compañía del queso griego Feta.

Baguette, Camembert y vino tinto es un almuerzo improvisado o una merienda en el campo de incontestable acento francés. Cualquier queso de pasta blanda o dura puede ser el eje central de una verdadera comida, complementado con ensalada o con otros alimentos fríos como jamón o embutido. El Provolone asado a la parrilla, aderezado con aceite, orégano y ají molido puede ser un plato verdaderamente saciante. Algunos quesos, como la Mozzarella y el Camembert, empanados y fritos son una opción de entrante o plato principal. La *fondue* y la *raclette* son dos maneras originales para degustar los quesos suizos. Los gratinados requieren quesos fundentes que formen su apetitosa capa. Y como condimento, los quesos viejos, de vaca o de oveja, proporcionan un punto de sabor, imprescindible, por ejemplo, en platos con acento italiano, donde el Parmesano, el Grana Padano o el Pecorino Romano, son habituales. De igual manera, rallado, se utiliza el Sbrinz suizo.

Sin embargo, la degustación del queso en su estado natural, sin cocinar, es la forma más habitual de consumirlo. Se acompaña de pan en sus distintas variedades. Hay quien prefiere el pan francés, blanco, tipo *baguette*; otros son partidarios de un pan más rústico; el pan con nueces y con uvas pasas, que le proporcionan un toque de dulzor, puede ser un complemento de determinados quesos como los azules o los muy cremosos; los británicos exigen *crackers*, galletas de agua, para acompañar el queso; y *grissini*, rosquillas o picos, son otra alternativa al pan. La mantequilla, untada sobre el pan, es una opción para suavizar y matizar el sabor de los quesos de vaca madurados. Las uvas y los frutos secos suelen no solo adornar sino combinar su sabor con el de los quesos de una tabla. Otras frutas, peras e higos, acompañan tradicionalmente a determinados quesos.

Otro registro de la degustación del queso es el dulce. Hay muchos quesos que admiten el acompañamiento de alimentos dulces. Los cremosos quesos gallegos se sirven tradicionalmente con carne de membrillo; también algunos quesos de oveja. La confitura de cerezas negras es un complemento del queso pirenaico francés Ossau-Iraty. La confitura de tomate combina acertadamente con quesos de cabra. La miel complementa quesos frescos y tiernos.

Servicio de pichón de Bresse asado con jugo de trufas en el restaurante
Horcher, de Madrid.

LA DESPENSA
DEL CORRAL

Durante mucho tiempo, la cría y consumo de las llamadas aves de corral ha sido consustancial con la vida rural y, al mismo tiempo, paradigma de la comida de fiesta. Entre ellas destaca la **gallina, gallo o pollo** (*Gallus gallus domesticus*) cuya carne ha sido siempre considerada como un alimento de excepción reservado a grandes celebraciones y ocasiones especiales, hasta el desarrollo de la cría industrial de estas aves para la producción masiva de huevos y animales de crecimiento rápido. De ser, pues, un alimento de excepción, adoptado por la cocina burguesa como plato exquisito, para cuya elaboración se han inventado innúmeras preparaciones y recetas, se ha pasado a la masificación de su consumo con una oferta planetaria de animales seleccionados para su crecimiento acelerado, criados en cautividad, alimentados artificialmente, convertidos en proteína barata sin valor gastronómico apreciable. Afortunadamente, algunas razas, obtenidas a través de una selección natural durante siglos, han sido preservadas o recuperadas y, criadas en libertad, facilitan aún la posibilidad de disfrutar del valor gastronómico de esta ave paradigmática de la cocina de todos los tiempos.

La gallina, es decir: la hembra adulta, aunque tiene una carne más dura que la de los animales más jóvenes, acumula un mayor tejido adiposo que le proporciona también mayor sabor. Necesita, sin embargo, mayor tiempo de cocción y recetas adaptadas a las características de su carne. Históricamente fue más apreciada que en la actualidad, ya que ahora suele reservarse para recetas tradicionales sin que la culinaria actual le preste mayor atención, salvo en su versión como pularda. Se trata de gallinas, generalmente de raza autóctona, a las que se extirpan los ovarios, o se «engañan» fisiológicamente, para evitar la puesta de huevos y se mantienen en la oscuridad, limitando sus movimientos y cebándolas con una especial alimentación a base de cereales y leche. Se consigue así un aumento de la masa muscular, una acumulación de grasa y una textura tierna y jugosa de la carne mejorando sus propiedades organolépticas. Hay criadores que prefieren criar a las pulardas en un régimen de semilibertad para que el movimiento, controlado no obstante, favorezca la infiltración de la grasa en la masa muscular. La pularda es verdaderamente una *delicatessen*. Se necesita un mínimo de seis meses para que alcance un peso de 3 kilos en vivo, el doble del peso de una gallina normal.

El gallo tampoco tiene en la actualidad mucho aprecio gastronómico, salvo, al igual que la gallina, para la preparación de recetas tradicionales —el gallo turesilano de Tordesillas, por ejemplo—. Algunas de estas recetas son icónicas de la culinaria francesa. Por ejemplo, el *coq au vin* (gallo al vino) es un estandarte de la honesta cocina de los *bistrots* franceses. En la cocina antigua, las crestas y las criadillas de gallo formaban parte de los complementos de ciertos platos.

Lo que se aprecia de la especie es el pollo, es decir: el animal joven sacrificado antes de su conversión en reproductor. Su carne fina y sabrosa ha sido valorada desde el principio de su domesticación. Hoy día, solo es posible disfrutar de un buen pollo si se consigue alguno que haya sido criado tradicionalmente en libertad en el campo o en el corral de una finca rústica. También es posible encontrar pollos de calidad criados comercialmente pero con técnicas respetuosas con la naturaleza de las aves, tanto en cuanto a espacio como alimentación.

Las recetas de la cocina popular y de la gastronómica son muy numerosas y resulta lamentable que la banalidad del pollo industrial como alimento influya negativamente en el aprecio del pollo con auténtica calidad gastronómica. Las técnicas de conversión de las gallinas en pulardas aplicadas a los pollos dan como resultado los capones. Son pollos consumidos tradicionalmente en las fiestas navideñas y apreciados por los cocineros de restaurantes de lujo.

Voltaire, en el marco de sus escritos denunciando desigualdades e injusticias, utiliza a un capón y una pularda para su diálogo sobre la crueldad humana. Dice el capón:

«Tienen la costumbre de encerrarnos durante días, haciéndonos tragar una papilla de su invención; nos sacan los ojos para que no podamos distraer nuestra atención y, llegado el día de la fiesta, nos arrancan las plumas, nos cortan el gaznate y nos asan. Nos presentan en una gran fuente de plata y cada uno de ellos dice lo que piensa de nosotros. Entonan nuestra oración fúnebre: uno dice que tenemos aroma de avellana; el otro valora la suculencia de nuestra carne; se loa nuestros muslos, nuestras alas y nuestra rabadilla. Y así se acaba para siempre nuestra historia en este perro mundo.»

En España son famosos los capones de Villalba en Galicia y en Francia los pollos, capones y pulardas de Bresse.

La gallina de Guinea o **pintada** (*Numida meleagris*) es una gallinácea africana domesticada que se ha hecho un hueco en la gastronomía de las aves por su carne sabrosa, firme y ligera a la vez. En la región francesa de Bresse se crían siguiendo las mismas técnicas utilizadas para las pulardas. Su comercialización fuera de Francia es escasa.

Guajolote es el nombre indígena mexicano para lo que en tiempos se denominaba indiano y que actualmente conocemos con el nombre de **pavo** (*Meleagris gallopavo*). Es un ave procedente de América del Norte (México y Sur de Estados Unidos) domesticada y aclimatada en Europa. El pavo, como la mayoría de aves domésticas, es objeto actualmente de cría industrial intensiva, basada en animales híbridos, seleccionados para conseguir una mayor rapidez en su crecimiento y un rendimiento cárnico mayor. Por esta razón su carne se ha convertido en un producto ordinario en los mercados occidentales, consumido tradicionalmente en época navideña en Europa y en el día de Acción de Gracias en los Estados Unidos. Obviamente, los pavos criados en libertad y engordados con alimentos naturales adquieren una calidad de la que carecen los animales criados en batería. En cualquier caso, el pavo asado sigue percibiéndose como un paradigma de la comida de lujo y fiesta.

El «ingenioso hidalgo» consumía los domingos «algún palomino de añadidura» porque entre las aves de cría para salvar la economía doméstica, las palomas (*Columba livia*) completaban la dieta proteica de aquella época. Durante siglos la paloma doméstica ha sido objeto de cría mediante la construcción de palomares en el campo o en las viviendas rurales. Los **pichones**, antes de su primer vuelo, son un manjar considerado exquisito por la finura de su carne. Sin embargo, la dificultad de la cría de las palomas, como sucede con otras aves de corral, ha hecho que se abandone su explotación que, en este caso, no ha sido sustituida por la cría intensiva de tipo industrial. Por esta razón, por su escasez en el mercado, los pichones son un preciado alimento, y por su excelente calidad gastronómica son favoritos de los grandes cocineros. Es, por la misma razón, un animal caro y, teniendo en cuenta su método de cría, siempre de gran calidad.

En las zonas rurales de la Europa húmeda las **ocas**, gansos domésticos, (*Anser anser*) han sido con sus gritos y graznidos los tradicionales guardianes de las granjas y un manjar suculento para días de fiesta. El 11 de noviembre, día de San Martín, es de tradición en muchos países europeos regalarse gastronómicamente con una oca asada que, en otras ocasiones, es siempre un manjar apreciado. La grasa de la oca se utiliza frecuentemente en preparaciones culinarias singulares.

Los **patos** fueron domesticados por el hombre antes incluso que las gallinas. La cría de estas aves ha sido asimismo tradicional en la vida de las granjas occidentales y orientales. El pato Colvert (*Anas platyrhynchos*) es el más abundante en todo el hemisferio norte, tanto en su versión doméstica como en la salvaje. En América del Sur, sin embargo, el pato doméstico tradicional ha sido el pato de Berbería (*Cairina moschata*), aclimatado en Europa por los españoles en el siglo XVI y extendido posteriormente por todo el mundo. Procedente de China es el pato de Pekín (*Anas peking*), de clásico plumaje blanco y pico amarillo, introducido en América donde se ha aclimatado totalmente. Todas estas razas de patos se explotan para el consumo de su carne y el aprovechamiento de sus huevos. Preparaciones como el pato laqueado de la cocina china o el *confit* de pato de la culinaria francesa entran dentro del elenco de las delicias gastronómicas.

El pato Mulard es un híbrido entre el pato de Berbería y el pato de Pekín desarrollado para la obtención de *foie gras*, una indiscutible *delicatessen*, que inicialmente se obtenía de las ocas pero que, actualmente, el grueso de su producción procede de los patos.

DELEITE
GASTRONÓMICO

Uno de los pocos alimentos que el hombre produce exclusivamente para su deleite gastronómico es el foie gras, buque insignia de las *delicatessen*. Todo elogio de este delicado producto es fútil y vacuo, porque nada lo define mejor que la apreciación subjetiva de la voluptuosidad que transmite este sabroso bocado. Cada cual encontrará saboreándolo su particular forma de elogiarlo, su particular hipérbole. Trasunto de musa inspiradora de platos que encandilan nuestras papilas, mimado por los más grandes cocineros, celebrado por poetas y gastrónomos, el *foie gras* nace de la sabiduría adquirida a través del tiempo por granjeros a los que la ciencia ha venido en ayuda para perfeccionar su actividad criadora de gansos y patos.

Los españoles introdujeron en Europa, en el siglo XVI, una raza de patos americanos conocidos como patos de Berbería, patos mudos o patos almizclados, ya domesticados por los indígenas y actualmente conocidos en América central y del Sur como patos criollos. Son patos grandes y pesados que han perdido su capacidad para volar y son muy apreciados como aves de corral. Suelen ser de color blanco y negro, aunque se dan también otras capas. Su engorde, sobre todo con alimentación forzada, les hace acumular grasa en el hígado por lo que son utilizados en la producción de *foie gras* que, es ocioso recordar, es el hígado graso de gansos y patos cebados con el método de embuchado forzoso.

Otro pato doméstico es el llamado pato de Pekín, mucho más conocido por su color blanco y su pico amarillo. Aclimatado en los Estados Unidos inspiró a Disney para crear su famoso pato Donald. El pato de Pekín, cuando se ceba, acumula la grasa en el cuerpo y no tanto en el hígado como otras palmípedas, por lo que no resulta ser una raza adecuada para la producción de *foie gras*. Tiene, sin embargo, otras cualidades que lo hacen muy apto para ser criado como ave de corral.

En el esfuerzo constante de investigación por mejorar razas y rendimientos animales, el cruce entre un pato mudo macho y una hembra de pato de Pekín ha dado como resultado una nueva raza de patos, el pato Mulard, un pato híbrido, estéril, perfectamente adaptado a la producción de *foie gras* por su facilidad de crianza y su buen rendimiento en cuanto a la calidad de su hígado graso.

El ganso, la palmípeda que dio origen al *foie gras*, ha perdido la batalla con el pato por una simple razón económica. La oca es un animal difícil y más caro de criar que el pato, aunque el sabor de su hígado graso es más fino que el de este, provocando debates entre los gastrónomos sobre la preeminencia de uno sobre el otro. La realidad económica se impone y los granjeros abandonan paulatinamente la crianza del ganso doméstico. En Francia existen en la actualidad menos de un millón de ocas frente a los más de 25 millones de patos grasos.

La cadena de producción del *foie gras* es poco conocida. Esta se inicia en el ámbito de la selección animal. En Francia, líder en la producción de *foie gras*, solo existen tres empresas de selección genética de palmípedas para la obtención de hígado graso. Estas empresas proporcionan a los criadores, en los distintos países productores de *foie gras*, ejemplares macho de un día que cumplirán la mayor parte de su ciclo vital en las granjas, criados en libertad y alimentados adecuadamente hasta alcanzar la edad adulta, aproximadamente a las 13 o 14 semanas. El pato Mulard es la raza que actualmente prefiere la mayoría de criadores ya que requiere algún día menos de cebado que el pato mudo para obtener un hígado graso de alrededor de 600 gramos, siempre mayor que el de su congénere.

Cuando los patos alcanzan la edad y el peso adecuado, el criador vende sus animales a otros granjeros especializados en el cebo. Durante 10 o 12 días, los patos, u ocas, permanecen enjaulados y son sometidos a una progresiva alimentación forzada (dos veces al día para los patos, tres para las ocas) a base de maíz en grano, entero o partido, remojado o no y adicionado o no de algo de grasa de pato para lubricar la ingesta. El hígado de los animales acumula grasa (esteatosis hepática) y decuplica su tamaño.

Esta técnica, basada en la tendencia natural de estos animales, migratorios originariamente, a incrementar su alimentación en vísperas de su migración, ha sido combatida por defensores del bienestar animal que han conseguido erradicarla por imperativo legal en muchos países europeos y americanos. Sin embargo, son numerosos los defensores de la técnica del embuchado forzoso, argumentando que los animales no padecen los sufrimientos aducidos por los detractores. En la actualidad, los tubos empleados para la ingesta del grano son de materiales sintéticos que evitan heridas en el esófago de las aves, el alimento se introduce directamente en el esófago del animal, operación que dura un par de segundos, gracias a la moderna maquinaria de alimentación forzada. El cebado manual tradicional, que requiere notables esfuerzos de coordinación por parte del cebador, que mientras coloca el grano en el embudo masajea el cuello del animal, se ha abandonado prácticamente. El último avance legislativo que persigue un mayor bienestar del animal se refiere a las jaulas de cebado. Los detractores de la alimentación forzada han criticado con dureza las condiciones del encierro de las palmípedas en jaulas individuales que les impiden moverse libremente, incluso desplegar las alas. La legislación europea establece que, a partir del 1º de enero de 2016, las jaulas para el cebado deben ser colectivas para permitir a los animales una cierta movilidad. La necesidad de inmovilizar a éstos momentáneamente para introducirles el alimento se ha resuelto con imaginativos sistemas de reducción automática del espacio interior de la jaula.

Terminado el periodo de cebo, el animal es sacrificado, generalmente en cooperativas o mataderos comerciales. Obviamente la pieza estrella del despiece es el hígado que viene clasificado en tres categorías: Extra, Primera y Ordinario. El *foie gras* Extra, de color claro, sin manchas y de textura extrafina, se vende en crudo para su transformación (terrinas, conservas y *mi-cuits*) en restaurantes, empresas de *catering* u hogares. El de categoría Primera, de un color más rosado y de textura más gruesa, es indicado para la plancha o la sartén, y el Ordinario, constituido por las piezas que no han obtenido una de las dos categorías anteriores por tener algún pequeño defecto, se destina a la confección de *mousses* y patés.

En España, en Extremadura, un criadero de ocas, la Patería de Sousa, produce un *foie gras* biológico, ya que el cebado de los animales no es forzado sino que se facilita aprovechando su inclinación natural a sobrealimentarse en periodos previos a su migración que, evidentemente, no se produce. Este método alarga el tiempo de la producción de *foie gras*, frente a la rapidez de la cría para el engorde forzado, lo que repercute necesariamente en el precio. Los franceses se muestran escépticos en cuanto a las cualidades organolépticas del *foie gras* biológico al que consideran menos fino que el obtenido por el método de la alimentación forzada, obligatoria en Francia para poder denominar *foie gras* al hígado graso de patos y ocas. No todos, sin embargo, están de acuerdo con esta apreciación negativa sobre las cualidades del *foie gras* biológico, que ha sido premiado en el Salón Internacional de la Alimentación de París.

En fresco, el *foie gras* se consume generalmente salteado en sartén, o cocinado en cazuela, con acompañamientos que combinan lo dulce con lo salado y especiado. El *foie gras* con uvas es un clásico de la cocina francesa. La reducción de vinos dulces, como el Oporto o el Pedro Jiménez, es utilizada a menudo como salsa de acompañamiento.

Es más común consumir el *foie gras* frío cocinado en terrina o al *torchon* (envuelto en un paño) en la modalidad *mi cuit*, es decir: semicocido, o preparado en conserva. El hígado adquiere así una textura suave, fundente, y un aroma y sabor característicos que pueden combinarse con el perfume de trufas negras añadidas a la preparación. Los *gourmets* priorizan el hígado graso en conserva que con el paso del tiempo adquiere matices que potencian su sabor. La conserva en frascos o el enlatado es el estadio final de la cadena de producción del *foie gras*. Las conservas se clasifican de una manera muy estricta:

La mención de «*foie gras* entero» requiere que la conserva se componga de un hígado completo, o de un lóbulo de este entero; puede también contener un máximo de dos lóbulos de hígados diferentes. Si la mención es simplemente «*foie gras*», entonces el contenido de la conserva estará compuesto por varios trozos de diferentes hígados grasos. El hígado graso puede emulsionarse con agua (máximo un 10 %) y reconstituirse por procedimientos mecánicos para constituir una masa homogénea que se denomina «*bloc de foie gras*»; al bloc pueden añadirse trozos de hígado (mínimo 30 %) mencionándose esta circunstancia en la etiqueta; también puede trufarse con trozos de trufa negra. La combinación de un 75 % de *foie gras* e hígado no graso de pato u oca se etiqueta como «*parfait de foie gras*». Si la emulsión del hígado se realiza mezclándolo con un cuerpo graso, se obtiene la llamada «*mousse de foie gras*», cuya calidad dependerá, evidentemente, de la menor o mayor proporción de hígado en la emulsión (mínimo 50 %). Se realizan conservas de productos que combinan un 50 % mínimo de *foie gras* con masas cárnicas diversas, dando lugar a denominaciones como «*galantine de foie* de pato u oca» o «paté de foie de pato u oca»

Alsacia es la región francesa especializada en las conservas de *foie gras*, principalmente de oca, aunque obviamente el Sudoeste francés también elabora excelentes conservas del hígado graso producido en la región. España también cuenta con una incipiente industria del *foie gras*.

LA SAL
DE LA TIERRA

El reino mineral poco aporta directamente a la gastronomía, solo la humilde sal puede, y de hecho es, en algunos casos, un producto gastronómico clasificable como producto *gourmet*.

La sal común, cloruro sódico, es actualmente un condimento básico de cualquier cocina. Históricamente, fue asimismo, y principalmente, un producto de capital importancia para la conservación de los alimentos. Tan importante era la sal, que su comercio ha estado intervenido, e incluso monopolizado, hasta tiempos recientes. Quizás no como el actual concepto de *delicatessen*, pero la sal también fue considerada en tiempos antiguos como un producto cuyo aprecio iba más allá de sus propiedades naturales: Homero la llamó «sustancia divina» y Platón señalaba que la sal gustaba especialmente a los dioses. A la sal se le han atribuido en muchas culturas propiedades ligadas a la potencia sexual y a la fertilidad. De ahí la palabra «salaz», por ejemplo.

La sal se obtiene por evaporación del agua del mar (sal marina) o de aguas salobres continentales y por extracción en yacimientos mineros (sal gema). La sal es la única roca comestible. En la cocina se usan cristales de sal más o menos molidos (sal gorda y sal fina, refinada o natural), o copos obtenidos directamente en las salinas. Son los copos de sal los utilizados en la cocina gastronómica para proporcionar a las preparaciones culinarias un toque especial.

La sal proporciona a los alimentos uno de los sabores básicos, el salado, que percibimos a través de los receptores específicos de la lengua para detectar este sabor. La sal modifica nuestro comportamiento frente a los alimentos ya que es un generador del apetito y estimula su ingesta al potenciar los sabores, incluso el dulce, y mitigar el sabor ácido. En la cocina tiene además otros usos: coadyuvante para montar claras de huevo, para mantener el color verde de las verduras o para acelerar la ebullición.

Los cristales de sal son incoloros e inodoros. La coloración que se observa en algunos casos se debe a la presencia de trazas de algunos minerales en la retícula cristalina de la sal. Son característicos el color rosado en la sal del Himalaya, el azul en las sales de Irán, el gris en la sal negra de la India y el rojo y el negro en la sal de Hawai. En algunos casos el color en la sal proviene de las impurezas orgánicas introducidas durante su elaboración como por ejemplo en el caso de la sal ahumada.

La conservación del pescado utilizando la sal ha dado lugar a toda una familia de alimentos que conocemos con el nombre de salazones. Algunos de estos productos, de gran calidad, pueden considerarse con toda propiedad como *delicatessen*. La salazón, con diferentes grados de intensidad, también forma parte de los procesos de curación de carnes y se utiliza (salmuera) en la fabricación del queso.

En el mercado podemos encontrar diversas sales con la etiqueta de producto *gourmet* utilizadas en la cocina gastronómica:

Flor de sal: Es la sal, en copos o escamas, recolectada de forma artesanal en la superficie del agua de las salinas por lo que resulta de gran pureza. Es la sal que cristaliza debido al enfriamiento de la salmuera que reduce su solubilidad y propicia la precipitación de pequeños cristales de sal que, debido a la densidad de la salmuera, quedan en la superficie formando una delgada capa. Posiblemente, la flor de sal del Cabo de Gata (Almería), debido a la pureza del agua del mar, sea una de las más preciadas de este tipo de sales en España. En otros lugares de la geografía española (Baleares, Cádiz y Huelva) también se recolecta este tipo de sal. La flor de sal se produce asimismo en el estado de Colima en México, en las salinas de Guérande y de la Camargue en Francia, y en el Algarve portugués. La flor de sal se utiliza preferentemente para condimentar carnes y pescados, justo antes de servirlos, para evitar su disolución y proporcionar al paladar las sensaciones de fino sabor y la textura crujiente de los cristales de la sal pura. También es posible encontrarla en algunas confecciones de chocolate.

Sal ahumada: La sal ahumada es un producto manufacturado que consiste en proporcionar a la sal un aroma de humo sometiéndola a un proceso similar al de cualquier otro ahumado, es decir: colocándola en un entorno de gran densidad de humo. El ahumado puede conseguirse asimismo recubriendo la sal con aceite de aromas de humo, o añadiendo a la sal un saborizante de humo químico. Su uso está muy extendido en los Estados Unidos. Es conocida la elaborada en la isla de Bali (Indonesia), una sal de cristales grandes, fácilmente molturable, que se ahúma con leña de coco. Se utiliza para sazonar carnes y pescados a la parrilla, *foie gras*, ensaladas, pastas y un largo etcétera.

Sal de apio: Se trata de una sal saborizante elaborada con una mezcla de sal y semillas de apio trituradas. Es una sal que se enrancia fácilmente, por lo que se aconseja consumirla rápidamente. Tiene un pronunciado sabor que se comunica a los platos que se condimentan con esta sal. La sal de apio se emplea para sazonar sopas (es, por ejemplo, un ingrediente sazonador de la *Vichyssoise*) y se emplea ocasionalmente como sazonador de algunos cócteles con frutas u hortalizas. El mismo principio, mezclar la sal con otros elementos saborizantes, se utiliza para conseguir sales similares de cebolla o ajo, por ejemplo.

Sal d'Es Trenc: Es una sal marina producida en Mallorca, comercializada en su versión flor de sal, que se caracteriza por estar saborizada con distintas hierbas, especias o, incluso, licores. Existen versiones con olivas (aceitunas Kalamata tostadas, molidas y mezcladas con la sal); con hierbas aromáticas (romero, ajedrea, mejorana, orégano y tomillo); con pétalos de hibisco (de fuerte olor a almizcle); especiada (canela, clavo, cilantro, etc.); y otros sabores.

Sal de Guérande: Sal marina procedente de las antiguas salinas de la península de Guérande en la Bretaña francesa. Es una sal sin refinar de color grisáceo con un potente sabor a mar y un ligero recuerdo al aroma de violeta. La flor de sal de origen Guérande fue la primera sal de este tipo en ser comercializada como producto *gourmet*.

Sal de Hawai: De este archipiélago proceden dos tipos de sal apreciados en la cocina gastronómica: la sal Perla Negra y la sal Alaea Roja. La primera es un compuesto de sal, recogida artesanalmente en la isla de Molokai, y carbón vegetal activo, obtenido después de un depurado proceso, que proporciona un sabor salado con dejes de humo y olor sulfurado. Los cristales son gruesos, brillantes y de textura crujiente. Su presencia en el plato resulta elegante y exótica. La sal Alaea Roja procede de aguas marinas que se mezclan con las pozas de los ríos de Hawai en donde existen sedimentos de arcillas volcánicas. Su color es anaranjado y su sabor recuerda ligeramente el de la nuez.

Sal del Himalaya: Es una sal gema no refinada de característico color rosado procedente de Paquistán. Se extrae de la mina de sal más grande del mundo que contiene depósitos marinos de una antigüedad de 150 millones de años. Se presenta en cristales medianamente gruesos que se muelen directamente sobre el plato.

Sal Maldon: Sal procedente de las aguas saladas del estuario del río Blackwater en la localidad que le da nombre, Maldon, en el condado inglés de Essex. Su producción se realiza por calentamiento en sartenes de evaporación de la salmuera extraída del río durante la estación de las grandes mareas, cuando la concentración de sal en el agua es mayor. La salmuera es filtrada y sometida a un largo proceso de ebullición hasta la precipitación de los cristales de sal que se van formando y la evaporación total del agua. La sal Maldon se presenta en forma de escamas, es de gran pureza, y muy apreciada gastronómicamente.

Sal negra: Se conoce con este nombre una sal gema no refinada procedente de la India con un fuerte sabor sulfuroso causado por los compuestos de azufre que contiene, aunque es completamente inodora. La sal negra lleva este nombre por su color gris rosado que se debe a su origen volcánico. Tiene menos poder de salado que la sal común y es de textura similar a la del polvo. Es la auténtica sal de la cocina india. Su sabor sulfuroso que recuerda al huevo es apreciado especialmente en la cocina vegetariana.

Sal de Salies-de-Béarn: En el Sudoeste francés, en la región del Béarn, vecina del País Vasco y de las Landas, se produce en el pueblo de Salies (nombre derivado de sal) una sal fina de características organolépticas singulares utilizada tradicionalmente para la salazón de los jamones de Bayona. Es una sal de manantial con gran concentración salina. Su explotación comprende la recolección de los cristales superficiales o flor de sal.

Sal de Tavira: Procede del Parque Natural de Ría Formosa, situado en el Algarve portugués a orillas del Océano Atlántico, donde el agua está limpia de la contaminación causada por metales pesados, residuos del petróleo o pesticidas. La tradición en la recolección de sal existe desde hace cientos de años. El fuerte calor del verano hace que se produzca una cristalización de sal que flota en la superficie de las salinas. Es la sal más fina o flor de sal o, en palabras de un salinero local, «mar en polvo». Esta sal está amparada por una DOP europea.

Sal de sésamo: También conocida como **gomasio**. Es una combinación de sal marina sin refinar y semillas tostadas de ajonjolí. Muy presente en la cocina macrobiótica. Gastronómicamente, tiene su interés por el sabor a ajonjolí que presta a los platos sazonados con esta sal saborizada.

DESPEDIDA

No cabe duda que el elenco de productos considerados *delicatessen* no se agota en la lista de alimentos que hemos reseñado a lo largo de estas páginas. La cocina, como acción de transformación de los alimentos para su consumo por los humanos, convertida en ciencia culinaria, tradición y cultura al mismo tiempo, a través de múltiples técnicas y combinaciones, elabora constantemente nuevas *delicatessen*. Precisamente, el término *deli*, utilizado en los Estados Unidos para las tiendas de alimentación selecta, indica mayoritariamente establecimientos que se decantan por los platos cocinados como oferta preferente. La evolución de la cocina, en permanente dinamismo, amplía sin duda las exquisiteces de la mesa. Pero esa es otra historia que se escribe en recetarios de todo tipo y condición.

El desarrollo socioeconómico, tanto en los países occidentales como en los emergentes de otras latitudes, alimenta la demanda de calidad y, cada vez más, podemos constatar con satisfacción que en el ámbito gastronómico surgen nuevos establecimientos con vocación de ofrecer productos selectos. Los responsables políticos han establecido fórmulas y controles para garantizar la autenticidad de los productos. La tecnología de la conservación de los alimentos amplía el ámbito geográfico de la oferta. La facilidad del transporte contribuye al mismo objetivo. Pero, sobre todo, el elemento humano, el productor, el agricultor, el ganadero, el artesano, concienciado del valor de lo natural, de lo auténtico y de la singularidad de la tradición local, enriquece el mundo de las *delicatessen* que los gastrónomos celebran con júbilo.